DANGDAI
ZHONGGUO
JINGJI
RUOGAN WENTI
YANJIU

■ 石玉亭　马翠玲　主编

当代中国经济若干问题研究

蘭州大學出版社

图书在版编目(CIP)数据

当代中国经济若干问题研究/石玉亭,马翠玲主编. 一兰州:兰州大学出版社,2012.4
ISBN 978-7-311-03881-6

Ⅰ. ①当… Ⅱ. ①石… ②马… Ⅲ. ①中国经济—研究 Ⅳ. ①F12

中国版本图书馆 CIP 数据核字(2012)第 064286 号

策划编辑 敬兆林
责任编辑 郝可伟
封面设计 管军伟

书 名 当代中国经济若干问题研究
作 者 石玉亭 马翠玲 主编
出版发行 兰州大学出版社 (地址:兰州市天水南路 222 号 730000)
电 话 0931 -8912613(总编办公室) 0931 -8617156(营销中心)
0931 -8914298(读者服务部)
网 址 http://www.onbook.com.cn
电子信箱 press@lzu.edu.cn
印 刷 甘肃澳翔印业有限公司
开 本 787mm×1092mm 1/16
印 张 13.25
字 数 313 千
版 次 2012 年 6 月第 1 版
印 次 2012 年 6 月第 1 次印刷
书 号 ISBN 978-7-311-03881-6
定 价 36.00 元

前 言

甘肃行政学院是甘肃省干部教育和公务员培训的主阵地和主渠道，是政府研究和决策咨询的思想库，在甘肃省委、省政府的正确领导下，认真贯彻执行《行政学院工作条例》，紧紧围绕甘肃省转型跨越、富民兴陇中心任务，努力做好干部教育和公务员培训工作，认真做好科学研究和决策咨询工作，认真抓好甘肃行政学院各项工作和建设，“十一五”时期甘肃行政学院工作有了重大进展，“十二五”时期，建设有特色高水平一流地方行政学院目标更加明确。

加强教材体系建设是甘肃行政学院培训工作的重要方面，也是甘肃行政学院教学培训“班次体系、课程体系、教材体系、学科体系”四大体系建设的主要内容之一。四大体系中，班次体系是基础，课程体系是核心，教材体系是载体，学科体系是支撑。甘肃行政学院的教材建设既要短小实用、重点突出，更要适应公务员培训和地方经济社会发展的需要。

近些年来，我们高度重视教材建设，坚持为学员学习贯彻党的重大战略决策和分析研究经济社会发展过程的热点、难点、焦点问题，编写基本教材、专题教材、案例教材。

《当代中国经济若干问题研究》一书是甘肃行政学院经济学教研部历时三年多时间完成的一部新教材。本书紧紧围绕全球化背景下的中国经济、金融危机、生态文明、循环经济、自主创新、经济结构调整、城乡一体化、对外开放等八个方面的问题，深入探讨了全球化背景下的中国经济，全球化对我国国家经济安全的影响，保障我国经济安全的对策；金融危机爆发的原因，金融危机的特点、本质、影响、应对措施；建设生态文明思想在我国的提出、重要意义、面临的重大挑战、战略举措；发展循环经济的重要性和紧迫性，准确认识和全面把握循环经济是抢抓科学发展机遇的前提和基础，我国循环经济发展的实践进程与存在的问题，发展循环经济的路径探讨，经济欠发达地区发展循环经济的思考；自主创新的内涵、特点和类型，我国自主创新的需求与供给条件，我国自主创新能力的现状、问题及对策建议；转变经济发展方式的重点是经济结构调整，我国经济结构调整存在的问题，我国经济结构调整的基本途径；城乡一体化是历史必然，国外城乡一体化发展实践及启示，推进城乡一体化的对策探讨；对外开放理论分析，我国对外开放三十三年回顾，对外开放战略思考等问题。这些问题都是我国经济社会发展的主旋律、主基调。因而对这些问题的深入学习、认真实践、自觉贯彻、努力推进也是每一个党员干部的必修课。

编写这本书，目的是紧跟时代和实践的发展，顺应人民群众的愿望和要求，在普及科学理论、回答热点问题、凝聚社会共识、提升各级干部队伍和公务员队伍素质等方面发挥作用。本书主要突出了三个方面的特点。一是语言新。本书注重用通俗易懂的语言阐释和传播深刻的理论，使文风清新、语言活泼，以提升教材的科学品质与学术含量，争取让人愿看。二是话题新。本书抓的都是学员非常关注的话题，既贴近实际，又非常新鲜，努力把理论研究与人民群众的生动实践相结合，争取让人耐看。三是形式新。本书采用符合创新思维方式、为大众所喜闻乐见的语言，讲看法、谈理论，争取让人爱看。这些都是我们的尝试，以给人耳目一新的感觉。

这本书凸显了问题意识，突出了实践意识，彰显了创新意识，希望这本书能成为广大学员很好地学习、高效率地学习、有收获地学习党的创新理论的益友与助手，成为理论创新的研究成果。

担任本书编写任务的同志，都是甘肃行政学院经济学教研部的中青年教学工作和理论工作者，他们思想活跃、视野开阔、功底扎实，又多年从事干部教育工作，具有研究问题的基础和经验，对于领导干部的所思、所想、所疑、所惑有切身的感受，因此使本书具有体系的系统性、问题的针对性、论述的深刻性。我们也希望经济学教师在实践与理论的基础上，立足经济学科，紧扣时代脉搏，结合甘肃实际，努力打造绿色经济、生态经济、循环经济、低碳经济、富民经济特色优势学科，推进转型跨越，服务富民兴陇。

实践是检验理论的标准，也是推进理论发展的动力和基础。由于水平有限和时间关系，尽管我们已经作了很大努力，但肯定还会有这样那样的问题和不足，恭请同志们批评指正，以励我们更加努力、做得更好。

石玉亭

2011年9月20日

目　录

第一章 全球化背景下的中国经济

导言

全球化是一个实践的过程，每一个国家都必须脚踏实地、抓住机遇、跟上潮流。同时，它又是一个充满矛盾的过程，需要各国在享受全球化好处的同时付出一定的代价，如经济利益的让步等。全球化提供了更多的机会和挑战。

一、关于全球化的正面、负面效应

2001年，中国成功加入世界贸易组织，这标志着世界已将中国经济视为自身的重要组成部分。中国经济既然融入了全球一体化的进程，在享受全球繁荣的同时，注定也要承受衰退带来的影响。

（一）全球化的内涵及历史进程

全球化还没有统一的定义，一般讲，从物质形态看，全球化是指货物与资本的跨国流动，经历了跨国化、局部的国际化以及全球化这几个发展阶段。货物与资本的跨国流动是全球化的最初形态。在此过程中，出现了相应的地区性、国际性的经济管理组织与经济实体，以及文化、生活方式、价值观念、意识形态等精神力量的跨国交流、碰撞、冲突与融合。总的来看，全球化是一个以经济全球化为核心、包含各国各民族各地区在政治、文化、科技、军事、安全、意识形态、生活方式、价值观念等多层次、多领域的相互联系、影响、制约的多元概念。“全球化”可概括为科技、经济、政治、法治、管理、组织、文化、思想观念、人际交往、国际关系等十个方面的全球化。全球化是个进程，指的是物质和精神产品的流动冲破区域和国界的束缚，影响到地球上每个角落的生活。全球化还包括人员的跨国界流动。人的流动是物质和精神流动最高程度的综合。英国学者戴维·赫尔德指出：“全球化是一个体现社会关系和交易的空间组织变革的过程”[1]，

1.戴维·赫尔德.全球化与反全球化［M］.北京：社会科学文献出版社，2004.

此过程可以根据其广度、强度、速度以及影响来衡量，并产生了跨大陆或区域间的流动与活动、交往与权力实施的网络。经济全球化是指世界经济活动超越国界，通过对外贸易、资本流动、技术转移、提供服务、相互依存、相互联系而形成的全球范围的有机经济整体，通过贸易、投资、金融、生产等活动的全球化，即生产要素在全球范围内的最佳配置。从根源上说是生产力和国际分工的高度发展，要求进一步跨越民族和国家疆界的产物。全球化以比较优势、要素优势为分工原则，以信息科技为技术手段，以资本全球流动为推动力，实现全球的资源配置与全球的生产分工体系。目前来看，这种分工体系的运转是有效的。它结合中国、印度的人力资源，巴西、澳大利亚、俄罗斯的原料燃料供应，美欧的资本与技术，美国的消费市场，形成庞大有效的循环体系。2000—2007年，世界商品出口平均年增长率达到5.5%，而同期的世界商品生产的增长率是3%，同期的世界GDP平均增长率是3%。2005—2007年世界商品出口的增长率分别达到6.5%、8.5%、6.0%。

全球化一般被分成三个阶段：

1. 1492年到1800年是全球化的第一个阶段

这是要素流通本国化、商品贸易国际化阶段。因交通手段发展所限，尚没出现能源原料等的大规模国际流动，它是在国家层面上发生的——西班牙发现美洲，英国殖民印度——世界从一个庞大的尺寸，变成了中等尺寸。

2. 全球化第二个阶段从1820年或1825年开始，一直持续到2000年

这是要素流通国际化、生产商品满足同类型国家需求阶段。体现为产业内贸易和发达国家之间的贸易以及社会主义国家之间的贸易，这是在公司的层面上，市场和劳动力造就了全球化。世界从中等大小缩为更小尺寸。

3. 第三个阶段，世界变成“迷你型”的了，这一过程开始于2000年

这是要素流通全球化和商品流通全球化阶段。从20世纪80年代开始，中国参与到全球分工体系当中，一直持续到现在。进入21世纪以来，伴随交通手段、信息科技的飞速发展，全球化正以前所未有的广度和深度向前发展。这一阶段全球化的主要元素是个人。个人根据各自的机会进行全球化，与其他个人进行竞争。

全球化对人类有充分的好处。1500年到1820年，世界经济年平均增长率仅为0.3%。从1870年到1913年，世界GDP年平均增长2.11%；从1950年到1998年，增长速度更快，高达3.9%。全球实际人均收入年均增长率，1500到1820年是0.05%；1870到1913年是1.3%；1950年到1998年是2.1%。

（二）全球化的效应

2001年以来，世界经济增长呈现平稳较快发展态势，2001—2007这七年间世界经济的年平均增长率接近3%；2003—2007年这五年的世界经济的年平均增长超过3.5%。2001—2007年全球经济的平均通货膨胀水平维持在4%以下。世界重要经济体的通货膨胀率都较低：德国为1.72%，美国为2.69%，英国为1.69%，中国为1.86%。只有俄罗斯的通货膨胀率因为体制性因素达到14%。世界主要经济体的失业率保持在较低水平，日

本为4.67%，美国为5.19%，德国达到8.76%（考虑到保障制度问题，已属较低）。国家间收入差距缩小，大量人口脱贫。经济全球化对收入分配的影响体现在国家之间和一国内部两个方面。参与全球化的国家之间的收入差距缩小。大量的新兴市场国家通过参与全球化生产，迅速积累经济实力，国内经济得到较快发展。大量的人口通过全球生产体系，也获得了从农业人口向工业人口转化的机会，提高了农业的劳动生产率水平，提高了工业化的比率，增加了国民收入。一个国家内部，人们的绝对收入水平因为经济全球化而得到提升。因此，全球化促进了世界的总体福利。全球化参与程度低的非洲不发达国家，经济发展持续落后。全球化是社会化大生产的必然趋势，它标志着先进的生产方式是未来社会的经济基础。无论是发达国家还是发展中国家，经济全球化的有利方面都是相同的。

1. 全球化的正面效应

（1）全球化可使世界范围内的资金、技术、产品、市场、资源、劳动力进行有效、合理的配置

全球资源可以得到最有效、最合理的优化配置。全球范围内有效的分工协作可以产生新的巨大生产力，而且资源的合理配置使全球经济的可持续发展成为可能。全球化在有效促进国际合作的同时，也加剧了各国间的竞争。各国都试图通过增强自身的实力来实现别国对自己的依赖，从而较多地获取收益，较少地付出成本。全球化加速了生产要素在全球范围内的自由流动，形成了统一的全球市场，从而推动跨国公司的全球化经营和全球产业结构的调整，并最大限度地实现资源的优化配置。这种不同国家、不同地区的经济要素的有效组合，客观上促进了全球社会生产力的发展，促进了发展中国家经济的发展，减少或避免了人类社会现有的各种资源的浪费。

（2）全球化为发展中国家提供了一次迎接机遇和挑战的机会

经济自由化程度提高，越来越多的发展中国家实施开放政策。二战结束前后建立的布雷顿森林体系及后来制定的一系列经贸规则，为全球化深入发展奠定了机制基础。近几十年来贸易自由化的持续发展，世贸组织多轮谈判取得了成果，较大幅度地降低了关税壁垒和非关税壁垒。同时，越来越多的发展中国家加入世贸组织。目前，世贸组织成员国已超过150个。发展中国家平均关税也从20世纪80年代的30%降到目前近10%的水平。

第一，全球化有利于发展中国家利用外资和对外投资

1997年联合国贸易与发展会议发布的《1996年世界投资报告》指出，发展中国家1996年接受了1290亿美元的外国直接投资，对外投资了510亿美元，二者都创造了历史最高纪录。它们在获得世界投资总额中的比重从1995年的30%上升到1996年的37%，其中，48个最不发达国家在1996年的资本流入量也增加了56%。外资增强了各国企业的竞争力。各国企业的生产要素在全球范围内得到最优化的配置，从而可以开发最先进的产品，获得最经济的成本和最贴近的市场，从而具有最大的竞争力。据世界银行统计，发展中国家GDP年均增长率从1980—2000年的3.3%提高到2006年的7.3%。近年来，发展中国家获得的外国资金不断增多。世界银行《2007年全球发展金融报告》显示，发展中国家的FDI（外国直接投资）净流入额从1998年的1700亿美元增至2006

年的3247亿美元；同期，汇款流入额从727亿美元增至1990亿美元。另外，发展中国家利用跨国公司提高自身的技术水平。跨国公司通过直接投资、生产许可证转移或国际分包等方式向其他国家转移技术，直接或间接地帮助发展中国家提高技术水平。跨国公司将其先进的技术和管理技能以及充足的资本注入发展中国家，大大强化了其比较优势，显著提升了它们参与国际经济的程度。目前，发展中国家已有约40家跨国公司跨入全球跨国公司500强的行列，并在包括发达国家在内的世界各国投资设厂。在20世纪60年代，韩国的经济还较为落后，然而，参与全球化使它加快了经济发展的步伐。目前，韩国已进入工业发达国家行列。

第二，全球化促使发展中国家的出口商品结构优化

由于资本的流入、跨国公司的直接投资活动和本国产业结构的调整，发展中国家出口商品结构有所改善，制成品在出口中的比重从1980年的56%上升到1990年的73%和1994年的77%。

第三，全球化给发展中国家带来机遇

发达国家日益认识到，在全球化下，它们的经济稳定和发展有赖于发展中国家。在债务解决、地区经济一体化和联合国改革等问题上不得不考虑发展中国家的权益。在机遇与挑战面前，由于世界各国经济和技术发展的水平不同，因而导致他们在全球化中所处的地位和利益不可能均等。在这种弱肉强食、优胜劣汰的激烈的市场竞争中，发展中国家在许多方面必然处于劣势。只要发展中国家能够抓住机遇，敢于迎接挑战，通过对国外先进技术的吸收和消化，并在此基础上进行技术创新，建立本国的经济实体，积极参与国际竞争，生产出高质量、低价格的产品，就一定会在世界市场上占有一席之地。

(3) 全球化为世界各国人民提供了选择物美价廉的商品和优质服务的好机会

随着市场全球化的发展，物流将成为国际贸易的主要形式，世界各国人民可根据自己的爱好和消费需要，选择自己需要的商品。消费得到最大限度的满足。不论是为了满足物质生活需求还是精神文化需求，人们都有机会获得来自全球的最先进、最廉价的，同时还是最切合自己个性需要的消费。

(4) 全球化将会促使世界大文化的产生和发展

全球化不仅会影响全球的经济结构和秩序，而且也对不同民族的文化带来了程度不同的冲击。文化的这种碰撞和冲击将产生全人类都可认同的大文化。

(5) 全球化将促进贸易和投资的自由化

贸易与投资自由化既是世界经济全球化的产物又是经济全球化的强大推动力。正是贸易与投资自由化的加速发展推进了世界经济全球化的进程。反过来，世界经济全球化的发展又要求贸易与投资自由化的进一步完善。世界贸易自由化最重要的内容和核心就在于减少和取消关税壁垒和非关税壁垒。世界贸易组织正式运转后，首次将服务贸易、知识产权和投资等非货物贸易也纳入多边规则之中，使扩大多边自由化的领域以及扩大国际贸易自由化进程成为世界贸易组织的一个核心职能。此外，投资自由化已经成为当前国际投资发展的主流，全球性投资的规范框架和规则也开始形成。

(6) 全球化能够促进国际间政治的协调

世界上大多数国家都卷入了更深层次的国际分工体系，跨国公司的投资与技术转让活动又把各国的生产经营、销售和研究与开发活动比以往任何时候都更加紧密地联系在

一起。由此产生的直接结果就是各国经济相互依赖、相互渗透的程度加深，经济关系的变化必然引起政治领域和国际关系的变化，协商与对话越来越成为当今处理国际关系的主要手段。

全球化为发展中国家提供了难得的发展机遇，有利于发展中国家吸收外资，弥补了发展中国家国内建设资金的不足；有利于发展中国家引进技术和设备，实现技术发展的跨越；有利于发展中国家学习先进的管理经验，培养高素质的管理人才；有利于发展中国家发挥比较优势，开拓国际市场。但是，我们也应该看到，经济全球化这把双刃剑在给发展中国家带来利益的同时，也不同程度地带来了风险和不利的影响。

2. 全球化的负面效应

当今的全球化是在国际经济秩序仍存在不公正、不合理因素的情况下发生和发展的，是西方发达国家主导的全球化。西方发达国家凭借技术和资本优势，通过跨国公司和受其控制的国际经济组织，在全球争夺资源和市场，加紧向发展中国家进行经济渗透与扩张，极力地推销其政治制度、发展模式和价值观念。而广大发展中国家经济发展水平较低，利用机遇和防范风险的能力较弱，相对处于不利的地位，易于遭受各种经济危机和风险的冲击，南北差距有可能进一步拉大，发展中国家的主权也容易受到冲击和削弱。全球化对广大发展中国家提出了严峻的挑战。

(1) 全球化加剧了世界经济的不平衡，使贫富差距拉大

全球化中获益最大的当然是社会生产力高度发展的发达国家，而经济和技术相对落后的发展中国家尽管具有一定的中长期利益，但在近期或较长的时间内，是很少或很难受益的，甚至可能受到很大的损害和冲击，如许多民族企业亏损或倒闭等。世界银行于2004年4月30日发表的《世界发展指数》承认:“经济全球化的某些因素已使最贫穷国家受到损害，使富国和穷国之间巨大差距的扩大面临着更大的风险。在一个不能打破贫国周期且愈来愈不平等的世界中，集中于工业化的国家占世界人口1/6的人却垄断了全球近80%的收入。与此同时，居住在63个发展中国家占世界人口60%的人，仅得到世界收入的6%，人均每天不足2美元。”全球的不发达国家数由20世纪70年代的25个增为20世纪90年代中期的48个。目前，发达国家的人均国内生产总值最高的达4万多美元，而发展中国家的人均国内生产总值最低的只有100美元左右，比如莫桑比克。这种贫富越来越悬殊的现象同时也发生在穷国内部，从而加剧了穷国内部的社会矛盾，引发更多不稳定的因素。

(2) 现行的全球经济运行规则不尽合理，大多有利于发达国家

全球化的发展，客观上需要用规则去加以规范、约束参与者的行为，而规则的制定是以实力为基础的。全球化的游戏规则主要由发达国家来制定。现存的国际经济规则中虽然有些规则考虑到发展中国家的利益，但大部分规则却是由发达国家主导制定的，因此，目前经济全球化给世界经济所带来的利益是建立在发展中国家经济利益及政治利益遭受损失的基础之上的。发展中国家在经济全球化的游戏规则中遭遇了不公平的待遇。支配经济全球化的游戏规则不公平，其总体设计向发达国家倾斜而不利于发展中国家。现行的国际经济规则主要是由发达国家和其控制的国际经济组织制定的，甚至有的还是在发展中国家缺席的时候制定的，多数没有考虑到发展中国家的利益。往往某种产业发

展规则是在发展中国家还没有充分发展此产业的时候就制定出来了，发展中国家必须遵守它们并未参与制定的规则，无力改变其不利地位，只能被动地接受，非常不公平。

(3) 全球化使发展中国家所付代价巨大

全球化给发展中国家的民族企业造成了严重冲击。与发达国家相比，发展中国家由于历史的原因，经济结构相对薄弱，资金匮乏，技术落后，市场发育不成熟，而经济全球化加大了对其民族经济的压力和冲击。对广大发展中国家的民族企业来说，一方面，可以在经济全球化中得到更大的发展空间，实现资源的优化配置；另一方面，经济全球化也使其处在一个范围更大、对手更强的竞争环境中。发展中国家的民族企业在规模、效率、技术水平和研究开发能力方面都难以与发达国家的企业竞争。跨国公司的品牌和产品充斥着发展中国家的市场。在对全球化进程缺乏有效管理的情况下，弱肉强食的“丛林法则”在其进程中发挥了主导作用，这就可能导致那些拥有较大优势的西方发达国家的企业（如跨国公司）获得更多的利益，而那些处于弱势的发展中国家的民族企业贸易条件大大恶化，只能得到很少的利益，甚至面临被吞噬的危机。

(4) 全球化必然对民族文化带来一定的冲击

世界大文化，必然会改变本民族的生活方式、价值观念和文化特性。

(5) 发展中国家面临巨大的金融风险，严重威胁其国家经济安全

广大发展中国家普遍存在市场发育不成熟和宏观调控机制不完善的问题：首先，发展中国家经济实力弱，易受冲击；其次，发展中国家立法不全，有利于投机；再次，发展中国家执法不严，有空可钻。总之，发展中国家缺乏一套成熟、有效的规则来规划和管理金融业的发展。如果金融市场在这样的条件下开放，发展中国家必将面临巨大的金融风险。而发展中国家要实现工业化和现代化，其金融领域不开放是不行的。随着经济全球化中金融业和通讯业的广泛深入发展，金融风险在交易中随时会发生，因为这些交易额已超过大多数发展中国家的国民生产总值。也就是说，在经济全球化和现代通讯技术极为发达的情况下，资金的可交易性大大增强，国际资本根据利率变化调整资金流向也更容易。发展中国家与发达国家的利差导致国际资本流入发展中国家，但是一有任何风吹草动，这些资本就可能在短期内撤离，造成这些发展中国家的支付困难，从而出现金融危机，严重威胁发展中国家的经济安全。

(6) 全球化使发展中国家无法保障民众在危机中的利益

发达国家政府可通过较完备的社会保障和失业救济等机制缓解全球化对其民众的冲击，而多数发展中国家尚未建立或健全此类社会保障机制，缺乏规避风险和缓冲压力的能力。与发达国家相比，发展中国家在经济全球化进程中处于更加不利的境地。在因美国次贷危机而发生的全球金融危机中，连带之下的发展中国家的民众受影响的程度却比发达国家的民众受影响的程度要大得多。究其原因，主要是发展中国家的社会保障体系不完善、失业救济机制不健全等。

二、中国经济在全球化背景下的发展态势

（一）中国经济现状

从2006年到2010年这五年，中国经济年均增长11.2%，财政收入从3.16万亿元增加到8.31万亿元。其中，2010年国内生产总值达到39.8万亿元，这五年，中国城镇新增就业5771万人，转移农业劳动力4500万人；城镇居民人均可支配收入和农村居民人均纯收入年均分别实际增长9.7%和8.9%。这五年，我国粮食产量屡创历史新高，2010年达到5500亿吨，连续7年增产；农民人均纯收入达到5919元。2009年中国国内生产总值达到33.5万亿元，比上年增长8.7%；财政收入达到6.85万亿元，增长11.7%；粮食产量达到5.31亿吨，再创历史新高，实现连续6年增产；城镇新增就业1102万人；城镇居民人均可支配收入达到17175元，农村居民人均纯收入达到5153元，分别实际增长9.8%和8.5%。

温家宝总理在《2010年政府工作报告》中提出了2010年中国经济的若干关键数据：

——8%：GDP（国内生产总值）增长8%左右；

——900万：城镇新增就业900万人以上，与2009年新增就业指标持平，2009年，我国实际新增就业1102万人。

——4.6%：城镇登记失业率控制在4.6%以内；

——3%：CPI（居民消费价格指数）涨幅3%左右；

——10500亿：2010年拟安排财政赤字10500亿元，其中中央财政赤字8500亿元，继续代发地方债2000亿元并纳入地方财政预算；

——7.5万亿：2010年广义货币M2增长目标为17%左右，新增人民币贷款7.5万亿元左右，比2009年年初确定的5万亿信贷规模有所增加，比2009年实际新增的9.56万亿元贷款减少2万多亿元。

——8000万：新增8000万吨标准煤的节能能力；

——8183亿：中央财政拟安排“三农”投入8183亿元，比上年增加930亿元；

——10%：企业退休人员基本养老金今年再提高10%；

——3185亿：各级政府要进一步增加社会保障投入，中央财政拟安排3185亿元；

——632亿：中央财政拟安排保障性住房专项补助资金632亿元，比上年增加81亿元。

（二）中国经济走势

温家宝总理2010年指出，2011年中国经济有五个预期的经济数据。

第一个就是预期国内生产总值增长8%左右。对于2011年的这个8%，温总理是这样说的，2011年我国发展面临的经济形势仍然极其复杂。“十二五”开局之年的8%传递的重要信息是，一个平稳较快的增长速度是中国发展所必需的。应该说，这透出了新年里国民经济运行的一种更趋冷静的发展理念。经济发展方式转变有了一个量化的指

标，那就是未来五年经济发展的增速目标是7%，这和“十一五”期间超过11%的增速有不小的差距，从全球来看，7%的增长速度实际上也不低，重要的是经济发展的总体目标，要从关注速度转为更关注质量，关注经济成长，转为更关注民生改善。

第二个重要的经济数据就是：2011年居民消费价格指数涨幅控制在4%左右。这一目标，比2010年3%的目标提高了1个百分点，比2010年实际涨幅高了0.7个百分点。温总理说，必须调整经济结构、管理通胀预期的关系，更加注重稳定物价总水平，防止经济出现大的波动。

第三个重要的经济数据就是：2011年要新增城镇就业900万人以上，同时要把城镇登记失业率控制在4.6%以内。2010年我国城镇新增就业最终达到1168万人。对于如何促进就业，温总理表示，2011年中央财政将投入423亿元，用于扶助和促进就业，大力发展劳动密集型产业、服务业、小型微型企业和创新型科技企业，努力满足不同层次的就业需求。

第四个数据是，继续实施积极的财政政策，2011年将安排财政赤字9000亿元。相比2010年10500亿元赤字，2011年的赤字规模比上年预算减少1500亿元，温总理在《政府工作报告》中强调，要严控党政机关办公楼等楼堂馆所建设，出国（境）经费、车辆购置及运行费、公务接待费等支出原则上要实现零增长，年赤字率下降到2%左右。

第五个数据和金融有关，2011年广义货币增长目标为16%。与2010年《政府工作报告》提出的17%左右增长目标相比，2011年的目标下降了一个百分点，对此温总理在《政府工作报告》中指出，2011年要实施稳健的货币政策，提高直接融资比重，发挥好股票、债券、产业基金等融资工具的作用，更好地满足多样化投融资需求。要严格控制对“两高”行业和产能过剩行业贷款。密切监控跨境资本流动，防范“热钱”流入。

2011年中国宏观经济调控的首要任务是稳定物价。温家宝总理指出：“要保持宏观经济政策的连续性、稳定性，提高针对性、灵活性、有效性，处理好保持经济平稳较快发展、调整经济结构、管理通胀预期的关系，更加注重稳定物价总水平，防止经济出现大的波动。”温家宝总理在《政府工作报告》中说，当前物价上涨较快，通胀预期增强，政府部门要努力消除输入性、结构性通胀因素的不利影响，消化要素成本上涨压力，坚持抑制价格上涨势头。温家宝总理强调说，稳定物价时，要以经济和法律手段为主，辅之以必要的行政手段，并且把握好政府管理商品和服务价格的调整时机、节奏和力度。此外，稳定物价尤其要稳定农产品价格，温家宝总理说，要落实“米袋子”省长负责制和“菜篮子”市长负责制，积极开展“农超对接”，畅通鲜活农产品运输“绿色通道”。另外，对于农产品的国家储备，温家宝总理表示，要完善重要商品储备制度和主要农产品临时收储制度，把握好国家储备吞吐调控时机。总之，绝不能让物价上涨影响群众的正常生活。

（三）全球化对中国经济的影响

经济全球化是一把双刃剑，中国经济既存在机遇，又面临挑战。

1. 对中国经济的积极影响

经济全球化的迅猛发展使世界经济出现了一系列新特征，为处于发展关键时期的中国经济发展提供了一次难得的机遇。

(1) 经济全球化可从外部推进我国经济体制改革，加速市场经济的建立健全

经济全球化要求生产、贸易和金融国际化，这就需要我国的经济体制与管理必须与通行的国际惯例与规则一致，并改变那些不利于企业竞争的体制与管理方式，让市场经济在经济生活中发挥重要的作用。这样，就会大大促进中国改革的进程。

(2) 经济全球化有利于我国吸引更多的外资

在经济全球化背景下，由于国家投资环境大大改善，国际资金的流动更加便利通畅，使得我国吸引外资和内资外投都有了更加良好的经济环境。这样，我们可以利用经济发达国家对外资本转移的机会，引进资本和技术，发展我国的产业，更好地为我国的现代化服务。

(3) 经济全球化有利于我国深化产业结构的调整和高新技术产业的发展

20 世纪 90 年代以来，随着经济全球化的不断发展，世界各国都相继进行了以产业结构调整为核心的经济调整。我们要借此机会，根据国内外市场的发展与要求，不断调整和优化我国的产业结构，使我国的产业结构不断升级。通过利用外资进行技术贸易和各种合作等方式，使我国的高新技术产业得到长足的发展，并能使中国在短期内建立起一批高新技术产业，使它们在我国的国民生产总值中所占比重大幅度提高。

经济全球化对我国人民消费理念的转变、生活空间的扩大、选择机会的增多和生活质量的提高有一定的作用。由此可见，经济全球化为我国经济的腾飞和我们既定目标的实现，提供了一次难得的机遇。

2. 对中国经济的负面影响

虽然经济全球化能为中国经济的发展带来巨大的机遇，但是它对中国经济发展的冲击和负面影响也不能无视。

(1) 经济全球化对中国民族经济和弱势产业的冲击和压力

贸易的自由化和世界性的生产体系使得中国的民族经济和弱势产业面临的压力和冲击越来越大。这是因为，一方面，发达国家是经济全球化的倡导者和推动者；另一方面，发达国家拥有并掌握着发展中国家无法与之竞争的资金、技术和人才优势。

(2) 经济全球化使得中国等发展中国家被迫接受已有的国际分工体系，使发达国家转嫁污染和危机成为可能

虽然我国可以利用发达国家产业调整的机会，引进一些适合我国情况的比较优势相对明显的劳动密集型产业来加速我国经济的发展，但这同时就承认了现有的国际分工体系，使我们处于国际垂直分工体系的底部，不利于我国发展高新技术产业和加快技术进步，并使经济危机国际传递的可能性变成现实性。再加之对经济全球化无合理的国际约束机制，国际金融资本肆意横行，容易引起国际金融市场的波动，进而影响我国改革开放的成果。此外，发达国家民众对环境的重视和对环境污染的强烈反对，使发达国家纷纷把高能耗、高污染的产业转移到发展中国家，以转移全球化成本。污染性工业的外移使得发展中国家背上了沉重的负担，资源条件和生态环境不断恶化。

(3) 经济全球化使中国的经济主权受到挑战

国家经济安全问题是中国等发展中国家在经济全球化过程中面临的首要问题。经济

全球化要求更多地采用国际惯例，这使主权国家的“经济边界”弹性越来越大，最终会削弱主权国家的地位。在经济全球化背景下，由于国际分工体系和世界市场力量的不断扩大与增强，势力强大的跨国公司对经济事务的掌控能力不断扩大，贸易自由化、投资国际化和金融全球化又加剧了对中国等发展中国家的经济安全的威胁。

(4) 经济全球化使中国面临着人才流失和就业压力

虽然中国自从改革开放后经济取得了举世瞩目的发展，但是和发达国家相比，仍存在着巨大差距，尤其在产业结构和人才体制等方面存在着弊端。中国入世后，许多著名的跨国公司大举进驻中国。良好的工作环境、诱人的薪金待遇，对中国的一批人才产生吸引力，造成重要和关键岗位的人员流失。由于中国是发展中国家，第三产业等新兴产业仍处于起步阶段，在 GDP 中所占比重仍很小。跨国公司纷纷涌入必然对我国的一些产业产生冲击，使得本来由于我国产业结构调整和国企改革造成的大量人员下岗的就业压力更加凸显。

总之，我们在充分利用经济全球化带给我们利益的同时，又要清醒地意识到它给我们的经济带来的巨大冲击。

三、全球化对我国国家经济安全的影响

经济安全“是指一个国家抗衡和抵御某些来自国内外问题的演化和不良因素的影响而使本国经济免受打击的能力，或一个国家经济整体上没有危险和不受威胁的状态”[1]。经济安全是现代国家安全的重中之重，“是国家安全的基本原则”[2]。我国地处太平洋西岸，隔洋相望有全球最大的经济体——美国，隔海相望的日本——亚太地区不仅资源丰富、地理位置重要，全球经济最具活力、最富潜力的地区，而且也是当今世界经济增长最快、政治组合相当活跃的地区。在全球化的背景下谈经济发展，核心问题是提升国际竞争力。国家的国际竞争力是国家经济安全的核心因素，包括宏观和微观两个层面。宏观层面是指国家经济的整体水平和发展潜力。瑞士洛桑国际管理发展学院（IMD）每年公布的各国国际竞争力报告选择的指标体系包括八个方面：国内经济实力、政府政策、国际化程度、金融环境、科技水平、基础设施质量、企业管理和国民素质等。微观层面指企业或产品的世界市场拓展能力，具体包括企业创新能力、管理体制、公司治理结构、要素组合方式、满足需求的能力等方面。要使这些指标平衡发展，从而全面提高我国的国际竞争力，必须坚持全面推进科教兴国战略，全面提高国民素质，加大研究与开发投入，促进科技进步，建立和完善良好的人才应用机制，并按国际规范建立高效廉洁的政府机制，及时把握国际经济动态，促进经济平稳快速增长。积极参与国际经济规则的制定是保障国家经济安全的重要举措。

1.杜旭宇.国家经济安全问题研究 [J].经济学情报，1999 (3).

2.文军.论国家经济安全及其对中国的启示 [J].中国软科学，1999 (7).

（一）国家经济安全的含义

国家经济安全是相对于国家政治安全、国家军事安全以及国家文化安全而言的，是国家安全体系的重要组成部分。在早期国家安全观中，各国更多的是强调军事安全和政治安全，而并没有涉及经济安全。但是随着冷战结束和世界经济快速发展，经济安全逐渐受到各国的重视，成为国家安全的基础。国家经济安全指主权国家在开放条件下经济发展、经济利益不受内外部威胁和侵害而保持正常发展的状态和能力。对国家经济安全这种界定包含以下三方面的含义：

（1）凸现了国家经济安全在经济全球化背景下对于一国经济发展、经济利益的重要性；

（2）国际、国内因素可能会对一国经济发展、经济利益造成冲击，威胁国家经济安全；

（3）国家经济安全是一国经济保持正常发展的状态和能力，经济安全并不等同于经济均衡、经济可持续发展，前者只是后者的前提和基础。

（二）国家经济安全的构成

国家经济安全主要包括金融安全、产业与贸易安全、战略资源安全以及经济信息安全等。

1. 金融安全

金融安全是指一国能够抵御国内外冲击，保持金融秩序和金融体系正常运行与发展的状态，以及维持这种状态的能力。金融安全具体包括金融制度和体系安全、金融财富安全、金融机构安全、金融发展与运行安全。“金融是现代经济的核心，因而金融安全也就成为国家经济安全的核心”。[1]保持金融安全的核心意义在于规避金融风险，主要目的在于防范金融危机。随着金融工具、金融产品的不断发展和创新，金融风险也在不断扩散和放大。一国经济要保持健康发展，首先必须保证金融安全。

2. 产业与贸易安全

产业是一国经济的中观表现形式，在一国经济发展中占有相当重要的位置，特别是支柱产业对于一国经济的发展至关重要。因此，产业安全就成为国家经济安全不可或缺的重要组成部分。具体来说，产业安全就是指一国各产业不受内外部威胁和侵害而保持正常发展的状态和能力，不至于由于种种原因而导致一国产业受他国企业在较大程度上控制的现象。产业安全与贸易安全是紧密相关的。一般来说，外商往往利用其资本、技术、管理和营销等方面的优势，通过合资、并购等方式直接或间接控制国内产业，甚至控制某些重要产业，从而对国家经济安全构成威胁。因此，要维护国家经济安全，必须保证产业与贸易安全。

1.王广谦.经济全球化进程中的中国经济与金融发展［M］.北京：经济科学出版社，2005.

3. 战略资源安全

战略资源是指在国民经济生活中有举足轻重作用的、对未来发展和发展目标的实现具有重要影响的稀缺资源，主要包括：粮食、石油、煤炭、钢铁、水资源和稀有金属等，是国家经济实力的主要组成因素。战略资源安全是指一国可以稳定而可靠地获得所需要的各种自然资源的一种状态，以满足国家、经济与社会发展正常需求。在战略资源安全中，能源安全有着特别重要的地位。而非再生性能源的可耗竭性决定了其供给的不可持续性，因而，对工业快速发展、能源稀少的国家而言，保障能源安全就显得尤为重要。此外，随着人口的膨胀，粮食问题、水资源问题也日益突出，如何保障这些战略资源的安全成为世界各国亟待解决的重大课题。

4. 经济信息安全

经济信息安全是国家经济安全体系的重要组成部分，是指经济信息的私密性和可靠性，即特定的信息只能让特定的人（法人或自然人）知道，而不能让不该知道的人知道(信息的私密性)，该知道某些经济信息的人，一定要让他及时、完备地知道他该知道的经济信息。随着信息技术的飞速发展和网络的普及，网络信息系统已成为一个国家、一个行业、一个企业得以发展的基础设施。由此给经济信息安全带来了极大的挑战。在信息化进程中，国家的经济安全越来越依赖于信息化基础设施的安全、可靠程度。为了保证经济信息的安全，必须自主研发有关核心技术，以便在信息战中占有主动权，维护国家经济安全。

（三）全球化中我国国家经济安全面临的挑战

随着经济全球化的发展，一国的生存、发展受国际政治、经济的影响越来越大，主权国家对本国经济的运行与发展实施控制和保护的能力在减弱。面对全球化的市场经济体系和运行机制，影响经济发展的不确定性因素和风险增多，国家经济安全问题面临严峻挑战，正日益受到世界各国的高度关注。经济全球化时代的国家经济安全可以概括为一国经济免于因生态危机、经济不稳定、失业、金融市场紊乱、通货膨胀、大规模的贫困、商品不安全等的冲击而处于稳定、均衡和持续发展的状态。我国经济长期保持高速增长，成为经济全球化中受益最大的发展中国家之一，但是我们也要看到，我国国民经济发展对国际资本、技术、资源和市场的依存关系也在不断上升。2004 年我国进出口总额突破1万亿美元，位居世界第三；利用外资也快速增长，截至2004年年底，我国累计利用外资 5621 亿美元，位居世界第四，中国已跻身世界最大开放体之一。随着我国“入世”承诺的进一步履行，对外开放程度的进一步提高，我国国家经济安全所面临的风险也日益增加。

1. 我国民族产业安全面临挑战

产业安全是国家经济安全的核心和基础。我国民族产业安全面临的最大威胁来自跨国公司在我国的快速发展和扩张。目前，全球500强跨国公司中，有近450家在中国开展业务。

第一，跨国公司的进入必然会加剧市场竞争。为了更大限度地追逐利润，外资会采取多种方式扼杀民族产业、打击民族品牌，以取得市场垄断地位，这对我国的产业安全构成严重威胁。

第二，跨国公司在我国的迅猛发展，会导致国家产业政策的干预作用减弱，利益遭受损失。在国际分工深化和产业结构调整中，发达国家往往把最新技术、核心技术保留在本国，而把陈旧技术或是技术含量很低的加工组装程序，甚至夕阳产业、污染环境的产业转移到包括中国在内的急需发展的广大发展中国家。这一方面使我国未来技术和产业发展被动地建立在跨国公司构建的国际分工体系中，产业结构的调整和升级有可能受到制约；还造成在国家经济有所发展的同时，自然环境受到污染、资源和生态平衡遭到破坏、社会成本负担日趋加重。事实上，这也是导致我国贸易潜藏矛盾的一个重要原因。在全球国际分工调整中，我国成为世界加工制造中心之一，并成为贸易大国。但是，我国处于国际分工低端，出口以加工贸易为主，产品的技术含量及附加值比较低，对国内产业结构升级、国民福利的贡献十分有限，还导致资源消耗高速增长，经济、资源的外部依赖程度进一步加深。

2. 我国金融安全面临挑战

第一，金融业的经营面临冲击。目前，资金雄厚、技术先进、服务水平高的外资银行已大举进入中国，必然使中国的银行业面临巨大的竞争压力。在其他非银行金融领域，如证券业、保险业，外资的压力不容忽视。

第二，国际资本频繁进出，蕴含巨大金融风险。随着金融改革深化和放松金融管制，中国的金融自由化程度将会进一步提高，这就为国际资本进入中国提供了便利条件。但庞大的短期投机资本的目标往往是证券市场和房地产市场，而绝非实体产业部门。这样就容易引发泡沫经济，造成金融危机，导致国民经济衰退，危害国家经济安全。目前来看，我国的金融监管制度还不完善，无法适应金融国际化快速发展和我国金融开放对风险防范的需求，这进一步加大了我国参与经济全球化过程中面临的金融风险。

3. 我国的战略资源安全及生态安全受到挑战

从自然资源来看，我国资源禀赋较差，耕地、淡水、石油、天然气、煤炭、铁矿石、铜和铝等重要资源的人均占有量或人均储量都低于世界平均水平。而我国资源利用效率又普遍偏低，污染负荷普遍偏高，生态建设和修复差距也比较大。在工业化、城市化及对外开放的过程中，我国资源环境压力及生态安全面临的挑战必将进一步加大。

4. 我国信息安全形势不容乐观

随着全球信息化的飞速发展，信息体系对国家经济发展的作用越来越大，各种信息化系统已经成为国家关键基础设施。信息安全已成为亟待解决的、影响国家全局和长远利益的关键问题之一。目前，我国信息安全问题十分突出。主要表现在：在信息网络安全问题上，普遍缺乏安全防范意识，信息与网络的安全防护能力差；在信息设备、技术、产品等方面，引进多，自己研制少，对关键的核心技术掌握不够，信息技术落后造成信息依赖、技术依赖，经济依赖，导致国家经济利益大量流失，而且存在相当多的安全隐患。信息网络安全管理体制尚不健全，在信息资源管理和安全的监管方面职责不够明确。信息安全立法滞后。

5. 影响宏观经济目标实现的因素将更为复杂

随着我国对外开放程度的不断提高，经济的对外依存度还将进一步加大，这就加大了经济社会持续协调发展的难度和复杂性。经济增长、物价稳定、就业充分、国际收支平衡等宏观经济目标的实现，将越来越多地受到国内、国际因素的综合影响和制约。如人民币汇率变动与商品劳务和资本的不平衡相互影响，对内均衡和对外均衡相互制约，使货币政策的独立性和效率受到严峻挑战；出口的持续增长已使国际因素成为影响我国就业实现的重要制约条件；跨国企业主导的贸易、投资使政府对国际收支平衡的可控性也在削弱。

6. 我国参与国际经济竞争的政策制度环境更为严峻

经济全球化是由发达国家主导的市场经济的全球化，对广大发展中国家来说，经济全球化是一场不公平的竞争。中国参与国际竞争所面临的政策制度环境显得更为严峻，发达国家会更多地通过技术标准、环保标准、劳工标准来限制中国的传统优势产品的发展。

四、保障我国经济安全的对策

（一）树立全球战略意识，牢牢把握对外开放的主动权

全球化已使世界经济成为不可分割的整体，各国在相互影响、相互依赖、相互合作的过程中形成了一种开放性、渗透性的国际关系。在这种形势下，必须以全球眼光来筹划经济发展。一方面，发展经济的立足点应在国内市场，继续坚持扩大内需的战略方针，稳固国内经济发展的基础；另一方面，要加强对世界经济形势和国际经济规则的研究，进一步完善涉外管理体制和相关法律、法规，要按照“全方位、多层次、宽领域”的原则参与国际分工。充分利用“两个市场、两种资源”，全面提升我国参与国际竞争的实力和水平。要充分发挥政府对宏观经济的调控能力。“在全球化环境中，国际竞争带有越来越明显的政府主导特征。政府作为一种竞争主体，在国际竞争中日益发挥关键的作用。政府代表国家主权和民族利益参与国际竞争，主要表现为制度竞争，即通过制度选择和战略规划最大限度地促进资源优化配置、降低交易成本、建立创新机制（周树春，2005)。因此，要加快政府职能转变，努力提高政府的宏观调控能力和行政服务水平。政府要敏锐地把握国际经济、科技发展趋向，制定出既符合本国国情又符合未来发展趋势的经济发展战略；要努力完善促进对外开放、经济发展和保护国家经济安全的制度框架，如经济规则、法律体系等，积极为本国利用外部资源创造条件；又要对危害我国经济安全的力量进行防范，积极参与国际经济规则的制定。我国要在独立自主方针的指引下，以更加积极主动的态度参与国际事务。在充分遵循国际规则和双边、多边基础上更多地参与国际规则的制定和国际经济新秩序的建设，保持有充分的发言权，为我国

经济的发展争取更大的主动，更大限度地维护我国自身经贸利益。我国要广泛参加区域经济合作。区域合作和双边合作不仅是经济全球化时代的重要特征，在某种程度上，也是各国、各地区在全球化形势下进行自我保护的一种有效方式。适应区域经济一体化和世界经济多极化的发展趋势，更多地参与区域经济合作，可以为我国争取更多的有利条件、环境和发展空间，提高我国的国际地位。

（二）不断提高我国的综合国力和国际竞争力

在经济全球化时代，国家间的竞争说到底是综合国力的竞争，增强我国的综合国力和国际竞争力是确保国家经济安全的核心和关键。

第一，努力转变经济增长方式。目前，我国总体上粗放型的经济增长方式尚未得到根本性转变，靠过多地占用资源和高消耗来保持经济增长的高速度，所带来的后果是资源浪费严重、环境问题突出、竞争力难以提升、经济持续增长和平稳运行难以为继。因此，必须从根本上转变经济增长方式，使经济增长建立在充分发挥人力资源优势、高效利用资源、减少环境污染、注重质量效益的基础上，实现经济的集约化增长。这就要求提高自主创新能力，增加经济增长的技术含量，优化产业结构，推动产业升级，发展循环经济，构建节约型社会，深化改革，形成有助于转变经济增长方式的体制机制。

第二，加快调整、优化产业结构。调整、优化产业结构，建立一个“以高新技术产业为先导，以基础产业和制造业为支撑，推进服务业全面发展”的产业格局。抓住国际产业结构调整的机会，抢占产业的高技术和高附加值生产环节，发展高新技术产业，增强产业的创新能力；用高新技术改造传统产业，引导重化工业健康发展，走工业化道路，加快发展金融、保险咨询、物流等现代服务业。提升服务业结构；注重产业的地区布局规划，引导发展产业集群。

第三，着力提高自主创新能力。中国企业在与国际同类企业竞争时往往处于不利地位，一个非常重要的原因就是中国企业缺乏具有自主知识产权的核心技术。即使国内有些企业引进了国际先进技术，但通常也是支付了巨额的技术转让费，致使其产品或服务的整体竞争优势大为削弱。为了从根本上维护我国产业安全，必须加大自主创新力度，研发具有自主知识产权的核心技术。这就要求企业、政府以及高校等科研机构以市场为导向，相互合作，积极创新，同时制定、实施相关的配套政策，以提升我国产业的自主创新能力，保障产业安全。如前所述，近年来中国的外贸依存度一直居高不下，一旦外部需求下降，必然对国内经济的发展产生较大的影响，甚至威胁到国家的经济安全。事实上，由于中国人口众多，无论是商品还是服务都有相当大的潜在市场，如果将居民的潜在消费需求转化为有效需求，那么出口的压力将会大大减小，外贸依存度也就会显著降低。所以，在努力开拓国际市场的同时，更应该注重国内市场的开发，从而尽可能地降低外部因素对国内经济的冲击。在科技迅猛发展的今天，谁拥有较多的知识产权、核心技术，谁就能在国际市场竞争中掌握主动权。中国必须走自主创新之路，提高创新能力；加强人力资源投资，建立起培养、吸引、留住、使用人才的机制；政府应积极创造有利于自主创新的政策环境，如：健全知识产权保护体系，实行支持自主创新的财税、金融政策，完善自主创新的激励机制等。

第四，增强企业的核心竞争力。企业是国民经济的基础，增强企业核心竞争力是保护民族经济的根本。今后一段时间，国有企业改革仍是整个经济体制改革的中心环节，要继续深化国有企业改革，加快建立现代企业制度，增强企业制度创新、技术创新和抵御市场风险的能力，推动国有企业的战略性调整与改组，培育和发展一大批拥有自主知识产权、具有较强国际竞争力和抗御风险能力的大企业集团和跨国公司，并以此带动中小企业的发展。与跨国公司在产品研发、生产、销售等方面积极合作，增强国际竞争力。

（三）提高防范金融风险和金融危机的能力，加快金融改革步伐，加强金融监管合作，建立金融风险预警系统

金融是国民经济的命脉，金融安全是国家经济安全的敏感区域。因此，要把构建金融安全防御体系放在特别重要的位置。在经济全球化、金融一体化的背景下，一国经济、金融不可能不受到外部因素的影响。作为新兴市场经济国家，我国的金融体系还比较脆弱，存在诸多有待完善、改进的地方。因此，必须加快我国金融改革步伐，提高我国金融抵御风险的能力。要改革现有不合理的金融体制，加大国有商业银行的改革力度，大力发展、完善资本市场，加强金融产品创新，充分发挥资本市场分散风险的功能，逐渐改变以银行为主体的金融格局，从体制上保障我国的金融安全。在金融改革与创新的同时，必须加强金融监管，尤其要防范国际投机资本大进大出，稳步有序地推进金融开放。此外，为了有效防范和化解国际金融风险，必须加强金融监管的国际合作，以打击跨国金融违法、违规行为，维护我国的金融安全。在金融风险预警方面，我国必须建立、健全金融风险预警系统，以积极应对国际、国内因素对我国金融业可能产生的冲击，最大限度地降低和化解金融风险。

（四）构建维护经济安全的防御体系，积极开发新资源、新技术，建立节约型社会

目前，我国战略资源（包括能源、粮食以及水资源等）安全形势极为严峻。如果不解决好这些战略资源的安全问题，很可能会对社会经济的发展造成极大的负面影响。随着社会经济的快速发展，战略资源的安全问题日益突出，必须引起足够的重视，采取有力的措施，总体来说可以从两个方面着手：一是积极开展国际合作，努力开发、推广新资源、新技术（资源集约利用技术、废弃物回收再利用技术等），广开资源供给渠道，缓解资源供给压力；二是要节约利用资源，加强资源循环利用，倡导节约资源的社会新风尚，建立节约型社会，从而保障我国战略资源的安全，促进社会经济健康可持续发展。

第一，要设立专门的国家经济安全机构。研究和制定国家经济安全战略和策略、国家经济安全预警指标体系和相应的政策措施，在负责监测、预测、报告国家经济安全的形势同时，要建立和完善国家经济安全法律法规，把国家经济安全纳入法制化的轨道。

第二，要建立战略资源储备和安全保障体系。根据我国具体情况，建立一定规模的黄金、外汇、石油、粮食战略储备，积极参加国际合作，通过贸易、投资等方式获得稳定的资源、粮食供给，采取预防性的外交和经济手段，保障资源供给通道的安全；坚持控制关键部门和领域，如涉及国家安全的行业、提供重要产品和服务的行业、支柱产业和高新技术的重要骨干企业；建立健全国际条约及法律保障体系和多层次应急国际机制。

【思考题】

1. 如何理解全球化的内涵？
2. 全球化对中国的影响有哪些？

参考文献

[1] 戴维·赫尔德. 全球化与反全球化[M].北京:社会科学文献出版社,2004.

[2] 杜旭宇.国家经济安全问题研究[J].经济学情报,1999(3).

[3] 文军.论国家经济安全及其对中国的启示[J].中国软科学,1999(7).

[4] 王广谦.经济全球化进程中的中国经济与金融发展[M].北京:经济科学出版社,2005.

[5] 范爱军,韩忠先.经济全球化与国家经济安全及经济利益问题研究综述[J].学习论坛,2005(4).

[6] Dunning J H. Global Capitalism, FDI and Competitiveness [M]. MA: Edward Elgar Publishing Limited,2002.

第二章　从次贷危机到金融危机

导 言

金融危机是指一个国家或几个国家与地区的全部或大部分金融指标（如：短期利率、货币资产、证券、房地产、土地价格、企业破产数和金融机构倒闭数）的急剧、短暂和超周期的恶化，人们对未来经济的预期更加悲观，整个区域内货币币值出现较大幅度的贬值，经济总量与经济规模出现较大的倒退，经济增长受到打击。危机一旦发生，往往伴随着企业大量倒闭，失业率提高，社会普遍的经济萧条，甚至有些时候伴随着社会动荡或国家政治层面的动荡。金融危机可以分为货币危机、债务危机、银行危机、次贷危机等类型。

2007—2008年发生的金融危机因其破坏力、杀伤力极大被称为是一场金融海啸。次级房屋信贷危机爆发后，投资者开始对按揭证券的价值失去信心，引发流动性危机。即使多国中央银行多次向金融市场注入巨额资金，也无法阻止这场金融危机的爆发。到了2008年，这场金融危机开始失控，并导致多间相当大型的金融机构倒闭或被政府接管。全球面临60年来最严重的金融危机。在金融方面，美欧金融体系出现了系统性崩溃的风险。美国除了“两房”和美国国际集团被政府接管之外，五大投资银行全军覆没，花旗等商业银行也陷入困境。欧洲金融机构也遭受了直接冲击，许多银行严重亏损，有些甚至倒闭或者濒临倒闭的边缘。新兴经济体由于跟发达国家经济体还没有脱钩，所以金融市场也受到了很大的冲击，很多经济体股市暴跌，货币严重贬值，大量外资出逃。在实体经济方面，这次金融危机对整个世界经济的冲击也越来越大。

一、导火索：次贷危机

2007年8月，美国第五大投资银行贝尔斯登所属的两支对冲基金破产，标志着次贷危机的爆发。次贷危机又称次级房贷危机。美国抵押贷款市场的“次级”（Subprime）及“优惠级”（Prime）是以借款人的信用条件作为划分界限的。根据信用的高低，放贷机构对借款人区别对待，从而形成了两个层次的市场。信用低的人申请不到优惠贷款，只能在次级市场寻求贷款。两个层次的市场服务对象均为贷款购房者，但次级市场的贷款利率通常比优惠级抵押贷款高2%~3%。次贷危机发生在美国，是因次级抵押贷款机构破产、投资基金被迫关闭、股市剧烈震荡引起的风暴。次贷危机致使全球主要金融市场出现资金流动性严重不足。次级贷款是放贷给信用品质较差和收入较低的借款人的贷款。由于信用和收入不足，这些人往往没有资格获得要求借款人有优良信用记录的优惠贷款。放贷机构之所以愿意为这些人发放贷款，是因为次贷利率通常远高于优惠贷款利率，回报较高。这种贷款通常不需要首付，只是利息会不断提高。放出这些贷款的机构，为了资金尽早回笼，金融家创造出了一连串的衍生工具。首先是对需要房屋贷款但又不足以取得贷款的人提供特殊的贷款业务支持，进而银行把它所提供的次级债务债权进行集中打包、包装，即进行所谓的资本证券化后在资本市场上出售。这时次级债务的级别提高了，因为在包装的过程中，银行加入了自身的信用级别，而最根源的债务的来源也被逐级模糊，随着一次又一次的包装和资本证券化的过程，次级债务的实质和特征被这些衍生工具掩盖了，最后在资本市场上购买包装以后的债券的债权人，并不知道这种债券的真实信用级别。类似地，次贷的债券利率当然也肯定比优贷的债券高。美国次级抵押贷款市场通常采用固定利率和浮动利率相结合的还款方式，即：购房者在购房后头几年以固定利率偿还贷款，其后以浮动利率偿还贷款。在2006年之前的5年里，由于美国住房市场持续繁荣，加上前几年美国利率水平较低，美国的次级抵押贷款市场迅速发展。随着美国住房市场的降温尤其是短期利率的提高，次级抵押贷款的还款利率也大幅上升，购房者的还贷负担大为加重。同时，住房市场的持续降温也使购房者出售住房或者通过抵押住房再融资变得困难。这种局面直接导致大批次级抵押贷款的借款人不能按期偿还贷款，进而引发次贷利率升高。因为回报高，这些债券就得到了很多投资机构，包括投资银行、对冲基金的青睐。从2006年开始，美国楼市开始萎靡，房价下跌，购房者难以将房屋出售或通过抵押获得融资。由于贷款不能按期收回，放贷机构以及购买次贷债券的投资银行和对冲基金等开始出现大额亏损，美国信贷市场呈现20年来最差状态，欧美股市全线暴跌开始，次贷危机全面爆发，并迅速席卷美国、欧洲和日本等世界主要金融市场。

次贷危机的产生，有商业银行的责任，他们为把次级债务推销出去，向不足以有债信的人提供借款；更有投资银行在其中兴风作浪，他们为了业务的扩张，千方百计地进行所谓的金融创新。在包装的过程中，资本市场所谓的基础设施——信用评级机构，完全没有尽到严格监管和公正评级的责任。实际上，他们不断给资本证券化的债券提高信用等级，使得最终的债权人并不知道债务的真实根源，也不知道在资本证券化过程中信用级别是如何提高的。评级机构作为金融市场秩序的维护者，又给出了错误的信号，通过他们的信用评级给予金融市场盲目的信心。美国政府和美联储更是负有不可推卸的责任。在1993—1994年IT行业泡沫破裂以后，美国政府急于寻找到一个支撑美国经济发展的新的经济增长点。在寻找新的经济增长点的过程中，包括当时的美联储主席格林斯潘都不约而同地把目光聚焦在房地产业，认为房地产业可以作为经济发展的新亮点、新支撑点。在政府和作为监管机构的美联储的大力支持之下，次级债务得以更加盲目地扩展。

（一）次贷危机的爆发

2007年2月13日美国新世纪金融公司发出2006年第四季度盈利预警。汇丰控股为在美次级房贷业务增加18亿美元坏账准备。面对来自华尔街174亿美元逼债，作为美国第二大次级抵押贷款公司——新世纪金融公司在2007年4月2日宣布申请破产保护、裁减54%的员工。

2007年8月2日，德国工业银行宣布盈利预警，后来更估计出现了82亿欧元的亏损，因为旗下的一个规模为127亿欧元的“莱茵兰基金”以及银行本身少量地参与了美国房地产次级抵押贷款市场业务而遭到巨大损失。德国央行召集全国银行同业商讨拯救德国工业银行的计划。

美国第十大抵押贷款机构——美国住房抵押贷款投资公司2007年8月6日正式向法院申请破产保护，成为继新世纪金融公司之后美国又一家申请破产的大型抵押贷款机构。2007年8月8日，美国第五大投资银行——贝尔斯登宣布旗下两支基金倒闭，贝尔斯登作为美国第五大投资银行，在美国乃至全世界都有着特殊的影响和地位。它所从事的衍生工具交易在美国的投资银行中是比较大的，2007年8月9日，法国第一大银行——巴黎银行宣布冻结旗下三支基金，同样是因为投资了美国次贷债券而蒙受巨大损失。此举导致欧洲股市重挫。2007年8月13日，日本第二大银行——瑞穗银行的母公司瑞穗集团宣布与美国次贷相关损失为6亿日元。日、韩银行已因美国次级房贷风暴产生损失。据瑞银证券日本公司的估计，日本九大银行持有美国次级房贷担保证券已超过1万亿日元。此外，包括Woori在内的五家韩国银行总计投资5.65亿美元的担保债权凭证（CDO）。其后花旗集团也宣布，2007年7月份由次贷引起的损失达7亿美元，不过对于一个年盈利200亿美元的金融集团，这个也只是小数目。2008年3月贝尔斯登作为美国第五大投资银行在全球消失，贝尔斯登问题解决后，表面上美国次贷危机的形势有所缓和，2008年7月两房危机爆发，这是次贷危机的第三阶段，也代表着危机性质发生了变化，不仅是次贷危机了，已经开始具有金融危机的明显特征。美国政府对两房在2009年12月31日前发行的所有债券承担还款责任。

（二）全面的金融危机爆发

2008年9月15日，美国的金融危机全面爆发，标志就是美国的第四大投资银行——雷曼兄弟的破产和美国第一大金融保险公司——美国国际集团（AIG）面临巨大的财务危机。这时美国政府面临着非常艰巨的两难选择，在同一时间它的第四大投资银行——雷曼兄弟面临破产，而第三大投资银行——美林也处在破产边缘，更危险的是AIG的情况。美林银行和美国银行（BOA）300亿美元的交易很快就谈成了，美国银行收购了美林公司，这个时候美国只有三大投资银行了。而雷曼兄弟的问题比美林更严重，实际上就在2008年3月份贝尔斯登危机爆发的时候，雷曼兄弟的问题就已经暴露无遗了，但是雷曼的董事长认为自己是具有186年历史的公司，财务状况的风险不大。更为严重的是，这时候AIG严重的财务风险暴露出来，AIG财务风险的导火索是其伦敦的分支机构做了大量的信贷违约掉期（credit default swap, CDS）交易，出现了巨额亏损，AIG是保险公司，美国的大量保险基金、失业保险等都在AIG存放，同时AIG又做了全球最大的CDS交易，如果它破产了，会导致美国金融体系的系统性风险，甚至有可能拖垮全球的金融体系，最后用了1228亿美元才拯救了AIG。雷曼兄弟破产之后，美国金融危机蔓延的速度超出了所有人的预期。即使美国最老练的金融家在当时的情况下也无法判断和没想到雷曼兄弟的破产导致全球金融危机的爆发，更没想到的是2008年10月6日那一周全球股票市场6万亿美元资产瞬间消失，更为可怕的是，那一周国际金融市场流动性基本为零，各大银行严重互不信任，隔夜拆借都不提供。全球金融危机的迅速蔓延超出了所有人的预料，2008年9月15日雷曼兄弟破产，不到两个星期，这场危机就蔓延到了欧洲。在2008年9月底的时候，欧洲国家还是信誓旦旦：绝对没有危机，欧洲的银行体系是健康的，欧洲的监管措施是有力的，美国的金融危机绝不会造成欧洲金融市场大的动荡。但是到2008年10月初，欧洲股票市场急剧下跌，下跌程度前所未有。日本经历了十年的经济萎靡不振，同时作为亚洲国家，经过1997年金融危机后这些年也做了很多的经济政策的调整，但是到了2008年10月中旬，日本大和人寿保险的破产，标志着日本也卷入危机之中。日本受到的更直接的损失是日元汇率的急剧升值，这对日本是沉重的打击。同时，金融危机开始冲击新兴市场国家。新兴市场国家原本处于这场危机的外围，但是随着危机的深化、危机影响程度的剧烈扩大，新兴市场国家的情况变得非常严重。新兴市场国家经受严峻考验的首先是那些经常性账户逆差、严重依赖外来资本平衡国际收支的国家，在东欧是乌克兰、匈牙利，在拉美是阿根廷、巴西，在亚洲是韩国。幸亏是对冲基金垮了，要不然这些新兴市场国家风险更大，严重的收支不平衡就造成在金融危机下脆弱的环节。全球金融危机开始对实体经济产生影响，出现经济危机的迹象。发达国家经济增长大幅下跌，英国第三季度的增长率是-0.5%，布朗首相不得不宣布经济已经处于衰退，欧洲的其他国家，包括德国都面临着非常困难的情况，出现衰退的可能性很大。美国如果不颁布新的财政刺激措施，也有可能陷入衰退，主要工业化国家都开始出现明显的衰退迹象，这才有了新一轮全球利率的削减行为。此外，主要经济体的主要工业行业，如美国、日本的汽车行业都受到了严重的负面影响，国际劳工组织预测2009年失业人口要增加2000万，从1.9亿增加到2.1亿。失业人口的增加对各个国家都是严峻的挑战。

二、金融危机爆发的三个原因

从美国次贷危机引起的华尔街风暴，随后演变为全球性的金融危机。这个过程发展之快，数量之大，影响之巨，可以说是人们始料不及的。美国对金融体系实行自由放任政策，放松管制。这是从20世纪80年代里根执政开始这样做的，当时发布了一系列金融改革的法案，刺激了金融创新。但与此同时，他们又放松了管制，这样就导致了后来金融衍生产品泛滥，金融衍生产品膨胀程度远远大于实体经济。在这种情况下，一方面是金融创新工具层出不穷，另一方面是市场管制放松，最后导致整个金融市场的混乱。

（一）杠杆酝酿风险

投资银行和商业银行的主要区别：一是投资银行没有直接的储蓄存款，投资银行是依靠在资本市场上凭借自身的信誉发行债券进行融资；二是在做业务的时候使用高杠杆率，举例说，比如有1美元的自有资本，如果杠杆率是30，就可以做30美元的生意。在正常的资本运作情况下，投资银行可以在资本市场融资，可以使用高杠杆率进行巨额投资，所以在大企业的合并、兼并过程中，在资本市场的整合过程中，投资银行作为特殊的中介机构都会起到很大的作用。但是投资银行的客户是非常集中的，一旦大客户挤提，情况就会非常危险。2008年在3月13、14日两天，由于市场上传言说贝尔斯登面临财务危机。结果贝尔斯登被它的主要客户挤提了。

（二）CDS 合同及 CDS 合同市场

金融家索罗斯（George Soros）曾预言，信贷违约掉期（credit default swap，CDS）市场的失败会引起连锁反应，将触发下一次全球性的金融危机。“股神”巴菲特（Warren Buffett）曾称，这些用来投机的衍生品是“大规模毁灭性武器”。CDS是当代美国金融家曾经引以为豪的一项特殊创新，就是为了促进银行之间的交易，其他的银行可以提供一个在万一违约情况下的特殊担保，在一家银行可能出现违约的情况下，另一家机构对这种违约提供一种担保，从而提高交易的信用度。当然这种违约担保不是免费的，而是要收取一定的费用。实际上这种费用就成了一种交换，作为一家金融机构对另一家金融机构可能出现的违约提供担保的条件，而提供违约担保的金融机构在收取费用之后，可能又申请其他的金融机构对其交易进行再担保，这样一层一层、一家一家之间地提供违约担保，把全球的金融体系紧密地联系起来，同时把全球的金融风险紧密联系在一起。为什么这次危机如此严重？就是因为在经济全球化和金融一体化之下，CDS担保量太大了。CDS是什么？CDS是一种合同。全称credit default swap，意思是信用违约掉期合约。CDS是美国一种相当普遍的金融衍生工具，1995年由J P Morgan（2000年与大通银行、富林明集团完成合并成立今天的摩根大通）首创，CDS相当于对债权人所拥有债权的一种保险。从理论上讲，CDS卖家售出CDS，对相应的一份债权将来是否得以履约做出担保；而这样一来，作为买家的债权人就把债权违约的风险让渡给了CDS卖家。具体来说，CDS所担保的债权，一般是各种各样但信誉度各异的债券，如地方政府债券，新兴市场国家的债券，以住房按揭为抵押的债券（包括次贷），以及小范围的或企业双方的债券和债权。按金融产品的惯常分类，这些债券因都承诺了债权人的定期、定量收益，都叫做固定收益（fixed-income）产品。CDS买家所获得的保险承诺包括：倘若债权违约，或有债权评级下调等各种不利的“信用事件”（credit event）发生，收入仍不受影响（视具体条款而定）。一般的债权人起码仍可收回所持债券的面值。CDS的好处是，当企业或个人在面临多种债权风险（比如拥有多家公司的债券）而又不想马上将债权全部出售的时候，可获得CDS卖家所提供的保险。但另一个结果就是，促使投机者对债权产品的信用度像赌徒一样地下注，并通过押准了某项违约债权而获利。鉴于CDS市场的市值已超过CDS所代表的债券和贷款总额，该市场的投机性已显而易见。如此这般，CDS买家所获得的保护，等于说它们在信用事件的条件下（债权产品违约率上升时），仍可获得预期的收入甚至利润。因为此时CDS卖家向对它们支付与所担保债券面值相当的现金。而在没有信用事件的条件下，如所担保的债券按期履约，CDS卖家将从买家那里获得定期的保险费收入，也能由此获取利润。但总的说来，一旦“信用事件”发生，CDS卖家要承受的损失将相当巨大。

（三）美国对金融体系实行自由放任政策，放松管制

这是从20世纪80年代里根执政开始就这样做的，当时发布了一系列金融改革的法案，刺激了金融创新。但与此同时，他们又放松了管制，这样就导致了后来金融衍生产品泛滥，金融衍生产品膨胀程度远远大于实体经济。在这种情况下，一方面是金融创新工具层出不穷，另一方面是市场管制放松，最后导致整个金融市场的混乱。经济全球化，特别是金融全球化的发展，导致多数国家金融体系都向美国开放。为什么这次金融危机发生以后，马上向全球传播得那么快呢？就是由于全球化带来了负面影响。

三、金融危机的四个特点

（一）美联储的再贷款和美元货币的过快增长

2001年“9·11”事件和美国的互联网泡沫破裂，美国面临经济衰退和股市泡沫破裂的双重压力。美联储为兼顾美国的经济和美国的金融市场，推行宽松的货币供给政策，不断降低再贷款的门槛，允许金融机构无限量地向美联储借款，导致基础货币异常增长。从2003年6月到2004年6月，美联储的基准利率降到1%，美国存款的金融机构向美联储进行资金的拆借、回购和再贷款的规模不断增加，从2001年的9.6万亿美元，增加到2007年的17万亿美元，年均增长达到10%，是GDP增长的3.86倍。宽松的货币信贷政策和一个存款机构不断的借款、再贷款规模的扩大，导致美元的基础货币迅速地扩展，导致了金融机构的流动性泛滥。

（二）金融市场的流动性极度扩张

从2001年到2007年，美国的国债发行规模从3870亿美元增长到7523亿美元，国债余额从3.2万亿美元，增加到4.86万亿美元，达到了GDP增速的2.8倍。由于国债的收益率过低，推动了固定收益率的证券市场的快速增长和金融企业信用规模的扩张。从2000年到2007年，美国金融机构国债平均每天的交易量从过去的2979亿美元增加到5670亿美元，年均增加11.3%。金融机构的货币市场的交易余额也差不多翻了一番，从2.5万亿美元增加到4.2万亿美元。金融票据迅速增加，美国的投资银行纷纷通过做国债的回购抵押这种办法，再投资高风险高收益的债券，导致了金融资产的规模不断扩大。

（三）证券化资产增长非常迅速

从2000年到2007年，美国抵押贷款支持证券MBS的发行额，从原来只有5800亿美元，增加到了1.3万亿美元，年均增长13%。CDO发行额，增加到3500亿美元，年均增长18.9%。证券化产品的增长速度远远超过了基础信贷资产的增速。CDO在发售前，又普

遍进行了信用的征集，同时进行了信用违约的互换，从原来只有6300亿美元，增加到62万亿美元。

（四）金融货币的创造能力过度强化

2003—2007 年，美国证券公司平均财务杠杆从 12 倍增加到 20 倍，这使金融货币的创造能力过度强化，加剧了日益存在的流动性过剩。到 2006 年年末，美国金融总资产达到了 46 万亿美元，达到美国 GDP 的 322%。所以，这场泡沫破裂后，引起了全球的金融危机。这场金融危机，是流动性危机的一个特征。

四、金融危机本质上又是五大危机

荣获2008年度诺贝尔经济学奖的保罗·克鲁格曼，曾经早在1994年就成功地预言了1997年发生的亚洲金融危机。亚洲金融危机何以发生？克鲁格曼认为，亚洲取得了卓越的经济增长率，却没有与之相当的卓越生产率。这种增长是资源投入的结果，而不是效率的提升，是流汗得来的，而不是出自智慧。此次金融危机不是一次简单的次贷危机，以雷曼兄弟于2008年9月破产为标志形成美国的金融业和银行业的危机，由此延伸至全球的金融危机。

当我们透过现象看本质时，发现此次金融危机本质上又同时是机构的挤兑危机、债务危机、消费文化危机、美元危机、石油危机等五大危机。

（一）机构的挤兑危机

区别于1929年大萧条时发生的储户个人的挤兑危机，次贷危机首先是一个机构的挤兑危机，而不是简单的老百姓的挤兑危机。危机发生后，银行不仅对自己的资产负债表没有信心，而且对同行的资产负债表也没有信心，对基金的估值更没有信心。于是就出现了银行间的资金链发生断裂，货币市场资金链发生断裂，商业票据链发生断裂，这三个断裂导致市场没有信心支撑下去，也因此演变成了需要全球性的大规模救市的危机。

（二）债务危机

1929年的大萧条是由股票市场暴跌引起的经济危机，而这次的危机直接就是一个债券市场的债务危机。从上世纪80年代以来，信用市场负债总额在美国GDP中所占的份额不断上升，2000年、2004年、2006年分别达到269%、304%、335%，2007年则更是达到了历史峰值340%。

从负债结构来看，私人债务（包括家庭、非金融企业、金融机构的负债）远远高于公共债务。2006年，私债与公债分别为37万亿与6万亿。美国信托公司经济学家托马斯·辛诺特在《20世纪80年代的债务爆炸》一文中描述了美元是如何掀起私人债务高涨的浪潮的。可以说，美国的经济增长是建立在私人负债迅速扩张的基础上。

（三）消费文化危机

次级贷款和CDS那样的金融衍生产品的产生只有与美国人的消费文化结合在一起，才能发生这次的金融危机。旧版的美国老太太与中国老太太的故事可以说是家喻户晓，这个故事曾经让众多的中国人改变了消费观念，敢于拿明天的钱为今天的生活添彩。这种消费方式的风险在危机爆发前得到了很好的诠释，美国公众不但大手大脚地借钱消费，而且国家也出台政策鼓励大量借钱和超前消费，并对不消费的储蓄课以重税。银行适应与此，通过金融创新不断满足消费需要，近年来，美国个人消费支出占GDP的比重达到了70%。从2001年年底到2007年年底的6年中，美国个人积累的债务更是达到了过去40年的总和。可以说，美国经济是在债台高筑的状态下运行的，信用链条的断裂宣告了今天花明天的钱的消费方式的破产。危机发生后，改变美国人消费方式的是“口红效应”再现。“口红效应”是指在经济不景气的时候，人们仍然有强烈的消费欲望，但在收入水平下降的条件下，昂贵的产品消费不起只好转而购买相对廉价的非必需品。这个过程中，人们发现在美的华人总体来说损失较小，这是中国人量入为出地花钱、节衣缩食地为后代攒钱的传统文化优势的显现。

（四）美元危机

美元作为世界货币，美联储拥有无限度地印钞的特权。但是，2002年3月至2007年9月间，美元的国际购买力在5年里相对于其他货币呈现出下降趋势，与欧元相比，下降了40%；与加拿大元、瑞士法郎、英镑、日元相比，分别下降了38%、31%、30%、12%。危机对中国的影响很大程度上是美元贬值带来的，随着救市资金的不断注入，美元贬值的风险越来越大。

（五）石油危机

石油可谓是危机重重，作为资源可能无法满足不断攀升的需求。2006年，威登公司的高级石油分析师查尔斯·马克斯韦尔比较了新开发石油资源供应量的不足：“1930年，我们在全世界新发现了100亿桶石油，而我们只用了其中的15亿桶。1964年，我们新发现的石油储量达到新高峰——480亿桶，我们用掉了约120亿桶。1988年，我们发现了230亿桶，用了230亿桶。转折点出现了，从此以后，我们新发现的石油储量开始少于我们的需求。2005年，我们发现了50亿~60亿桶石油，却用了300亿桶。这些数字很有说服力。”另一方面，美国在世界石油市场上的统治地位逐渐减弱，埃克森美孚公司曾经是世界上最大的公开上市的国际石油公司，但在2006年全球公司业务中仅排在第12位；2007年，英国《金融时报》选出的世界油气市场巨头“新七姐妹”，美国无一家石油公司进入。然而，美国的石油公司还一直享受着政府于20世纪50~60年代时所制定的能源优惠政策——尤其体现在税收、补贴和政治影响方面。

五、金融危机对全球和中国的影响

金融危机致使全球经济增长速度放缓，货币贬值，能源和资源的价格在震荡中急剧下行，国际贸易和投资数量纷纷萎缩，企业破产和停产数量增多，实体经济衰退明显，失业率呈上升趋势。从危机造成的伤情程度来看，此次危机给美国带来的是轻伤，受到重创的是欧洲，中国则是内伤。

（一）对全球的影响

金融危机虽然源于华尔街，但对全球经济产生了深远的影响，并将不断蔓延开来，其影响程度对各个国家和地区不尽相同。

首先，影响最大的是那些与美国一样发达的国家。七国集团（G7）经济增长在2009年出现战后首次整体的负增长。虽然美国经济损失很大，但是世界经济一体化的态势将其风险快速传递并扩散至其他国家和地区，一定程度上减缓了对美国自身的杀伤力。现在看来，美国受的是轻伤。比美国伤势更重的是欧洲，因为欧洲一些国家比如英国、西班牙、爱尔兰、挪威、冰岛、丹麦、芬兰等的房地产价格上涨幅度高于美国。2008年是美国房价持续下跌的第2年，欧洲一些国家的房价还上涨了一段时间，而且，上述各国的银行购买的美国次级债务的数量非常庞大。其中，英国经济的负增长是G7中降幅最大的，主要是因为英国的房地产泡沫大于美国，而调整又晚于美国，下跌的空间也超过了美国，再加上救市行动缓慢、国内需求减少、经济结构调整的难度加大等因素，致使英国政府将此次危机界定为“这是一场严重的、持久的深度衰退，形势是1991年以来最严峻的危机”。

其次，危机给新兴市场国家与发展中国家带来的打击较为严重。据英国《经济学家》杂志统计，截至2008年年末，全球股市下跌幅度平均水平是44.7%，其中发达国家下跌了43.3%，而新兴市场国家与发展中国家则下跌了55.2%。这主要是基于新兴市场国家与发展中国家的市场结构不完善、不成熟，其监管机制和市场运行机制存在缺陷，投资者不成熟，没有经历过大萧条的洗礼，但他们在经济一体化背景下，拥抱全球化的热情非常高，金融危机一旦袭来，就给这些国家带来严重的打击。

最后，对那些市场较为封闭、开放程度小、处于国际化边缘的国家影响较小，如撒哈拉沙漠以南的一些非洲国家，它们几乎没有受到金融危机的冲击。

（二）对中国的影响

金融危机对中国的影响主要有以下三个方面：

首先影响到的就是出口行业。世界经济下滑致使中国外部需求急剧减少，出口产品的价格迅速下跌，而国内过剩的产能无处消费，国内出口行业和一些企业面临严峻挑战。从行业来看，危机对重工业的影响大于轻工业。从区域来看，危机对东部沿海地区的影响大于对西部地区的影响，以至于2011年上半年全国各地经济形势呈现出了“西高东低”的态势。国家统计局公布的2011上半年全国经济数据显示，全国GDP同比增幅9.6%，比去年同期增速下降了1.6个百分点，其中，以重庆、内蒙古为代表的西部平均增速达到13.48%，以湖南、湖北为代表的中部省份平均增速达到13.44%，相比之下，东部省份除天津16.6%、福建13.4%的增速外，其余8个省市均落在全国增速最小的后10位中。

其次是对信心的影响。想想看，国际市场上不断有美国一两百年历史的企业破产倒闭的坏消息传过来时，容易造成国内市场上的恐慌情绪，并对投资者的信心有很大的打击。企业迫于危机停止生产，居民不敢消费，银行不敢放贷，使市场流动性受到严重影响。投资者看到不确定性因素越来越多，他们的投资决策因而受到很大的影响，由于信心不足，股票市场持续低迷，震荡不断，反复波动，极大地削弱了投资者的投资积极性，反而助长了投机者的短期投机行为。

最后是对企业融资的影响。一方面，海外资本市场价格的波动使得中国在海外上市的企业资产大幅缩水，对其的融资产生巨大的影响。另一方面，国际上对中国的直接投资基于市场的不确定性和风险加大会有所减少，这将对中国的实体经济发展产生很大影响。

六、挽救市场信心，积极应对金融危机

次贷危机发生后，美国以及各国政府都在积极救市，联合救市，甚至不惜采取一些前所未有的非常规手段。尽管如此，世界经济复苏的进程仍然很缓慢，经济增长速度还是出现了回落。世界经济论坛主席克劳斯·施瓦布在2011夏季达沃斯年会中评价，全球经济虽然出现了微弱的增长，但从现实的角度看，全球经济发展进程可能会出现停滞甚至长时期的经济衰退。2011年的第一、二季度，美国国内生产总值增长幅度分别是0.4%、1.3%，远远低于2010年第四季度3.1%的水平，特别是房地产市场的复苏乏力、低迷、不景气。日本国内生产总值在两个季度里分别环比下降0.9%、0.3%，已经是连续3个季度的负增长了。一些新兴国家的增速也出现放缓。巴西比上年同期减缓了5.1个百分点；印度一季度同比增长7.8%，是近5个季度以来的新低[1]。

探讨和研究救市相关理论依据与实践进程，分析和查找危机中的积极因素，对我们当前应对金融危机、抢抓发展机遇、增强市场信心有很大的帮助。

（一）关于救市

1. 何谓救市

对于救市含义的界定，编者在《救市理论浅析》一文中阐述了理论上的两种主要观点：

（1）撒钱说，即救市就是从直升机上向下撒钱

1.温家宝.关于当前的宏观经济形势和经济工作.求是，2011（17）.

史称宏观调控之父的凯恩斯给政府救市支的招是从直升机上向下撒钱，后果是带来流动性过剩、通货膨胀上扬和向全球转移债务。这一招直到今天还在运用，美联储救市通过印钞票购买财政部发行的国债，实施了两轮宽松的货币政策，现如今的欧盟债务危机也是欧盟印钞票，花钱购买希腊国债产生的问题。

凯恩斯曾经驳斥那些所谓的经济滑坡只是前几年产出过剩的结果的观点，他认为，虽说世界上正在进行的一些投资笼统地讲无疑属于误判且不会结出硕果，但世界毫无疑问因此而获得了极大的富足。现在，政府因危机而救市撒钱，有效抑制全球金融市场因恐慌性而持续下跌，从而达到向市场输入流动性，保持经济系统基本正常的运行状态，稳定各项资产价格，防止雷曼兄弟倒闭等事件引发的资产贱卖，避免金融危机演化成经济危机，并阻止虚拟经济对实体经济产生影响。当前的金融市场上，金融机构都很警惕，轻易不肯交易或放贷。虽然资金并非万能的，但是如果没有资金，危机将是一场难以想象的浩劫。所以有了它，在延缓危机的同时可以保护大部分人的资产少受损失。

当然，政府救市钱是要撒的，撒钱的时候皆大欢喜，但是撒钱撒不合适又是另一种祸害，撒过头了，未来肯定会带来流动性过剩、通货膨胀上扬和向全球转移债务、让全球分担危机的后果；撒不够，又会步入通货紧缩，降低资源配置效率。至于究竟撒多少钱合适的问题，美国经济学家弗里德曼从货币政策存在的时滞效应出发提出，货币数量增长的程度要适应两个要求即物价上涨的幅度和劳动生产率增长状况；紧盯两个指标即经济增长速度变化、人口与劳动力增长的比重变化。货币供给年增长率如果大体上能够相当于两个增长率的和就可以了。

保持我国市场上的货币流动性是政府救市的主要目的之一，当然，水涨船高，货币信贷规模的扩张使得投资加大，流动性充裕的另一面是助推物价上涨，形成又一轮的通货膨胀，这是积极应对金融危机伴随的产物，也是非得交付的成本和代价。同时不可忽视因流动性过剩带来的威胁，政府应针对不同时期经济信息瞬息万变的特点和利用国内外一切媒体和舆论工具对社会广大公众的投资理财、家庭财富、资产保护等项目提供明确而得当的信息指导与方法提示，世界经济萧条时期要特别注意防止金融市场上的国际抢劫，这样的行为本身也是救市的重要内涵。还有一个不容忽视的问题是，投资效率的低下将会制约经济发展的质量。从理论研究的成果来看，发展中国家落后的根源不光光是资本短缺，比这更加严重的问题还在于资本的低利用率，这个因素严重阻碍着经济发展。这是20世纪70年代，美国经济学家罗纳德·麦金农和E.S.肖分别在《经济发展中的货币与资本》、《经济发展中的金融深化》两本书中的重要观点。

随着救市进程的不断演变，我国已由积极的货币政策与财政政策转向适度宽松的货币政策。2010年至今，在实施积极的财政政策和稳健的货币政策中十多次提高银行存款准备金率，大型金融机构的存款准备金率由2010年1月18日的15.50%提高到2011年6月20日的21.5%，中小型金融机构的存款准备金率相应地由13.50%提高到17.50%，为抑制流动性过剩、控制通货膨胀发挥了重要作用。为了巩固应对国际金融危机冲击已经取得的成果，2011年上半年的银行存款准备金率几乎是一月一调，利息率是两月一加的密集节奏；我国的经济发展开始由政策驱动向自主的、内在的要素驱动转变，上半年GDP增速下降就是一个具体体现。同时，救市后遗症——国际输入性通胀的压力很大，加上国内劳动力成本上升、土地、资源等生产要素成本上涨、融资成本上升、汇率升高等，企业出口成本被推高10~20个百分点，企业经营面临的困难和政府控制通胀面临的压力可能会是长期任务。

(2) 信心说，即救市就是救信心

危机的本质是信心的危机。应该说，政策产生效应需要时间，经济好转更需要时间，能否经受住时间的考验是效果显现的基础。在这样的关键时期，不同国家从自己的国情出发要选择不同的救市策略。克鲁格曼认为，应对危机的办法，发达国家与发展中国家要有所区别。发达国家要遏制经济衰退，必须造成一种持续的通货膨胀预期。而对于发展中国家，人们对市场的信心本来就不足，如果将其货币贬值，势必导致“信心”的彻底崩溃。所以，克鲁格曼坚持认为，对亚洲新兴国家而言，最紧迫的是要重塑人们对市场的信心。克鲁格曼高度赞赏中国中央银行的政策，认为中国货币政策的独立性是其他亚洲国家所不具备的，其原因正在于中国没有开放“资本账户”，没有实行人民币的完全可兑换。这是救市的第二个目的。只有维持市场信心，才能有效防止金融市场的崩溃，有助于实体经济的恢复。简言之，救市就是救信心。

对于上述救市的两大目的，中央经济工作会议明确指出，“金融危机对实体经济的影响正进一步加深，其严重后果还会进一步显现”。这一论断说明，尽管政府尽了最大的力量来最大限度地降低金融危机对实体经济的影响，但还是蔓延到了实体经济。现在最大的问题还是市场信心的问题，金融市场上，金融机构非常警惕，轻易不肯交易或放贷，使市场流动性受到严重影响。现在，当政府宏观调控的主要任务落在控制物价、抑制通货膨胀时，救市的主要目的就是第二个：挽救市场信心。

2. 救市三阶段

政府救市距今大体经历了三个阶段，这是一个循序渐进的过程，也是一个强度不断加大的过程。

第一阶段是在2006年出现次贷危机的萌芽时，美国政府就采取利率政策救市了，一直到2008年12月16日，美联储将利率降至零利率，至此已无降息空间。说明，降息并非包治经济问题的灵丹妙药，其对经济的刺激作用一般都有一个滞后期，所以出现了短期内美国经济大幅下滑的局面还在持续。更为关键的是，由于整体经济前景黯淡，不少美国消费者即使在借贷成本下降的情况下，也不愿意举债消费；银行等机构则在借贷时考虑到贷款人的违约风险，不太愿意放贷。这样一来，美联储降息的作用无疑大打折扣。

第二阶段的救市措施更具有针对性，针对某家机构进行救助。如美国政府宣布对“两房”实行国有化，以至于事关国计民生的机构“两房”和国际集团活了下来，而病入膏肓的雷曼兄弟和贝尔斯登则“光荣就义”。社会主义的国有化在这时候显现出了比较优势，人们开始重新反思“市场监管比政府监管更为有效”的美国模式。毫无疑问，这场危机的发生，已经改变了很多人对资本主义和社会主义的传统认识，反而增添了对中国在世界经济格局中发挥重大作用的兴趣。如美国高盛公司顾问、曾任《时代》周刊高级编辑的乔舒亚·库珀·拉莫先生就强调过，中国已经越来越坚持科学发展、和谐发展、可持续发展，他认为，中国在改革进程中采取的渐进式战略实现了最大限度地减少阻力，而不像有些过于依赖发达国家提供援助取得发展的国家最终以失败告终。国际社会对中国的关注和研究，非常有益于我国发挥中国特色社会主义的优势防范和应对金融危机的冲击，也更加坚定了我们在中国特色社会主义道路上继续前进的信心和决心。

第三阶段即全面的大规模的时间较长的救市。金融危机对各个国家的冲击程度不一，对欧美国家冲击最大的是金融，然后蔓延到实体经济，而对我国冲击最大的领域直接在实体经济，所以不仅要救金融，还要救实体经济；不仅暂时救经济，还要有较长时期的应对准备；不仅美国、英国、日本等发达国家在救，新兴市场经济国家也在救，我们中国当然不能例外，堪称是全球合作救市，共渡难关。这一方面反映了金融危机的强度不断扩大，另一方面也反映了各个国家对其严重性和救市紧迫性、长期性的认识在提高。

3. 救市效果的有限性

由次贷危机引发的金融危机和十几年前的东南亚金融危机完全不一样了，后者发生在发达经济体的边缘地带，靠中心帮助、“活血化淤”等办法救市，而前者发生在发达经济体的心脏部位，仅仅依靠局部是救不了的，难度相当大。从现在的情形来看，救市效果呈现出多变性和有限性。每次采取措施时，市场都有所缓和，但是，过不久又有新的、更大的事件发生。应该说，经济好转还需要时间，政策效应具有滞后性，效果显现还需要较长的时间而不是几个月，所以能否经受时间的考验是效果显现的基础。我国的金融流动性也可能将再次遭遇流动性过剩威胁，对此决不可掉以轻心。把握救市效果的有限性，政府应当控制和利用国内一切媒体和舆论工具对公众的投资理财和财富保护提供明确的信息指导，防止金融市场上的国际抢劫。

4. 救市后遗症：留下道德风险

救市的后遗症非常明显，主要是留下了道德风险。道德风险不是道德问题，是20世纪80年代西方经济学家提出的一个经济哲学范畴的概念，意即当签约一方不完全承担风险后果时所采取的自身效用最大化的自私行为，或者对安全防范的不作为行为，亦称道德危机。早在1998年，美联储要救美国长期资本管理公司时就有很多学者反对，说未来会给华尔街带来严重的道德风险，即金融机构只管赚钱，不顾风险，反正赚了自己提成，亏了是投资银行的股东亏了，而且最后政府总会“埋单”，现在看来的确如此。在美国金融体系各个环节，包括投资银行、对冲基金与评级公司，都广泛地存在着道德风险。所以，有人这样形容，华尔街的精英，当市场繁荣时，他们每年获得巨额薪酬，当市场坍塌时，他们却撑着金色的降落伞逃跑。对于自私、贪婪，经济学家布坎南指出，人就是人，不管人在什么地方，不管他是在私人企业里领薪水，还是由政府发给工资，他还是他，他都会在给定的条件下选择最有利于自己的方案。

（二）趋势判断与积极因素的把握

1. 可能发生的结果

对于金融风暴席卷下的经济发展趋势或走向，在2008年年底的时候中国政府形成的基本判断是“尚未见底”，到了2009年年初形成的基本判断是“仍未见底”。在2009年3月25日的焦化行业信息发布会上，商务部、工业和信息化部、国家统计局三部委数名官员用“远未见底”判断此后的出口形势。英国《卫报》则在题为“接下来可能发生什么?”的文章中给出了五种答案。了解和把握这些可能发生的结果，对于判断金融风暴席卷下的经济发展趋势具有重要的意义。

第一种：短期剧烈振荡（V形经济衰退），快速下滑，快速反转；

第二种：五年低迷期（U形经济衰退），煎熬五年后开始出现经济复苏的苗头；

第三种：两次衰退（W形经济衰退），刚有所恢复就再次陷入衰退；

第四种：失落的十年（L形经济衰退），这是日本上一轮经济衰退的情形，详情见本章第七部分案例之四。

第五种：大决战，类似于1929年的大萧条，详情见本章第七部分案例之三。

2. 了解和把握应对危机的八大积极因素

对于上述危机走向的归纳，我们看到，危机虽然很深重，但是世界各国都有针对性地采取各种措施，积极应对，合作救市。了解和把握当前应对金融危机中的积极因素，对于判断金融风暴席卷下的经济发展趋势具有重要的意义。现在看来，至少存在以下八方面的积极因素：

（1）日趋完善的社会保障制度构成现代社会的安全网

1929年的危机之所以导致老百姓的生活水平恶化是因为当时基本没有社会福利、贫民救济粮票之类的政府收入再分配政策，也根本没有政府提供的社会保险计划，如社会保障和联邦医疗保险。但在应对危机中取得的进步正在于1935年罗斯福总统推行新政时颁布的《社会保障法》，该法是世界上第一个以全民为保障对象的法律。罗斯福把《社会保障法》看成其新政的奠基石，在那次危机中起到了减少社会冲突、稳定社会秩序、充当社会安全网的重要作用。与当时相比，现在各国的社会保障制度已经越来越完善，这是当前应对危机最重要的一个积极因素。

（2）抱团过冬给市场增添了抗萧条的动力

1929年危机发生后，农场主为确保利润，除缩小耕地面积、实行减产外，还把大量的农产品、畜产品加以销毁，棉花毁在田间，小麦当做燃料焚烧，牛奶倾入密西西比河使其变成了“银河”，咖啡投入炉中做燃料，猪肉腐烂在仓库中，这些人为的破坏行为加重了危机的蔓延。而次贷危机发生后，不仅没有销毁等人为的破坏行为，而且企业抱团过冬，特别是中国企业不裁员、不减薪的作为给市场增添了抗萧条的动力。2009年12月4日甘肃天水星火机床公司董事长李维谦在“兰州制造业应对金融危机论坛”上做了题为《企业家的态度和行动是“过冬”的决定因素》的发言，他说“一切皆有可能，关键在于信心”，他用三永精神“永不抱怨、永不放弃、永不言败”提出“牛市讲发展，熊市讲生存”是应对金融危机的经营理念。

（3）救市的理论和方法日趋成熟

我们每一个人都是经济危机的学生，次贷危机虽然发生在美国，但却给中国人上了一堂活生生的教育课，让亲历其中的人更深刻地认识和理解全球化背景下的金融市场。早在1999年1月，江泽民分析亚洲金融危机时就指出，建设有中国特色社会主义金融事业是一个大课堂，这方面我们还是新手，为此，他向全党同志提出殷切希望：学习，学习，再学习；实践，实践，再实践。中国在提升应对危机能力的进程中，探索具有普适性、更适合中国国情的研究方法，从而形成属于自己的有中国特色的社会主义理论体系。据统计，美国历史上在1764年至2008年间至少发生过14次危机，积累了很多经验，总结了很多教训，凯恩斯的《就业、利息和货币通论》、克鲁格曼的《萧条经济学》、弗里德曼的《自由选择》等经济理论为应对危机开出的药方能够对症下药，区别发达国家与发展中国家的差异，具有较强的指导性，坚持下去，挺过去，那么，走出危机只是时间问题而已。

(4) 日趋雄厚的物质基础和坚定的市场信心超过了以往任何一次危机

救市需要大量的现金，更需要坚定的信心和超人的智慧。几十年高速发展累积起来的经济基础形成了较强的抵御风险的实力，这是应对危机的底气所在。与历次危机相比，现在的产业结构有了很大的提升，企业经营环境中的地缘、商缘、人缘、情缘优势依然存在，基础设施配套优势依然存在，市场基本需求依然存在，这些都是化危为机的有利因素。

(5) 危机没有改变科技、人才、机制等经济优势

一方面，各国救市注入的资金是前所未有的，而且根据形势需要还会不断增加，增强了市场流动性。另一方面，金融危机没有改变现代市场经济发展过程中的科技、人才、机制等优势，而这些正是应对危机不可缺少的积极因素。

(6) 政府救市的反危机措施出手较快，政策过失相对较少

1929年危机中，政府救市过失较多，如不进行国际贸易，不拯救银行等。而现在政府出台的宏观政策协调密切，投巨资到金融机构，既解决了流动性问题，又解决了信心问题，这在目前阶段是最好的也是最有益的做法。

(7) 摩根的“船”理论发挥作用，迅速达成国际合作

各国反危机与反衰退意识极强，短时间内达成的国际合作非常有助于经济恢复，摩根的“船”理论再一次发挥了作用。1907年华尔街发生危机时还没有中央银行，摩根以个人的魅力，以一种钢铁般的意志在当时非常困难的情况下力挽狂澜。他做的最主要的一件事情就是把所有的银行家召集起来，告诉大家我们是在同一条船上，要么我们全部活着，要么连船带人全部沉下去，不可能一个人遇难让别人来救，我们全体都必须这样。摩根用道德的感召力使得所有人都相信，一旦所有人都相信，所有人都这么做，也就所有人都得救了。现在，各国在救市中的反危机与反衰退意识极强，短时间内达成国际合作共同救市，正是摩根的“船”理论在发挥作用。只要大家齐心协力坚决顶住金融风暴，时间就不会漫长。

(8) 遭受损失最少的亚洲区域国家的发展形势好于以往历次衰退期

新兴市场国家与发展中国家增长势头没有改变，亚洲还是全球最好的区域，中国对世界经济增长的贡献度将达到50%。据统计，截至2008年12月3日，危机造成的全球损失是9650亿美元，其中美国损失6641亿美元，欧洲损失2709亿美元，亚洲仅为300亿美元。2005年—2009年，新兴市场国家与发展中国家对世界经济增长的贡献率高达75%，经济增长率虽然从2007年的8%降低到2008年的6.6%和2009年的5.1%，但仍高于过去30年4.5%的平均值。因为这些国家的发展形势仍好于以往历次衰退期，如2001年的4.3%、1998年的2.5%、1991年的1.5%、1982年的2.2%。亚洲银行认为，亚洲经济基础较为雄厚，特别是中国和印度经济将保持适度增长。此外，亚洲人投资谨慎、量入为出、勤俭节约的文化理念，容易避免遭受更大的金融损失。金融危机后流传出来的新版美国老太

太与中国老太太的故事非常浅显地说明了这个道理。从国内情况来看，轻工业好于重工业，西部地区好于东中部地区。从国家统计局统计的地区增速变化情况来看，2009年4月份，东部地区增速为6.7%，中部地区增速为5.5%，西部地区增速为12.7%。这为国家“十二五”期间把深入实施西部大开发放在区域发展总体战略的优先位置、给予特殊政策支持提供了较好的经济基础、发展优势和良好环境。

（三）应对危机，关键在于重塑市场信心

已经爆发的危机如何应对？措施、办法很多，如何抓住关键？这是应对危机的重要问题。编者在《救市的关键在于重塑市场信心》一文中阐述了增强信心在应对危机中是多么的重要。

1. 信心比黄金和货币更重要，信心对企业而言就是最重要的“流动资金”

危机当前，资金并非万能的。对此，巴菲特说过，任何人，只要认为资金是万能的，那就错了。他希望人们对资金不要期望太高，如果没有救助资金，这一切都是浩劫，但是即使有了它，还是会存在很多问题。在金融危机对实体经济已经产生影响的情况下，维持市场信心在应对危机中就显得尤为重要了。2008年9月24日，温家宝在第63届联合国大会上作题为《坚持改革开放，坚持和平发展》的发言时说：“面对危机，关键是要鼓起勇气和信心，这比黄金更重要。”坚定信心是战胜危机的动力。在经济困难面前，信心比黄金和货币更重要。那么，信心是什么呢？巴菲特对信心有一个非常形象的比喻，他说，信心就像我们的氧气，我们靠它存活却从来没有意识到它的存在。如果让我们五分钟呼吸不到氧气，那会是一个什么样子？当前经济形势下，信心对企业而言就是最需要的“流动资金”。

2. 信心来自中国经济发展的“四个没有改变”

“四个没有改变”指的是，中国经济发展的总体格局没有改变，中国经济发展的长期趋势没有改变，中国经济发展的深层因素没有改变，中国经济发展的基本条件没有改变。我们应当始终坚信中国经济将会继续保持平稳较快发展，危机意识不能少，但没有任何理由悲观与失望。1978年至今，中国改革、创新的成果正在逐步释放，开放的效益正在逐步内化，大幅度的教育、科研投入效果正在递增，安全第一的风险防范意识不断加强的收益在危机中不断显现。依据国际货币基金组织的估算，2008年，世界经济平均增长率是3.7%，发达国家的增长率是1.4%，新兴发展中国家的增长率是6.6%，中国经济保持9%的增长率，对世界经济增长的贡献超过20%，贡献度稳居世界第一。可以说，中国已经成为全球抵御经济危机的一个重要信心源。恩格斯在1893年10月10日给俄国友人尼·丹尼尔逊的信中说：“像你们那样伟大的民族，是经得起任何危机的。没有哪一次巨大的历史灾难不是以历史的进步为补偿的。”[1]这句话能给今天的人们增添更多的信心。对此，温家宝总理于2008年12月13日在日本会见中国驻日代表时充满信心地说：“我们

1.中共中央马克思恩格斯列宁斯大林著作编译局.马克思恩格斯全集（第39卷）[M].北京：人民出版社，1974.

在灾难中失去的，一定会从进步中得到补偿。”中国的领导人对国家有信心，企业对投资经营有信心，个人对消费有信心，华人华侨对祖国有信心，那我们一定会度过这场危机。

3. 如何树立信心

应对危机，如何树立信心？信心从来都不是从天上掉下来的。真正的信心不是虚张声势夸大出来的，也不是故意回避客观困难自欺欺人的谎言，更不是盲目乐观丧失理性的空话，而是建立在科学、理性的应对金融危机的态度和方法上的，是建立在各级政府政策“及时雨”上的，是建立在企业界逆流拼搏的精神上的，是建立在广大公众积极响应政府号召、同心同德、共渡难关的合力上的。另一方面，提振信心的背后是消除恐惧，现在政府出台的很多政策就是想让市场克服恐惧心理，这一点非常重要。美国总统罗斯福推行的新政除了采取一系列的财政投入外，还经常坐在火炉边通过广播不断跟美国人进行谈话，史称“炉边谈话”，他不断提醒美国公民：“我们最大的恐惧是恐惧本身。”这句话在消除危机中确确实实起到了稳定市场信心的作用，很多美国人心目中觉得最大的定心丸就是“炉边谈话”。

4. 每一个人的积极应对

温家宝总理在中关村科技园区考察时强调用知识和科技的力量战胜危机，他说：“在危机面前，每一个人都应该站出来，勇敢负起责任。”并号召大家急国家之所急、想国家之所想。这也是国际上的成功经验。东南亚金融危机发生后，泰国人民积极响应政府号召，从1997年年底开始开展了如火如荼的“泰人助泰”活动：买泰货，吃泰餐，游泰国，倡议建立“泰人助泰基金”，募集社会闲散资金，帮助国家共度时艰，缓解经济困境。今天看来，“泰人助泰，同心同德，共渡难关”非常具有时代意义。在应对危机中，每一个人都要积极行动起来，坚定不移地贯彻落实中央保增长、扩内需、调结构的精神，执行并宣传好相关政策，为国家实现科学发展多作贡献，为拉动地方经济多作贡献。很多企业联合发出的倡议“团结依靠广大职工，同舟共济，齐心协力，带头‘不裁员、少裁员，不减薪、少减薪’，共同抵御金融危机给企业带来的困难”，彰显了企业家们强烈的社会责任心。

作为政府人，如何抵抗危机？编者认为，危中寻机、危中求进的中共昆山市委书记张国华是大家学习的榜样。张书记在历经了2008年4月、8月、11月的三次数字大跳水后，提出了“以企业为师”的应对思路，即增信心、抢机会、保企业、保饭碗。除了他自己天天往企业跑外，还把昆山市政府机关里的干部都“赶”到企业里去。因为待在机关里想不出应对金融危机的点子来，而企业家是最先感知到市场冷暖、危机寒流的。为了抢抓稍纵即逝的机遇，张书记提出了“四快方针”：政策快落实、工作快上手、项目快推进、矛盾快解决。有一个细节特别值得关注，张书记主动请大客商喝咖啡，目的是增信心，留就业，保企业，保饭碗。上述办法很快见效，2009年1月，昆山全口径财政收入和地方一般预算收入同比分别增长6.7%和6.2%；2009年的春节后，昆山的企业没有一家倒闭，企业开工率几乎达到100%。

七、泡沫经济五大经典案例

首先，什么是泡沫经济？泡沫经济是由虚假需求推动经济的虚假繁荣而出现的一种经济现象。现代经济是一种信用经济，信用即债权债务关系，信用关系是现代经济中最普遍、最基本的经济关系。信用可以创造需求，真实需求（有效需求），是指有支付能力或有购买力的需求；相反，市场上没有支付能力或没有购买力的需求是虚假需求，又称泡沫消费。如美国次贷危机就是虚假需求推动的虚假繁荣形成的泡沫经济。

泡沫经济是商品经济发达的伴生物，人类历史上，有详细记载的第一个泡沫经济发生在荷兰，史称荷兰郁金香狂热（1634—1637年）。16世纪中期，荷兰成为郁金香新品种的培育和研发中心，专业种植者与爱好者建立了郁金香交易市场。那时，妇女喜欢将新鲜的郁金香别在礼服上端，并成为一种身份的象征，而有钱的男士争相把最昂贵的郁金香献给爱慕的女士，因此，增加了市场对郁金香的需求。按照出版于1643年的标题为《花朵的盛开和凋零》这本小册子记载，手工业者、船员、农民、泥炭搬运工、小伙子、姑娘、烟囱清洁工，甚至商人和贵族都被郁金香热潮俘虏了。因此，人们不难看到郁金香的“行情”在上扬，这又不断吸引新的买家前来，因为他们都希望尽可能不用工作而尽快致富。1636年，以往表面上看起来不值一钱的郁金香，竟然达到了与一辆马车、几匹马等值的地步。就连长在地里肉眼看不见的球茎都几经转手交易。1637年，一年时间里，郁金香总涨幅高达5900%！即59倍，炒作资金来自酒钱。泡沫破裂后，价格跌至最高价位的0.005%。郁金香还是郁金香，是简简单单的花园里的花朵。郁金香狂热是历史上有详细记载的第一个泡沫经济，故有人把郁金香狂热视作泡沫经济的代名词。

泡沫经济的特点主要有三：一是涨的速度快，跌的速度更快，即暴涨后必暴跌；暴涨暴利，暴跌暴亏；二是货币供给大幅增加是导因，与公司是否获利无关；三是有机构性质与社会大众的不理性行为。

（一）泡沫经济五大经典案例

资本市场历史上的泡沫经济案例非常多，有的影响范围大持续时间长，有的影响范围小持续时间短。以下选出资本市场发展历程中著名的泡沫经济五大案例，这些案例非常具有典型性，了解以后，对你会有非常大的启迪，正如伯南克所说，我们都是经济危机的学生。

1. 1688年的荷兰东印度公司大崩盘带来的“困惑中的困惑”

人类经济历史上的第一次大崩盘发生在荷兰，这与荷兰在17世纪掌握当时最先进的文化即资本主义文化有关，阿姆斯特丹成为当时最繁荣的城市。荷兰东印度公司成立于1602年，属于政府特许贸易公司，即政府给予贸易特权和专卖权的公司，荷兰东印度公司获得的特权是，可以以国家的名义与外国协商条约，发动战争。政府作为公司的股东，以国家的权利折合了25000荷兰盾入股。公司成立以来，牢牢控制了当时利润最高的贸易领域——印度洋的香料贸易，给股东带来了丰厚的利润和回报。

大崩盘始于1688年。事情源于一位荷兰总督，有一天，他从高高的山崖上眺望大海，远远看见海上驶来一条商船，立刻把这一信息传到股市，股票价格逐渐上升。股票价格刚开始上升，又传来消息说船队搁浅，船上的货物损失惨重，股票价格立刻降了下来。公司马上发出一份通告，称船队正在返回阿姆斯特丹港的路上，股票价格很快又涨了起来。当船队顺利返回时，人们发现船上的货物只有34吨，比上一年少了16吨，股票价格应声下跌，一直延续了好多年。对于这件事，西班牙人唐·约瑟夫·德拉维加在《困惑中的困惑》一书中写道："最后，人们简直变成了拿着股票沿街乞讨，就像在乞求买家给点儿施舍似的。股民们惊惶失措，陷入了莫名其妙的恐慌，似乎天塌地陷，已经到了世界末日。"这是世界上最早的一本有关股票交易的著作。为此，诺贝尔经济学奖获得者默顿·米勒指出：公司保证股东利益的最佳办法就是最大限度地增加公司财富。

2. 1720年的南海泡沫使得伦敦的金融交易街清静了100年

英国的南海公司成立于1711年，属于政府特许经营公司，专做拉丁美洲奴隶贸易和捕鲸业务。但公司成立了8年，竟连一笔买卖都没有做，以至于在1718年时形成了3100万英镑的国债。就是这样一个公司竟在1720年向政府提出，他们能够帮助政府解决财政困难，可以接受1.17千万英镑的国债，占英国国债总额的23.4%，在持有国债数量最多的三大公司中占63.9%。反过来，政府给予了公司在西班牙殖民地的贸易特权、奴隶交易的垄断权等各种权利。通过交换，双方意愿得到了满足，也因此使得南海公司成为英国国债最大的债权人。

然而公司发行股票，化解债务的办法不是做大生意，而是利用特许权人为地推动股价上升，并且还容许客户以10倍的杠杆率购买公司的新股票，假如你有1块钱，你只能用它买到1块钱的股票。但南海公司让你用1块钱买到10块钱的股票。一时间，股票供不应求，价格急剧攀升起来。从1720年1月1日128英镑的价格飙升至8月份的最高点1000英镑。当时的英国国王也认购了价值10万英镑的股票。一篇评论文章描写了当时人们参与投机的热情："政治家忘记了政治，律师忘记了法庭，商人忘记了交易，医生忘记了病人，商店老板忘记了商店，教师忘记了讲台和学生，欠债的人忘记了债主，神父忘记了祈祷，甚至是最计较的女人们，也忘记了自己的傲慢和虚荣!"

南海泡沫的破灭是政府于1720年6月通过了《泡沫公司禁止法》，并于8月18日执行，这是人类社会第一部规范泡沫公司的法案。该法的出台，打击了所有的泡沫公司。南海也不例外，股价一落千丈，跌至12月的124英镑，南海公司总资产严重缩水，许多投资人血本无归，赔了钱的广大中小投资者中就有艾萨克·牛顿（1642—1727)。牛顿巨亏2万英镑，相当于他10年的工资。对于这件事，牛顿伤感地说过一句名言："我可以准确计算出天体运行规律，但我却无法计算出股票市场的变化趋势。"

南海泡沫破灭付出的代价是惨重的，并上升为一场政治事件，政府信誉扫地。在此后的一个多世纪中，英国禁止设立股份公司，这期间，政府没有发行过一只股票，几乎无人再敢问津股票，伦敦那条著名的金融交易街自此清静了100年的时间。

3. 1929年的大危机、大萧条造就著名的罗斯福新政

了解美国股市泡沫，对于认识今天的金融危机有非常重要的作用。下表列出了美国

历史上发生的十二次危机，次贷危机不是第一次，但也不会是最后一次。

美国历史上发生的12次危机年份及起因（1764—2007）[1]

时间	人均 GDP(美元)	GDP 下降幅度(%)	经济衰退期	起因
1764	100→50	−50	1764→1768	房地产
1818	1330→1315	−1	1818→1820	房地产、日用品进口、收费公路
1837	1681→1618	−4	1837→1843	房地产、农业、运河
1857	2252→2202	−2	1857→1858	谷物、黄金
1873	2834→2737	−3	1873→1879	铁路、股票
1893	4559→3913	−14	1893→1897	铁路、股票证券
1907	5671→4917	−12.5	1907→1908	股票证券
1929	7099→5056	−29	1929→1933	股票证券、银行
20 世纪 80 年代	23007→22346	−3	1980→1982	存款、贷款、房地产
20 世纪 80 年代	28429→28007	−1.5	1990→1991	存款、贷款、房地产
2000	34759→34659	−0.3	2000→2001	股票证券、公司会计
2007	38148→?	?	2008→?	房地产、次贷、金融衍生产品等债券

许多人称次贷危机是自大萧条以来最严重的金融危机，大萧条指的就是1929年发生的危机。以下重点介绍1929年发生的大萧条，这对走出今天的危机具有借鉴意义。

（1）股灾的发生

1929年前的美国经历了经济繁荣的7年（1922—1929）和股市繁荣的9年（1920—1929）。乐观主义情绪弥漫于整个社会，投资者信心十足。美国券商雇佣大批推销员在城市街道、乡间小路上耐心地向民众讲述股票的好处。经济学家加尔布雷斯在《1929年大崩盘》一书中写道："1929年夏天，股市不但支配着新闻，也笼罩着文化。"道·琼斯工业指数从1921年8月24日的最低点到1929年9月3日的历史最高点386点共上涨了504%，平均每年上涨63%。因为这个指数是一个股票价格的平均指数，所以有些股票可能上涨得更多。

---

1. 西奥多·E.伯顿.资本的秘密：金融危机与大萧条经济周期的规律.李薇，邓达山译，西安：陕西师范大学出版社，2009.

1929年10月24日早晨11：30，股市狂跌不已，正式拉开了大危机的序幕。那些平时被认为可靠的大公司股票价格一路向下翻着跟斗。这一天，道·琼斯指数下跌了20%。

10月29日，道·琼斯指数一泻千里，从386点跌至298点，股价狂跌22%。“只要抛掉就好”，这是纽约交易所112年历史上单日下跌比例最大的一天。被视作股市风向标的强势股每股下跌了60美元，而原来市值为48美元的股票降至1美元，黄金眨眼间变成了废纸，千千万万把股市当做一生依托的股民一觉醒来发现自己已经一无所有。一名交易员将这一天形容为纽约交易所112年以来“最糟糕的一天”，这就是史上最著名的“黑色星期二”。

从1929年9月到1933年1月间，股票平均价格总跌幅在90%左右，到1933年7月，美国股票市场上的股票价格只相当于1929年9月的六分之一。以至于罗斯福总统宣布就职的那一天，证券交易所被关闭，停市一星期后才正式营业。损失惨重的中小投资者中就有著名的经济学家约翰·梅纳德·凯恩斯（1883年—1946年）。他的财富在崩盘时受到重创，几乎变得两手空空。一直到他1946年去世，1929年的崩盘都是他心理上抹不掉的阴影。

（2）股灾后的大危机大萧条

股市暴跌后，美国进入了20世纪30年代的经济大萧条，银行倒闭、企业关门、失业增加的现象不断出现。

首先，生产严重停滞。美国机车公司在20世纪20年代，平均每年售出600台机车，可在1932年，一年里只卖出一台机车。汽车工业生产下降了95%；在那场股灾中，有1300家银行倒闭，5300家公司破产，到1933年年底，美国的国民生产总值几乎还达不到1929年的三分之一。

同时，销毁等人为的破坏行为加重了危机的蔓延。1929年危机发生后，农场主为确保利润，除缩小耕地面积、实行减产外，还把大量的农产品、畜产品加以销毁或焚烧，棉花毁在田间，大量的小麦被当做燃料焚烧，牛奶被倒进密西西比河，猪肉坏在仓库里，咖啡投入炉中做燃料。

其次，失业人数剧增，百姓生活水平日益恶化。那时候，政府基本上没有福利、贫民救济粮票之类的收入再分配政策，也根本没有社会保险计划，危机发生后，失业率由危机前的7.9%上升到26.1%，百姓生活急剧恶化。很多人马上面临无家可归、流离失所的境地。

最后，危机还导致社会动荡不安。美国在危机中付出了沉重的社会代价。有一份资料表明，就在1929年10月29日那一天的一个小时交易时间内，全美国就有11个经纪人跳楼自杀。之后，跳楼、上吊、用煤气自杀的事件此起彼伏。据记载，一位煤炭公司的老板看着正在下跌的指示板，倒地死在了办公室。

（3）股灾背后的危机

1929年危机发生的本质和原因，从实体经济看，实体经济大幅萎缩。大萧条前的8年时间，美国GDP增速平均为4.4%，但美国农业长期处于不景气状态，农民的人均收入仅占全国平均水平的三分之一，农场主的收入占国民收入的比重由1919年的16%下降为1929年的8.8%。新兴工业部门在增长，但采矿、纺织等传统工业纷纷减产。在1921—1925年间，资本流向地市产生了土地泡沫，不到4年时间，土地综合指数上涨了3倍。1925年后资本流向股市，又迅速吹大了股市泡沫。地市、股市泡沫放大的结果就是实体经济不断萎缩，当时，实体经济的比例下降到了40%。

从债务水平看，以债务累积为动力的金融市场引发了股灾。信用市场负债总额占美国GDP的比例在1929年股票市场顶峰时是176%，到1933年富兰克林·罗斯福担任总统时上升为287%，从这个意义上看，1929年危机与次贷危机是相同的，都是一场债务危机。危机后长时期的大萧条使得债务成了一个禁忌。

从收入分配看，社会财富的再分配极端不均衡。收入分配恶化，至1929年，约60%的美国家庭仅能维持生活，其收入在全国总收入中远不足24%。全国三分之一的国民收入被人口仅占5%的富人占有。

从政府和市场的关系看，危机是市场自发调节的结果。1929年，没有什么金融监管机构，更没有证监会，实际上是处于一个自由经济的状态，没有人管，靠市场自身的力量自生自灭。理论上还是亚当·斯密那只看不见的手在自发地调节经济。1929年上台的美国总统胡佛信奉的是自由经济，他在竞选时承诺的“家家锅里有两只鸡，家家有两辆汽车”落空了，无数人没有家可回，当时，人们讽刺胡佛总统的流行语有“胡佛村”、“胡佛袋”、“胡佛车”、“胡佛毯”等等。

从金融创新产品来看，那时的华尔街就把南海公司用过的10倍的杠杆率继承了下来，对人们实现快速发财致富的梦想起到了推波助澜的作用，使得投机活动越搞越旺。

(4) 灾后重建

当时的美国总统罗斯福意识到金融方面存在的监管漏洞，对华尔街进行了全面的改革和清理，开始实施“新政”，主要是颁布了一系列法律。1933年，美国颁布了《银行法》，把商业银行和投资银行分开，就是同一家银行不能既是商业银行，也是投资银行。这个法律的目的主要是确保商业银行储户的安全，降低商业银行的风险。今天的五大投资银行就是那个时候在华尔街诞生的。如摩根银行就因此被拆分成作为商业银行的J. P. 摩根和作为投资银行的摩根士丹利。从此，一个崭新的、独立的投资银行业在经济危机的萧条中崛起。经过几十年的调整，投资银行业创造了抵押债券、一揽子金融管理服务、期权、资产证券化等金融衍生工具，使得金融行业，尤其是证券行业成为变化最快、最富革命性和挑战性的行业之一。非常遗憾，1999年美国颁布了《金融服务现代化法案》并终止了长期的分立与管制，从此以后，商业银行、保险公司、证券业以及抵押贷款业就像一碗方便面一样缠绕不清，分不出你我，以至于发生了今天的次贷危机。现在看来，把商业银行和投资银行分开是确保银行业安全的利器之一。

1934年美国又颁布了《证券交易法》，依法建立了证监会，这是遏制股市泡沫最为有效的利器之一。也就是说美国的资本市场在交易了将近140年以后，才开始出现了《证券法》和《证券交易法》。按照当时的《证券法》，美国建立了证监会，有了监管机构。自此，美国花了很长的时间才找到了政府与市场的平衡。

除此之外，罗斯福新政还包括工业方面，通过了《全国工业复兴法》，兴建公共工程，以增加就业，提高国民收入；农业方面，调整农业产品生产，解决农场抵押与农民信贷问题，使农业净收入大幅度提高；社会保障方面，通过增加政府救济和强化社会保障体系，颁布《社会保障法》，扩大对国民的转移支付等等。其他国家，如危机中的德国、日本等国则实行法西斯独裁统治，走上了通过发动侵略战争转移危机的道路，最终引发了第二次世界大战。

(5) 经济调整周期

1929危机的调整周期，从实体经济看，到1939年，美国名义GDP为920亿美元，国民可支配收入为714亿美元，大约相当于1929年的90%，就业人数则略超过1929年，就业平均工资约为萧条前的90%，从中可以看出，实体经济恢复花了10年时间。再从金融来看，美国1939年国民总储蓄为135亿美元，总投资为149亿美元，分别是大萧条前的65%和70%。这就说明，当实体经济恢复时，金融还没有复苏。美国金融体系一直到1954年，股市才恢复到1929年的水平。金融恢复花了25年的时间，比实体经济长了15年。

4. 1990年的泡沫经济让日本陷入了长期的衰退

日本1990年泡沫的破灭是房地产和股票两个泡沫的叠加。20世纪80年代中期，日本出现过经济和股市过热的局面。据统计，1986年日本股市急剧上涨直至1987年年末，股市市值总额占到全球总额的41.7%，而GDP仅为美国的六分之一，股市泡沫膨胀首次超过美国成为全球最大的股票市场。这样的结果是一系列的因素共同促成的：土地价值的上升、公司业绩的强劲、日元的迅速升值以及低利率、高储蓄率和有限的投资渠道等等。世界各地的银行、证券公司蜂拥而至。那时候，人们信心十足，日本人有三个始终坚信：始终坚信日本股价永远是上涨的，始终坚信日本地价永远不会下降，始终坚信日本经济成长永远不会动摇。

股市的繁荣对地价的上涨起到了推波助澜的作用。地价和股价相互推动，循环上涨；资产价格和实体经济互推上涨，形成巨大泡沫。1955—1990的35年间，日本房地产价值增长了75倍，平均1年2倍多；1990年，日本地产的总价值预计为20万亿美元，相当于世界总财富的20%多，是全球股市总市值的2倍；实际上，美国在地理上比日本大25倍，但是1990年日本地产的价值相当于美国全国地产价值的5倍。从理论上说，日本可以卖掉东京而买下全美国；只要卖掉日本皇宫，就可以买下美国整个加州。日本经济泡沫不可思议的程度由此可见一斑。

遗憾的是，最后的事实给日本人开了一个很大的玩笑，他们并没有因此而逃脱泡沫破灭的命运，从1990年日经指数接近4万点的水平一路下跌，直到2003年8000点的水平才触底，中间经过了13年，而此时的总市值只有当年峰值的五分之一，跌去大约80%，日本经济陷入长期的衰退。现在，随着全球金融危机的日趋严重，日经指数再次触底。日本央行总裁三重野康日后悔之不已地回顾说，如果早一点采取紧缩措施，投资过热和消费过热是可以防止的。泡沫的破灭，使日本经济陷入了长期的衰退，至今还没有从衰退中走出来。

5. 2001—2002年，一些世界500强公司造假账的泡沫严重打击了投资者的信心

美国的资本市场是以其完善度、成熟度、监管严而著称的。上市公司既要接受国家监管机构的监督，还要接受投资者、广大公众的监督。不仅如此，还有明确的淘汰机制，以致于美国资本市场的退市率高达8%左右。以纳斯达克市场为例，在1985年至2008年期间，新增加的上市公司有11820家，而同一期间退市的有12965家，换言之，在二十三年中，纳斯达克的上市公司数量不但没有增加，反而减少了1145家。事实上，虽然有如此严厉的监督机制、淘汰机制和较高的退市率，仍然还是有公司游离于监督之外造假账。2001年11月8日，安然公司承认，自1997年以来共虚报利润6亿美元。而负责审计的

安达信公司对此竟没有提出异议。由于财务报表做假，安达信会计师事务所这个百年老店被迫倒闭。随后，安然公司向纽约破产法院申请破产保护。美国安然公司是世界上最大的能源、商品和服务公司之一，名列《财富》杂志“美国500强”的第七名，因为公司管理层非法从事金融交易的丑闻被曝光，2001年安然公司股票一度从90美元在连续30个交易日中跌至不到1美元的平均收盘价，曾经一天暴跌75%，创下美国证券市场单日下跌幅度历史之最。

半年之后，2002年6月25日，美国第二大长途电话和数据服务公司——世通公司宣布：公司虚报高达38亿美元的利润。世通公司的造假丑闻成为美国历史上最大的会计欺诈事件之一。1个月后，世通申请破产保护，总资产金额高达1070亿美元，是当时美国有史以来最大的破产案（2008年次贷危机中的雷曼兄弟再次成为最大破产案，其资产总额达6390亿美元，是世通的6倍，是第三大破产案安然的10倍。）

紧步安然和世通后尘，美国一连串的公司丑闻在2002年接连暴露。丑闻让华尔街的投资者信心连遭打击，美国股市因此受到重创，道·琼斯指数2002年7月和9月两次跌破“9·11”恐怖袭击以来的最低水平。2000年3月10日，纳斯达克指数达到历史最高点5048点，比前两年增加了80%。2002年10月，纳斯达克指数跌到历史最低点1139点。雅虎公司的市值在泡沫最大时达到1500亿美元，2001年年底，泡沫破裂后降到40亿，降幅为400%。

（二）在泡沫经济中创造巨额财富的个人

泡沫经济案例让我们看到，所有的泡沫都会到顶并以逐渐衰退结束。人们对泡沫的态度是又爱又恨，一般来说，泡沫起来的时候，人人都很高兴，因为大家都可以发财。但是，从人类有记载的经济史来看，没有一个泡沫是不破灭的。经济泡沫，只要它积累到一定的程度一定会因为某种偶然的因素被刺破。所以，对政府来说，能够有预见性地抑制金融泡沫的出现是非常重要的，防患于未然非常有必要。对个人来说，在泡沫经济中抢抓转瞬即逝的财富机会确有其人，这就是赫蒂·格林。编者在《美国股市大赢家格林的投资哲学》一文中阐述了她的投资经历与留给我们的两大遗产。

1. 赫蒂·格林何许人也？

提到股市上的大赢家，人们可能首先会想到沃伦·巴菲特，其实在华尔街的百年历史中，还有一位比巴菲特更精明的女投资家，她名叫赫蒂·格林。因为都是在股市上赢得了巨额财富，人们曾经给巴菲特的一个外号叫男格林。格林生活的年代至少发生过6次股市泡沫：1857年、1873年、1893年、1901年、1907年、1914年，但每次泡沫的破裂，均能成为格林大量投资的机会。对她了解得越多，才越发深切体会到格林给我们留下来的宝贵遗产。这份遗产，对今天的人们特别是投资者仍然具有重要的现实意义。

赫蒂·格林（1834—1916）与巴菲特有着很深的渊源，她是巴菲特35岁时收购的一家名为伯克希尔·哈撒韦纺纱厂的初始投资者之一。1998年《美国遗产》杂志编撰了一份美国历史上最富有的40人名单，其中，赫蒂·格林作为唯一一位入选的女性成为美国历史上最富有的女人。她的巨额财富都是从华尔街靠投资股市挣来的。1916年，82岁高龄的赫蒂·格林去世时留下的财产足足1亿美元。换算成今天的财富价值，估计相当于

230亿美元，身价足以位列世界富豪排行榜前几名。

格林的原名叫亨里埃塔·豪兰·鲁宾逊，于1834年11月21日出生在美国马萨诸塞州的新贝德福德，这个地方是当时鲸油生意的中心，父亲和外祖父经营着全美最大的捕鲸船队。由于比她小两岁的弟弟不幸夭折了，她成了家里的独生女。

生存环境和家庭教育对格林未来在华尔街的投资大有裨益。作为家中的独生女，父亲从小就教导她怎样成为一个成功的商人。还是小女孩的时候，格林就常常坐在父亲的膝盖上，听他读商业新闻和股市行情。当父亲的视力逐渐衰退时，她就为父亲大声朗读新闻和股市行情。格林先是跟一位女家庭教师学习，后来到一家贵格会的寄宿学校学习了3年。贵格会从来都是主张男女平等，所以格林的果断性格与投资意识得到了鼓励而不是压制。格林对股票和债券特别感兴趣，8岁时，虽然银行还不欢迎小客户，她还是坚持开设了一个属于自己的账户。有一次格林到纽约度假，父亲给她1200美元让她买衣服，她却拿出其中的1000美元买了债券。在可能的时候，格林会随着外祖父和父亲在鲸油工厂中跑来跑去：到办公室、仓库、销售部、会计室、码头。十三岁的时候就已经为家庭的生意保管账目。格林擅长两项技能——跳舞和弹钢琴，长相也相当有吸引力——身材高挑，蓝色眼睛，肤色迷人。一位历史学家写道，她还有“高耸而丰满的胸部”。但是她却从来不在意自己的外表，有时甚至长时间不洗澡。因为对她而言，人生最大的快乐是不断地积累钱财和创造财富，女性致富不是凭借出身或美貌，而是自己的聪明才智。

家庭环境的影响和对金融业天生的感觉与执著，奠定了格林日后成功的华尔街之路。

2. 继承格林留下来的宝贵财富

格林给我们留下的宝贵财富，归结起来主要有以下两个方面：

(1) 贯穿了格林一生的投资理念

金钱放在银行是最为安全的，如果赫蒂·格林选择了存款，那么美国历史上就会少了一位世界富豪。可以说，投资贯穿了格林的一生，她本人也因为投资成功乐此不疲。格林的第一桶金是继承来的，从母亲、父亲、姨妈三位亲人那里分别获得了足以让她过上一个女人富有而衣食无忧的生活：8000美元的房地产、900万美元、400万美元的遗产，但格林的魅力在于让这些金钱在资本市场上得到了十分活跃的生命力。格林为什么长期取得了成功的业绩？她赚钱的窍门对今天的投资者仍然还是适用的。

第一，恰到好处地把握时机，长期坚持低买高卖的交易法则

低买高卖是任何交易都必须遵守的法则，资本市场也不例外。格林的赚钱哲学很简单，她认为，股市上赚钱的秘诀只是低买高卖，节俭，精明，并且坚持不懈。她几乎有一种本能，能恰到好处地把握最佳的买卖时机，廉价时就买进，并很少卖出，且通过复利增长的现金收入进行再投资，所以，她不是为了赚小钱而买股票的。这与巴菲特看准了一种有潜力的股票也很少脱手是相同的。赫蒂·格林就曾用这种办法，使著名的股票交易人爱迪生·坎马克陷入困境。事后，纽约市的一位审计官感慨地说：“她拥有我所见识过的最好的金融头脑。”

赫蒂·格林常常利用股市恐慌大发横财，通常在每次崩盘前都能先抱住大把现金，

当恐慌袭来时，她便有足够的现金可以买进超跌、具有价值的投资标的。在1890年的恐慌中，她等待股市到达最低点后，开始大笔投资铁路股票。她后来解释说："我看到好东西没人想要而变得便宜，就会大量买进，将它们藏起来。时机来临，他们就会追着我，高价购买我持有的股票。"她也经常是需钱救急者的最后求助对象，只是她的条件非常苛刻——她会要求很多很多的抵押品。在1907年的恐慌中，她说："华尔街那些实力雄厚的人都来找我，想卖掉各种各样的东西，从豪宅到汽车。"因此，每一次恐慌和市场崩盘，都成了格林聚积财富的最好时机。现在看来，这与巴菲特的投资信条"在别人贪婪的时候恐惧，在别人恐惧的时候贪婪"以及"好公司倒霉的时候我进去"是完全一致的。

第二，抓住美国南北战争机会赚取巨额财富

1865年，31岁的格林从父亲和姨妈那里继承了1300万美元的遗产，她不是躺在这堆钱上睡觉，而是马上就开始了她在金融市场的继续投资。她的第一项成功投资来自于美国内战时政府发行的债券。在战争的最后一年，面值1美元的债券只能卖到40美分，多数投资者认为，他们不会得到全额兑现。当其他的投资者尚对贬值的政府债券拿不定主意时，格林抓住机会以低价大量购进，这一决策为她在战后带来了巨额的财富。

解读背景之一：南北战争是美国经济和社会发展历史上的重要事情，始于1861年，当时是美国的南方各州和北方各州因为农奴制的废立之争而爆发的战争，从当时的经济实力来讲，南方是强于北方的，因为南方的当权者是很多富庶的棉花种植园主，北方的当权者是新兴的工业资本家。但是战争毕竟是一个消耗大量资金的活动，双方都耗尽了财力，都面临急需融资的难题。南方的办法是开动印钞机印出大量的钞票，但是最后的结果是造成了通货膨胀，以至于到了战争末期，南方的通货膨胀率竟然达到了战前的9000%。北方的纽约市已经有了华尔街，相对来说它掌握了当时最先进的经济文化，所以它们采取的是另外一个办法，即发行国债，并适应形势变化改革了发行方式。在此之前，国债的发行都是通过华尔街上的经纪商或者大型的金融机构私下里发行，改革后的办法是通过在报纸上、在公开媒体上做广告，向普通老百姓发行债券、国债。政府出面向老百姓宣传，买国债不仅是很好的投资，而且是爱国的表现，通过这个方法，政府迅速地筹集到了所需的资金，也激发了全国的热情。到战争末期，北方筹集资金的速度已经远远超过当时军费的需要，所以北方占据了主动，最后获得了胜利。在美国南北战争的前后，也就是1861年到1865年，短短四年之内美国的国债规模增长了42倍，华尔街因此一跃成为全球第二大资本市场，仅次于伦敦。

格林赚得巨额财富与上述背景是分不开的，当然，机会总是垂青于有准备的人。

第三，投资铁路和房地产领域实现财富飞快增长

成功的投资与选准投资领域紧密相关。与巴菲特喜欢传统行业股票比较，格林最乐于投资的领域是铁路和房地产——19世纪最受欢迎的两个金融投资方向。她从不买工业类股票，当时美国的铁路股就像今天的网络一样充满想象力。随着铁路的延伸，美国这个新兴市场（相对当时的欧洲大陆而言）的房地产价值由东向西一路向上飙升，投资具有实质支撑的资产，格林的财富自然也实现了飞快的增长。

解读背景之二：在美国经济发展过程中第一个重要的环节是运河和铁路的修建。在美国发展早期，因为地域比较广阔，交通不方便，所以当时经济发展面临的最大的问题

就是如何解决交通运输，人们想到了开凿运河、修建铁路。但是运河的开凿和铁路的修建都是成本非常高的工程，而且风险很大。他们靠资本市场解决了这个难题。正如马克思说的，假如必须等到资本的积累增长到能够修建铁路的话，那么恐怕直到今天世界上还没有铁路，相反，资本集中通过股份公司转瞬之间就把这个事情做成了。英国修建了人类的第一条铁路后，很快就传到了美国。1835 年，美国只有 1000 英里长的铁路；1850 年，美国就有了 10000 英里铁路；1865 年，美国有了 30000 英里铁路。与此相对应，1835 年，华尔街上只有 3 支铁路股票；1850 年有了 38 支；1865 年，华尔街上竟然有三分之一的股票都是铁路股票，也就是说在整个美国运河和铁路发展的过程中，华尔街为它们提供了源源不断的资金，赫蒂·格林就是其中的一个投资者。

第四，保守投资不贪婪，6%的目标投资回报率确保长期赚钱

投资者确定适度的投资回报率作为目标是确保长期赚钱的法宝之一。赫蒂·格林保守地进行长期投资，从不让自己的投资回报率偏离6%太远。在这一方面，赫蒂·格林代表了她那个时代典型的投资人。这与巴菲特20.4%（也有人说是24%）的年投资回报率也是有相似之处的。在这次金融危机中，158年的雷曼兄弟、94年的美林和84年的贝尔斯登纷纷倒下，但是人们却惊奇地发现，巴菲特旗下的金融公司和保险公司几乎没有受到实质性的冲击，主要原因是与他从20世纪60年代到今天为止的时间段中始终保持20.4%的年投资回报率有关系。他不追求50%、100%的回报率，如果追求50%、100%的回报率，也许就没有今天的巴菲特了，他也可能就变成雷曼兄弟了，因为雷曼兄弟公司的杠杆率是30倍。也正是适度的目标投资回报率，使得巴菲特于2008年取盖茨而代之，以620亿美元的身家登上了全球最富的位置。可以说，巴菲特继承了格林的目标投资回报率。

第五，改变社会资源配置机制，培育出投资银行业和基金行业

赫蒂·格林认真地选择股票，认真地投资，最后她成为一个非常成功的投资家。她通过自己的一买一卖，实际上促成了上市公司的优胜劣汰。当成千上万的投资人都像她这样做的时候，好企业得到了发展壮大，人类社会得到了进步。随着资本市场的不断演进，昔日的赫蒂·格林实际上就是今天成千上万的投资银行家和基金经理的前身，正是她的成功培育了后来的投资银行业和基金行业。今天看来，格林的做法改变了原来的社会资源配置机制，为培育新行业、创造新岗位作出了不可磨灭的贡献。

(2) 让节俭成为思维的方式、生活的习惯、良好的美德

节俭是我们中华民族的传统美德，现在中央提出建设“资源节约型、环境友好型”社会，要求坚持节约优先，形成低投入、低消耗、低排放和高效率的节约型增长方式。作为投资人的格林也给我们做出了典范。

格林是因节俭登上《吉尼斯世界纪录大全》的。她曾经受到过专门的节俭教育。她在回忆寄宿学校的一段学习时说过：“我被送到一所贵格会的学校，在那里学会了节俭和严谨、不浪费、公正，以及读圣经。”为了节省每一个铜板，即使拥有万贯家财，她也没有一个固定的居住地，她住的都是便宜的下等旅馆或者租赁最廉价的房子。有时，她那只叫做杜威的狗会成为房地产的主人或出租人。据推测，她之所以居无定所，主要是因为能够减少向纽约州的纳税额。1895年，她带着两位律师、两名速记员，找到纽约的税务官员，抗议对她的个人资产做出150万美元的估价，因为这将要求她上缴3万美元

税款。她拥有上亿资产，却舍不得花一美元。她每天早上花两分钱买一份报纸，读完后又将它原价卖出去。格林每日出入于银行、穿行于华尔街，再忙再累，也不像一般有钱人那样上高级餐厅用餐，而是自带午饭，通常就是最普通的燕麦粥而已，放在银行的暖气片上热一热，就从容地应付过去了。人们可以经常看到，一个穿着黑色破外套的女人出入于气派恢弘的华友银行，这个女人就是格林。格林的节俭，被人们广为称道的是她花了大半夜时间，在马车里找一张从信封袋掉落的两分钱邮票，这在当时很快被传为笑话，因为就在她寻找两分钱邮票的几个小时之内，她的财富所能产生的利息就相当于普通人的一年所得。

据保守估计，赫蒂·格林在1900年的收入是700万美元，而当时美国人的人均年收入是490美元，也因此被评价为“吝啬鬼”、“财富女性的悲哀”、“不可思议”等等。但这是一种境界，这种境界连现代富人都继承下来了，比如巴菲特，一些媒体经常会把今日的巴菲特和过去的格林相比，原因很简单，除了投资理念相似外，有关生活花费和财富运用的节俭态度也十分相似。

巴菲特的衣着具有“格林风范”：他穿的衣服“总是皱皱巴巴的，领带常常太短，位于腰带上方好几寸，鞋子也磨损得厉害，外套和领带一点都不搭配，如果穿西装，也是早就过时的保守样式……”。还让人们难以想象的是，巴菲特所居住的房子被当地政府定为“有损市容”。因为他住的房子很破，以至于邻居们纷纷提出抗议，要求他重新装修，再不装修就影响小区的环境了。就是这样一个极度节俭的人，却在2006年将自己85%的财产捐赠给慈善机构，回馈社会。当有人向巴菲特请教如何教导少年儿童理财的问题时，他的建议是：培养自己正直、诚实的品德，保持节俭，不要使你的信用卡出现赤字。可以说，巴菲特继承了格林的节俭精神，二者在这一方面具有相同的内涵。今天的我们，在资源日益枯竭、能源日益短缺、生态日益脆弱的环境下，继承格林的节俭精神，学习巴菲特的节俭理念，让节俭成为思维的方式、生活的习惯、良好的美德尤为重要和紧迫。

对于格林的上述两大宝贵遗产，用中国的话说，就是开源节流，投资赚钱不放弃是开源，“吝啬”不浪费是节流，能够把二者结合好堪称典范。

（三）善用资本市场推动中国经济大发展

泡沫破裂，危害极大，可是，各国政府为什么都还继续允许资本市场存在并大力发展资本市场呢？我们先从股份公司说起。股份公司的出现极大地促进了资本主义经济的发展，马克思评价说股份公司的成立，使生产规模惊人地扩大了，个别资本不可能建立的企业出现了。从17世纪末开始，资本主义工业、商业、交通运输业（尤其是铁路）、银行业、公共事业部门等都依靠股票筹集到了发展资金。1790年，美国第一家银行——合众美国银行成立，1894年，第一家资本主义国家银行——英格兰银行成立，公司80%的股票持有者是私人股东。1826年，英国颁布条例给股份银行一般法律许可，到19世纪末，非股份银行已不复存在。美国到第一次世界大战结束时，其制造业产值的90%是由股份公司创造的。从19世纪下半叶开始，股份公司制度日趋完善、成熟，资本家们普遍运用股票筹集资本，实现了生产资本和生产活动的高度集中，促进了资本主义大企业和大工程的兴建。对此，马克思曾经感叹：“假如必须等待积累去使某些单个资本增长到能够修建铁路的程度，那么恐怕直到今天世界上还没有铁路。但是，集中通过股份公司转瞬之间就把这件事完成了。”

首先，资本市场是企业实现资源配置的重要渠道。

做大企业，其所需资本实现迅速集中的办法是依靠资本市场。企业传统的融资渠道是银行等间接渠道，但是，银行与资本市场比较下来，资本市场的优势非常明显，即资本市场的资源配置方式优于银行。以美国为例，股票市值和银行存款的比例在1913年的时候，大约是一比一，八十六年后即1999年时，跃升为九比一，这就是说，在近一百年中，推动美国经济增长的重要力量来自资本市场，从长期来看，市场化的资源配置方式优于银行的资源配置方式。

其次，资本市场是大国崛起之“必需品”。

《大国崛起》是中央电视台曾经播放过的一个电视系列片，片中深刻挖掘并揭示了过去的时间里几个大国崛起存在的普遍规律：15—16世纪的时候西班牙和葡萄牙崛起，源于他们掌握了当时比较先进的文化即航海文化，崇尚海洋文明，迅速地在全球实现了海上霸权，也就迅速实现了崛起，成为当时欧洲最强大的国家。不幸的是，时间到了17世纪时，海洋文化渐渐地落后了，并被当时最先进的文化即商业文化所代替，由于荷兰崇尚商业文明，取西班牙和葡萄牙而代之，迅速成为当时欧洲最强大的国家，阿姆斯特丹成为欧洲最繁荣的城市。荷兰虽是弹丸之地，却实现了崛起。18世纪之后，工业革命兴起成为当时的先进文化，由于英国崇尚工业文明，率先发动工业革命，取荷兰而代之，使得一个小小的岛国成为全球日不落帝国。19世纪和20世纪，当时最先进的文化是资本市场，美国崇尚金融兴国，以华尔街为标志迅速地实现了经济崛起，成为全球最强大的经济体。最后得出的结论是，一个国家崛起的规律是必须掌控当时最先进的经济文化，千万不要固守落后。这一规律在历史上被反复地验证是千真万确的。下面，依次列举四件事实予以说明。

第一件事实验证：美国取代英国的法宝是资本市场

英美两个大国之间发生转换的时间是1913年到1918年，这五年中，美国超过英国是以三件事情为标志的：一是伦敦交易所的规模被纽约交易所超过了；二是纽约取代伦敦成为全球第一大金融中心，美国兴建起了全球最大的资本市场，吸引全球资本到美国逐利；三是英国人均GDP被美国超过了，美国资本市场助力于实体经济，从真正意义上实现了超越英国。这三件事情虽然发生在5年间，却说明美国积极发展资本市场对于现代经济的繁荣或者兴建现代大国的崛起是具有决定意义的。从中我们也可以看到，虚拟经济从诞生之日起，就和实体经济是相辅相成、不可分割的关系，虚拟经济服务于实体经济这个基础，对实体经济具有强大的助推作用。

第二件事实验证：美国与阿根廷的差别源于资本市场

南美和北美在1913年的时候有两个大国，阿根廷在南美，美国在北美，两国的经济实力差别不大，这也就是说，当时的阿根廷与美国一样具备大国崛起的良好机遇。这一年，阿根廷与美国的人均GDP分别是3800美元、5000美元，差距仅为1200美元，从人均拥有的资源来看，阿根廷丝毫不差于美国。遗憾的是一百年过后的今天，阿根廷的人均GDP才增加到6500美元，相当于1913年的2倍，而美国已经超过了43600美元，相当于1913年的8倍。这说明100年间，美国像青年人一样朝气蓬勃，奋发有为，大踏步地前进，而阿根廷却像暮年的老人缓慢前行。这个差异的背后虽然有诸多的因素，但其中一个很关键的要素在于美国建成了以市场为主导的、优于银行的资源配置方式，以华尔街为代表的资本市场推动美国经济实现跨越式的增长。相反，阿根廷因为没有建立起有效的金融体系助推实体经济实现可持续增长，被远远地甩在了后面。

第三件事实验证：欧洲落后于美国的标志在资本市场

第二次世界大战结束以后，欧洲和美国都能够稳定社会，迅速恢复经济，实现经济繁荣。20世纪70年代之后，欧洲和美国都进入滞胀时代，一方面经济停滞不前，一方面又陷入通货膨胀。结局显示，美国借助资本市场发展高科技产业率先走出滞胀，而欧洲却止步不前，较晚于美国摆脱滞胀。2007年，欧盟发表的一份《欧盟核心竞争力研究报告》得出的结论是，欧盟的GDP虽然大约与美国的GDP相当，但是，欧盟在科技研发和创新能力方面，落后美国28年。为什么会落后美国28年呢？撒切尔夫人一语中的，她说，欧洲在高新技术方面落后于美国并不是由于欧洲的技术水平低下，而是因为欧洲风险投资和资本市场落后于美国10年。现在看来还不止是10年，而是将近30年。

第四件事实验证：日本在甲午海战中打败清朝的法宝是资本市场

清朝在甲午海战时败给了日本，然而，有一个不容忽视的基本事实是当时的中国经济实力远大于日本。依可比价格计算，当时中国的GDP是日本GDP的5倍，却为什么会败给日本呢？究其原因，其中一个关键因素是战争融资的渠道、快慢有差别。清政府实施战争融资的手段，无非就是征税、摊派等等，不光是惹得老百姓怨声载道，更重要的缺陷在于征收速度非常缓慢，以致于当时的北洋水师在英国预订的两艘最快的舰艇，因为一时间拿不出款项，无奈之下最后竟被日本人开走了。虽然日本的GDP只有中国GDP的五分之一，但是，日本却利用了资本市场，通过发行国债，把全国的钱快速地聚集在一起买到了最新的战舰，最终赢得了战机，打败了清朝。历史的教训是多么的深刻。

金融危机后中国的发展，也要尽可能地了解好、认清楚、把握住、善于用资本市场来推动中国的经济发展和中国在全球的崛起，特别是对经济欠发达地区来说，提高运用资本市场的力量促进地方经济发展就显得更加迫切。

最后，诚实劳动可以致富，合法经营可以致富，通过证券市场直接投资也可以致富。

这个致富有两个层面：国家与个人。从国家层面看，政府对资本市场实行单边或双边收税，使得资本市场已经不是零和游戏，而是体现为负和游戏，从这个意义上来说，资本市场是现代政府重要的税收渠道。如2008年9月8日9时13分（北京时间16时13分）左右，因电脑故障逼停伦敦股市7小时，政府损失1590万英镑（约合2803万美元）。从个人层面看，资本市场是把钱逐步地推向有市场前景、有发展前途、有业绩支撑的企业中去，让投资者赚钱获利，分享企业成果，从而实现资源的优化配置。

【思考题】

1. 金融危机对我国的影响有哪些？
2. 如何认识金融危机的本质？
3. 在应对金融危机中如何抢抓科学发展的机遇？
4. 从泡沫经济经典案例中可以得到哪些启示？

5. 个人在经济发展出现泡沫时如何作为？

参考文献

[1] 凯文·菲利普斯.金融大崩盘[M].冯斌，周彪译.北京：中信出版社，2009.

[2] 保罗·克鲁格曼.美国怎么了？一个自由主义者的良知[M].北京：中信出版社，2008.

[3]保罗·克鲁格曼.萧条经济学的回归[M].朱文晖译.北京：中国人民大学出版社，1999.

[4] 约翰·梅纳德·凯恩斯.就业、利息和货币通论[M].高鸿业译.北京：商务印书馆，2002.

[5] James T A.中国股市飙升引发深层思考[N].华尔街日报，2007-10-17.

[6] 朱利亚·芬奇.接下来可能发生什么[N].卫报，2008-10-18.

[7] 郎咸平.郎咸平说：谁都逃不掉的金融危机[M].北京：东方出版社，2008.

[8] 吴建友.如火如荼的“泰人助泰”活动[N].光明日报，1998-01-10.

[9] 陈风英.世界经济依然寒流涌动[J].半月谈，2009(2).

[10] 郭奔胜.抵抗危机的人们[J].半月谈.2009(5).

[11] 张松峰.起起落落说“股”事之一~六[J].宏观经济管理，2007年(6)~(11).

[12] 王东京，孙浩，林冰蓓，等.推开宏观之窗[M].北京：经济日报出版社，2003.

[13] 辛西亚·克罗森.财富千年[M].北京：中信出版社，2004.

[14] 罗杰·洛温斯坦.巴菲特传：一个美国资本家的成长[M].北京：中信出版社，2004.

[15] 盖斯特·向桢.华尔街投资银行史：华尔街金融王朝的秘密[M].北京：中国财政经济出版社，2005.

[16] 艾丽斯·施罗德.滚雪球：巴菲特和他的财富人生[M].覃扬眉，丁颖颖，张万伟，等译.北京：中信出版社，2009.

[17] 钟铁夫，黄文泉.女富婆格林的贫穷生活[J].跨世纪(时文博览)，2008(5).

[18] 齐平，王璐，谢慧.如何看待中国概念股在美遭遇“寒流”[N].经济日报，2011-08-23.

[19] 温家宝.关于当前的宏观经济形势和经济工作[J].求是，2011(17).

第三章 我国生态文明建设的探讨

导言

人类社会的文明历史，依次经历了原始文明、农业文明、工业文明三个阶段。当前我国正处于工业文明时代。工业文明虽然给人类创造了极其丰富的物质财富，但也让人类自身陷入了前所未有的生存困境中。大量化石燃料的使用和大工业的兴盛、科技力量的壮大，使得人类具备了掠夺自然资源的能力，同时生态环境却遭到了前所未有的污染和破坏，已经直接威胁到人类的生存，引发了全球性生态危机。人们越来越认识到，以人类为中心、以牺牲环境、破坏生态为代价来一味追求经济发展的工业文明形态已经无法适应社会可持续、协调发展的要求，并越来越成为阻碍社会进一步发展的巨大障碍。当今，生态文明建设逐渐从理论走向实践，建设生态文明已成为时代发展的潮流。

党的十七大报告首次将生态文明确定为我国全面建设小康社会的重要战略目标之一。生态文明是指人类遵循人、自然、社会和谐发展这一客观规律而取得的物质与精神成果的总和；是指以人与自然、人与人、人与社会和谐共生、良性循环、全面发展、持续繁荣为基本宗旨的文化伦理形态。生态文明既包含人类保护自然环境和生态安全的意识、法律、制度、政策，也包括维护生态平衡和可持续发展的科学技术、组织机构和实际行动。生态文明与物质文明、精神文明和政治文明共同构成现代文明体系。四大文明相互联系、相互区别、相互促进、相互制约、共同发展。一方面，生态文明是基础和根本，良好的生态环境是社会生产力持续发展和人们生存质量不断提高的重要基础。有健康的生态文明，才有健康的物质文明、精神文明、政治文明；没有良好的生态文明，人类不可能有高度的物质享受、精神享受和政治享受，人类自身就会陷入不可逆转的生存危机。另一方面，建设生态文明，需要以物质文明、精神文明、政治文明为重要条件。

本章主要就建设生态文明思想在我国的提出、建设生态文明的重要意义、建设生态文明面临的重大挑战、建设生态文明的战略举措等问题进行探讨。

一、生态文明思想的提出

在世界工业文明发展史中，中国是后来者。新中国成立后，建立了社会主义制度，才为中国工业文明的发展开辟了道路，并取得了巨大成就，但同时，工业文明的发展使我国在生态治理和环境保护方面的任务非常艰巨。中国共产党在领导开创中国特色社会主义建设新局面的过程中，充分认识到建设生态文明的重要性和紧迫性，在总结历史经验教训的基础上，顺应时代发展的潮流，逐渐明确了建设生态文明的选择。建设生态文明虽然是一个新的提法，但中国共产党一贯重视人口资源环境问题，一贯推行控制人口、保护环境、节约资源的政策，在这个过程中认识逐步深化，最终提出建设生态文明的思想。

（一）确立计划生育为我国的基本国策

基本国策就是立国、治国之策。只有那些对国家经济建设、社会发展和人民生活具有全局性影响的策略才能上升为基本国策。在我国，计划生育和环境保护就具有这样的性质。中国共产党较早地把计划生育列为国家的基本国策，这在我国生态文明建设之路上具有重大意义。

我国是一个人口大国，人口问题始终是制约我国全面协调可持续发展的重大问题，是影响经济社会发展的关键因素。新中国成立后，由于对控制人口、实行计划生育的紧迫性和重要意义缺乏足够认识，在20世纪50、60年代出现了两次人口增长高峰。虽然当时的人口急剧回升和膨胀再度引起了党和政府对人口与计划生育问题的重视，党中央、国务院积极号召节育，实行计划生育，国务院正式成立了计划生育委员会，以城市为重点的计划生育工作逐步开展起来，但大部分农村地区尚未开展计划生育，全国人口继续迅速增长，到1970年，全国总人口达到8亿，总和生育率高达5.8（即平均每对夫妇生育5.8个孩子），人口增长没有得到有效的控制，席卷全国的“文化大革命”使计划生育工作被迫中断。70年代，提倡“晚、稀、少”的生育政策，但这一时期计划生育工作发展不平衡，仍有不少地区计划生育工作尚未开展起来。

十一届三中全会召开后，针对我国人口增长迅速，已经严重影响我国经济发展和社会进步的现状，确立计划生育为我国的基本国策。1980年9月，国务院在五届全国人大三次会议上指出：“除了在人口稀少的少数民族地区以外，要普遍提倡一对夫妇只生育一个孩子，以便把人口增长率尽快控制住。”1981年，五届人大四次会议的《政府工作报告》中提出：“限制人口的数量，提高人口的素质，这就是我们的人口政策。”1982年9月党的十二大确定“实行计划生育，是我国的一项基本国策”。同年12月全国人大通过的《中华人民共和国宪法》明确规定：“国家推行计划生育，使人口的增长同经济和社会发展计划相适应。”确立了计划生育的法律地位，走上了依法行政的道路。2001年12月29日颁布的《中华人民共和国人口与计划生育法》进一步明确，“实行计划生育是国家的基本国策”，“国家稳定现行生育政策”。它首次将我国推行20多年之久的基本国策以基本法律的形式予以确认。2006年12月17日公布的《中共中央国务院关于全面加强人口和计划生育工作统筹解决人口问题的决定》再次强调，“必须坚持计划生育基本国策和稳定现行生育政策不动摇”。

我国实行计划生育以来，全国少生4亿多人，提前实现了人口再生产类型的历史性转变，有效地缓解了人口对资源、环境的压力，有力地促进了经济发展和社会进步。同时，在当前，还要充分认识人口问题的复杂局面和生育水平面临反弹的危险。21世纪上半叶，将迎来总人口、劳动年龄人口和老年人口高峰，人口惯性增长势头依然强劲，人口素质总体水平不高等问题依然使社会经济发展面临沉重压力。所以，我国必须坚持不懈地实行计划生育的基本国策，这对发展中国特色社会主义、实现国家富强和民族振兴具有巨大影响，对促进世界人口与发展继续发挥重要作用。

（二）确立环境保护为我国的基本国策

新中国成立后很长的一段时间里，环境保护工作并没有在我们这个发展中国家占有应有的地位。20世纪70年代以来，随着我国人口的增长、经济的发展和人民消费水平的不断提高，我国本来就已经短缺的资源和脆弱的环境面临着越来越大的压力。我国的环境污染日益突出，若不采取措施遏制这种趋势，必然给经济建设、改革开放和人民生活带来严重不利影响。在这种情况下，确立了环境保护为我国的基本国策。

1983年12月31日，第二次全国环境保护会议在北京召开。会议指出，环境保护是我国的一项基本国策，会议进一步指出，经济建设和环境保护必须同步发展；把自然资源的合理开发和充分利用作为环境保护的基本国策；加强对环境保护工作的科学管理；进一步加强对环境保护工作的领导。在这次会议上还提出了“三同步，三统一”的方针，即经济建设、城乡建设和环境建设要同步规划、同步实施、同步发展，实现经济效益、社会效益和环境效益的统一。之后，中国的环保工作逐步形成了三大政策和八项制度。三大政策指的是“预防为主”、“谁污染谁治理”、“强化环境管理”；八项制度指的是“三同时”制度（建设项目中的环境保护设施必须与主体工程同时设计、同时施工、同时投产使用）、环境影响评价制度、排污收费制度、城市环境综合整治定量考核制度、环境保护目标责任制度、排污申报登记和排污许可制度、限期治理制度、污染集中控制制度。

将环境保护作为一项基本国策，标志着我国环境保护工作进入一个崭新的时代。二十多年来的实践已经证明，环境保护确实对我国起到了全局性、长期性和决定性的影响。当前，基本国策已深入人心，它将继续指引着中国环境保护迈向新的阶段。

（三）确立可持续发展战略

20世纪90年代以来，我国已经深刻认识到如果长期只注重数量的发展，忽视资源环境因素，我们的发展必然难以为继，同时，在国际上可持续发展已经由理论转向实践，建设生态文明成为全球发展的必然趋势。

1992年6月，全球政府首脑会议在里约热内卢召开，会议通过了《里约热内卢环境与发展宣言》和《21世纪议程》。这次会议把可持续发展战略列为全球发展战略。它不仅使可持续发展思想在全球范围内得到了最广泛和最高级别的承诺，而且还使可持续发展思想由理论变成了各国人民的行动纲领和行动计划。

联合国环境与发展大会之后，我国政府提出了中国环境与发展应采取的十大对策，明确指出走可持续发展道路是当代中国以及未来的必然选择。1994年3月，我国政府批准发布了《中国21世纪议程——中国21世纪人口、环境与发展白皮书》，从人口、环境与发展的具体国情出发，提出了中国可持续发展的总体战略、对策以及行动方案。有关部门和地方也分别制定了实施可持续发展战略的行动计划。1996年3月，第八届全国人民代表大会第四次会议审议通过的《中华人民共和国国民经济和社会发展“九五”计划和2010年远景目标纲要》，把实施可持续发展作为现代化建设的一项重要战略。

1997年，我国在北京、湖北等16个省市开展了《中国21世纪议程》试点，即国家可持续发展试验区，强调经济、社会与生态、环境的协调发展。2004年，全国已经建立国家级可持续发展试验区45个，省级试验区75个，分布在全国25个省、自治区、直辖市。2003年年初，国务院颁布了《中国21世纪初可持续发展行动纲要》（简称《纲要》），明确提出了未来10~20年我国可持续发展的目标、重点领域和保障措施。《纲要》提出了我国21世纪初可持续发展的总体目标是：可持续发展能力不断增强，经济结构调整取得显著成效，人口总量得到有效控制，生态环境明显改善，资源利用效率显著提高，促进人与自然的和谐，推动整个社会走上生产发展、生活富裕、生态良好的文明发展道路。在实施可持续发展的重点领域方面，《纲要》对经济发展、社会发展、资源优化配置、合理利用与保护、生态保护和建设、环境保护和污染防治及能力建设等方面作了详细的规定。《纲要》最后指出，面对新世纪的国际国内环境，为了实现《纲要》中提出的各项目标，必须采取行政、经济、科技、法律等手段，从加强部门协调、拓宽融资渠道、依靠科技支撑、健全法规制度等方面采取切实有效的保障措施。

（四）提出人与自然和谐发展

进入新世纪新阶段，我国处在资源消耗强度较高的工业化快速发展阶段，面临着全球资源性产品新一轮需求高峰，资源能源对经济发展的约束强度不断加大。同时，环境与发展的矛盾也极其突出，主要污染物排放总量不断增加，环境突发事件日益增多，生态退化范围迅速扩大，危害程度日趋加深，我国发展的环境成本持续攀高，可持续发展面临严峻挑战。我国GDP成本长期居世界前列，单位GDP能耗和物耗远远高于发达国家水平，如不改变，发展难以持续。我们没有足够的资源总量来支撑高消耗的生产方式，没有足够的环境容量承载高污染的生产方式。针对现实情况，中国共产党明确提出了人与自然和谐发展的思想，在建设生态文明的道路上认识更加深化。

2002年，党的十六大科学揭示了我国发展的新趋势、新特点，明确提出了全面建设小康社会的目标，将“可持续发展能力不断增强，生态环境得到改善，资源利用效率显著提高，促进人与自然的和谐，推动整个社会走上生产发展、生活富裕、生态良好的文明发展之路”列为全面建设小康社会的四大目标之一。这一目标的确定，是可持续发展在理论和实践上的新突破，在促进我国生态文明建设方面具有重要意义。

十六大以来，中国共产党在领导全党全国人民全面建设小康社会的实践中，审时度势，进一步提出了统筹人与自然和谐发展。十六届三中全会正式提出以人为本，全面、协调、可持续的科学发展观，科学发展观通过对当前中国社会在发展中存在的主要矛盾的分析，提出了“五个统筹”的发展战略，把“统筹人与自然和谐发展”作为实现社会全面协调发展的一个重要方面。2005年2月，胡锦涛总书记在省部级主要领导干部提高构建社会主义和谐社会能力专题研讨班上的讲话中指出，“我们所要建设的社会主义和谐社会，应该是民主法治、公平正义、诚信友爱、充满活力、安定有序、人与自然和谐相处的社会”。他进一步指出，“人与自然和谐相处，就是生产发展，生活富裕，生态良好”。十六届六中全会通过的《中共中央关于构建社会主义和谐社会若干重大问题的决定》中指出，构建社会主义和谐社会的目标和主要任务之一就是“资源利用效率显著提高，生态环境明显好转”；所坚持的科学发展原则内容之一就是“统筹人与自然和谐发展”；具体部署中提出“要加强环境治理保护，促进人与自然相和谐”。可见，中国共产党倡导的科学发展观和社会主义和谐社会中包含着丰富的生态文明建设思想，进一步扩大了可持续发展的内涵。

（五）提出建设资源节约型、环境友好型社会

1992年联合国大会通过的《21世纪议程》中正式提出了“环境友好的”社会理念，并号召营造“无害环境”。随后，环境友好技术、环境友好产品得到大力提倡和开发。上个世纪末期，国际社会又提出实行环境友好土地利用和环境友好流域管理、建设环境友好城市、发展环境友好产业等。在2002年世界可持续发展首脑会议的推动下，世界各国开始以全方位的视角宣传环境友好的理念，环境友好成为生产、消费、技术、伦理道德等各领域竞相追求的目标。

在国内，随着全面建设小康社会进程的开始，我国经济建设的规模进一步扩大，工业化和城市化进程进一步加快，资源供需矛盾和压力变得越来越大，主要资源消费的增加量占世界总增加量的比例不断攀升，中国成为世界上能源消耗和污染排放的大国。针对现实情况，中国共产党提出了建设资源节约型、环境友好型社会的思想。这一战略目标和任务的确立，体现了党和政府对生态环境问题的高度重视，实现了生态观上的一次重大提升，是落实科学发展观、推进人与自然和谐发展、构建社会主义和谐社会的重大举措，符合当代中国实际和时代潮流。这是一个崭新的社会目标，是对“先污染，后治理”之路的抛弃，是对“清洁生产”的扬弃，走的是以节约资源和循环利用为基本特征的生态文明之路。

2005年3月，胡锦涛在中央人口资源环境工作座谈会上提出了建设资源节约型、环境友好型社会的战略目标，指出全面落实科学发展观，“调整经济结构和转变经济增长方式，是缓解人口资源环境压力的根本途径”，“要加快调整不合理的经济结构，彻底转变粗放型经济增长方式，使经济增长建立在提高人口素质、高效利用资源、减少环境污染、注重质量效益的基础上”，“大力推进循环经济，建立资源节约型、环境友好型社会”。

2005年7月，国务院颁布了《关于加快发展循环经济的若干意见》，提出“为抓住重要战略机遇期，实现全面建设小康社会的战略目标，必须大力发展循环经济，按照‘减量化、再利用、资源化’的原则，采取各种有效措施，以尽可能少的资源消耗和尽可能小的环境代价，取得最大的经济产出和最少的废物排放，实现经济效益、环境效益和社会效益相统一，建设资源节约型和环境友好型社会”，并就发展循环经济提出具体意见。

2005年10月，在十六届五中全会通过的《中共中央关于制定国民经济和社会发展第十一个五年规划的建议》中，将建设资源节约型、环境友好型社会确定为国民经济和社会发展中长期规划的一项战略任务："要把节约资源作为基本国策，发展循环经济，保护生态环境，加快建设资源节约型、环境友好型社会，促进经济发展与人口、资源、环境相协调。"并就大力发展循环经济、加大环境保护力度、切实保护好自然生态等方面提出相应措施。

2006年3月，在全国人大十届四次会议通过的《国民经济和社会发展第十一个五年规划纲要》中进一步强调："落实节约资源和保护环境基本国策，建设低投入、高产出，低消耗、少排放，能循环、可持续的国民经济体系和资源节约型、环境友好型社会"，并在发展循环经济、保护修复自然生态、加大环境保护力度、强化资源管理、合理利用海洋和气候资源等方面作出了进一步部署。

2006年10月，十六届六中全会进一步强调"以解决危害群众健康和影响可持续发展的环境问题为重点，加快建设资源节约型、环境友好型社会"。在具体措施上强调从源头上控制环境污染；有效遏制生态环境恶化趋势；统筹城乡环境建设；加快环境科技创新；完善有利于环境保护的各项政策，建立生态环境评价体系和补偿机制；强化企业和全社会节约资源、保护环境的责任；完善环境保护法律法规和管理体系，严格环境执法，加强环境监测，定期公布环境状况信息，严肃处罚违法行为；稳定人口低生育水平，有效治理出生人口性别比升高等问题，提高出生人口素质。做到这些，我国才能走出一条生产发展、生活富裕、生态良好的文明发展之路，保证社会和谐和可持续发展。

（六）提出建设生态文明

生态文明不是一种局部的社会经济现象，而是相对于农业文明、工业文明的一种社会经济形态。它是人类文明形态的一次大飞跃，是比工业文明更进步、更高级的人类文明新形态，是指人类能够自觉地把一切社会经济活动都纳入地球生物圈系统的良性循环运动以实现社会、经济与自然的可持续发展和人的自由全面发展。中国共产党领导中国人民所走的中国特色社会主义道路，应该是物质文明、政治文明、精神文明和生态文明共同发展的道路。其中，生态文明应成为社会主义文明体系的基础。社会主义的物质文明、政治文明和精神文明离不开生态文明，没有良好的生态条件，人不可能有高度的物质享受、政治享受和精神享受。没有生态安全，人类自身就会陷入不可逆转的生存危机。生态文明是物质文明、政治文明和精神文明的前提。时代发展到今天，中国共产党对此有了非常明确的认识。从十二大到十五大，中国共产党一直强调，建设社会主义物质文明和精神文明，十六大在此基础上提出了社会主义政治文明。十七大则首次明确提出了建设生态文明的思想。

2007年10月，胡锦涛在十七大报告中指出："建设生态文明，基本形成节约能源资源和保护生态环境的产业结构、增长方式、消费模式。循环经济形成较大规模，可再生能源比重显著上升。主要污染物排放得到有效控制，生态环境质量明显改善。生态文明观念在全社会牢固树立。"十六大以来我们党提出了构建社会主义和谐社会的思想，完善了中国特色社会主义事业总体布局。刚刚闭幕的党的十七大又提出建设生态文明，进一步丰富了社会文明思想，对于拓展中国特色社会主义事业具有重要的意义。

党中央首次把“建设生态文明”写入党代会的政治报告，把“建设生态文明”提到了发展战略的高度，要求到2020年全面建设小康社会目标实现之时，使我国成为生态环境良好的国家，这充分体现了中国共产党对生态建设的高度重视和对全球生态问题高度负责的精神，同时也体现了人类共同的价值取向和共同的进步追求。

二、我国建设生态文明的重要意义

胡锦涛总书记在党的十七大报告中提出要“建设生态文明”，要求在全社会牢固树立生态文明观念。这是继我们党提出建设物质文明、精神文明、政治文明、构建社会主义和谐社会之后的又一现代化建设重大战略部署，在理论上和实践上必将对全面建设小康社会和构建社会主义和谐社会产生重大而深远的影响。

（一）建设生态文明是以人为本发展理念的体现

坚持以人为本，是科学发展观的本质和核心，也是加强生态文明建设的理论前提。我国是一个人均资源极为短缺的国家，粗放的经济增长方式，导致能源消耗和环境破坏到了不可容忍的地步。在发展中必须坚持以人为本，也就是坚持以人为价值的核心和社会的本位，把人的生存和发展作为最高价值目标，统筹人与自然的和谐发展，使经济发展与资源、环境相适应，不断满足人们日益增长的物质文化需要，包括生存的需要、发展的需要和享受的需要。生态文明建设就是从满足人们这些需要出发甚至是从满足子孙后代的这些需要出发而实施的重大战略决策。要真正做到以人为本，就必须以人和社会的全面协调发展思想为指导，处理好经济增长和生态环境发展的关系。要求经济和社会发展着眼于人的发展和进步，发展要把人的发展放在第一位，不能只把眼睛盯在经济总量的增长上，而忽视人的生存状态的完美和生活质量的提高。经济增长是基础和条件，没有经济的增长就没有社会的发展，没有一定的经济增长速度，建设生态文明就没有物质保障。当物的增长与人的生存和发展发生矛盾和冲突的时候，首先应关注人的生存和发展。以人为本不但要注重当代人的生存发展，也要考虑子孙后代的生存与发展。生态文明建设是一个造福子孙后代的具有长远利益的工程，它的建设既要与经济发展水平相适应，统筹规划，有重点、分层次、有计划地进行，又要有前瞻性的战略眼光，以免将来因为重新改造而造成浪费。

（二）建设生态文明是可持续发展的必然要求

可持续发展战略的核心是经济发展与保护资源、保护生态环境的协调一致，是为了让子孙后代能够享有充分的资源和良好的自然环境。改革开放以来，我国经济社会发展取得了举世瞩目的成就，但由于经济增长基本建立在高消耗、高污染的传统发展模式上，一些地区以牺牲环境为代价实现经济增长，出现了比较严重的环境污染和生态破坏。发达国家上百年工业化进程中分阶段出现的环境问题，在我国已经集中出现。特别是随着经济快速增长和人口不断增加，资源利用与环境保护面临的压力日益加重。生态环境的严峻形势使我们进一步体会到高度重视资源和生态环境问题、增强可持续发展能力的重要性和紧迫性。

生态文明建设遵循的是可持续发展，它要求人们树立经济、社会与生态环境协调发展的新的发展观。生态环境是人类赖以生存和社会经济发展的物质基础，生态、经济、社会是不可分割的整体，发展应该是也必须是生态、经济与社会的持续性发展，生态文明要求我们在发展经济的同时，有效地解决经济社会活动的需求与自然生态环境系统供给之间的矛盾，统筹人与自然和谐发展，处理好经济建设、人口增长与资源利用、生态环境保护的关系，推动整个社会走上生产发展、生活富裕、生态良好的文明发展道路，实现人类与自然的协调发展、可持续发展。

（三）生态文明建设是解决当前制约发展问题的关键

生态文明建设是解决我国经济社会发展中面临的诸多难点的关键。资源浪费和短缺、环境破坏已成为制约经济社会可持续发展的瓶颈因素。当前我国的发展现实决定了发展绝不能以牺牲环境和浪费资源为代价，必须大力加强生态文明建设，转变经济增长方式，走出一条资源节约、生态环境优美、经济快速发展的路子。实践证明，只有生态文明抓好了，既为经济建设提供环境前提保证，又可以带动、促进其他文明的发展和社会的全面进步。比如，通过开发生物新能源，可以带动产业结构调整，节约资源，减少大气污染。再比如，通过因地制宜地植树造林、种草治沙，发展多种多样的草产业、林产业、果产业等，在优化而不是恶化生态环境的情况下，增加社会财富，可以有效地减轻城乡就业压力。还比如通过大力推动农业生物技术的进步，开发超级水稻、超级小麦及其他农作物，通过粮食作物的优质高产可以保持社会的长期稳定。总之，生态文明体现了人对自然界的崇高责任和人文关怀，我们每个人都应当强化建设生态文明的观念并付诸行动。建设生态文明，必须长期树立和落实科学发展观，努力推进生态文明建设。

（四）生态文明建设是建设资源节约型、环境友好型社会的内在要求

环境是人类赖以生存发展的基础，与资源节约型社会相比，环境友好型社会更为关注生产和消费活动对生态环境的影响，强调人类必须将生产和生活强度规范在生态环境的承载能力范围之内。资源节约与环境友好相辅相成、互为补充、密不可分。环境友好型社会的建成，也就标志着资源节约型社会的实现。随着经济快速增长和人口不断增加，努力缓解资源不足的矛盾，不断改善生态环境，实现可持续发展，就必须建立与经济发展相适应的资源节约型和环境友好型国民经济体系。建设生态文明是资源节约型、环境友好型社会建设的重要途径，建设资源节约型、环境友好型社会就要以生态文明建设为抓手，正确处理生态发展与物质文明、精神文明、政治文明的关系，正确处理人与自然的关系，需要努力转变经济增长方式，大力发展循环经济，积极实施结构调整，倡导健康文明的消费方式，建立健全资源节约和污染减排的政策措施，努力提高资源利用效率，严格环境保护，控制人口过快增长，做到节约生产、清洁生产、生态生产、文明生产，通过生态文明发展带动、促进其他文明的发展，在“四大文明”协同发展中，加快资源节约型、环境友好型社会建设的步伐。因此说，在当前我国资源瓶颈因素凸现、资源型发展模式难以为继、生态恶化加剧的情况下，加快生态文明建设的步伐，有利于

从根本上保护和实现人民群众的根本利益，使人民享有高度的物质文明、精神文明、政治文明和生态文明。建设高度的生态文明是建设资源节约型和环境友好型社会的内在要求和战略选择。

同时，高度的生态文明也是我们所要实现的资源节约型和环境友好型社会的重要标准和体现。享受洁净优美的自然环境是人类的天然权利，资源节约型和环境友好型社会要求生产发展最终落脚到实现人民群众的根本利益上，在满足物质等需求的基础上，要为人民群众的生产生活提供洁净优美的生产生活自然环境，否则就背离了发展的目的和目标。在我国当前资源短缺、环境污染、生态破坏严重的情况下，原有以资源过度消耗、牺牲环境为特征的生产方式难以为继，必须转变经济增长方式，积极发展节约型经济、环保型经济，严格保护生态环境，方能实现可持续发展的目标，实现建设资源节约型、环境友好型社会的目标。生态文明建设的内涵包含节约资源型生产、环境友好型生产，因此生态文明建设的成效成为判断资源节约型和环境友好型社会建设水平的重要标准。

三、当前我国建设生态文明面临的重大挑战

改革开放以来，我国经济迅速发展，综合国力显著增强，人民生活水平明显提高，取得了举世瞩目的成就。但也应该清醒地认识到，经济高速增长很大程度上是依赖“资源的高投入、低利用和高排放”的粗放生产方式来实现的，表现为资源利用率低、浪费大、污染重。从某种意义上说，经济高速增长是以牺牲资源和环境的巨大代价换来的。当前人口增长迅速、资源短缺、生态环境恶化加剧、城乡差距进一步拉大等问题突出。面对新的形势和任务，胡锦涛总书记在党的十七大报告中明确提出建设生态文明的重要思想。正确分析生态文明建设中面临的人口、能源资源、生态环境等矛盾和问题，有利于保持城乡社会协调发展，有利于保持经济又好又快发展和社会全面进步。

（一）人口发展面临的严峻挑战

人既是推进生态文明建设的主体，又是生态文明建设的重要内容。我国是一个人口大国，又是一个农村人口占多数的国家，人口整体素质有待进一步提高，人口数量、人口素质及结构特点等制约着生态文明建设的进程。

1. 人口总量持续增长

我国人口在未来30年还将净增2亿人左右。根据蒋正华、徐匡迪和宋健同志的《国家人口发展战略研究报告》，实现全面建设小康社会人均GDP达到3000美元的目标，要求把总和生育率继续稳定在1.8左右。按此预测，总人口于2010年、2020年分别达到13.6亿人和14.5亿人。劳动年龄人口规模庞大。我国15~64岁的劳动年龄人口2000年为8.6亿人，2016年将达到高峰——10.1亿人，比发达国家劳动年龄人口的总和还要多。人口过量增长与资源、环境的矛盾越来越突出。

2. 人口素质亟待提高

人口素质已成为影响我国竞争力和走新型工业化道路的主要因素。人口健康素质、科学文化素质和道德素质亟待提高。我国每年约有20万~30万肉眼可见先天畸形儿出生，加上出生后数月和数年才显现出来的缺陷，先天残疾儿童总数高达80万~120万，且近年来呈增加态势；各种不健康人群规模巨大，心理和精神性疾患明显增加，地方病患者达6000万人左右，智力残疾人达544万人，年患病人次数超过50亿。艾滋病等威胁人民群众健康和公共卫生安全的疾病有蔓延之势。2000年15岁以上人口受教育年限只有7.85年，大专以上学历的比例仅为4.63%，每百万人口中从事研究与开发的人员数为545人。农村劳动年龄人口小学及以下文化程度的比例高达47.6%。重学历教育轻劳动技能培训问题突出。部分人群失去信仰、理想支撑，道德失范，诚信缺失，社会责任感缺乏。人口素质问题影响了社会的文明与和谐、资源利用效率和国家的综合竞争能力。

3. 人口结构性矛盾日益显现

一是老龄化进程加速。老年人口数量多、老龄化速度快、高龄趋势明显。人口老龄化将导致扶养比不断提高，加大社会保障体系和公共服务体系的压力，并影响到社会代际关系的和谐。农村社会养老保障制度不健全，青壮年人口大量流入城市，使农村老龄化形势更为严峻。尤其要关注庞大老年人群中的贫困化和边缘化问题。二是出生人口性别比持续升高。第五次全国人口普查男女性别比为117:100，农村失调程度更为严重。到2020年，20~45岁男性将比女性多3000万人左右。2005年以后，新进入婚育年龄人口男性明显多于女性，婚姻挤压问题凸现，低收入及低素质者结婚难所导致的社会秩序混乱将成为影响社会稳定的严重隐患。

4. 低生育水平面临反弹风险

1978—2003年间全国净增人口3.25亿人，而现阶段的低生育水平很不稳定。群众生育意愿与现行生育政策的要求有较大差距，多数地区人口增长存在反弹风险。由于20世纪80年代至90年代第三次出生人口高峰的影响，2005—2020年，20~29岁生育旺盛期妇女数量将形成一个小高峰，导致出生人口数量出现一个小高峰，人口数量问题仍然是全面建设小康社会和生态文明面临的重大问题。但从更长的时期看，人口素质、结构和分布问题将逐渐成为影响经济社会协调和可持续发展的主要因素，并对新时期人口数量调控产生重大影响。着力提高人口素质、开发人力资源，已成为进一步稳定低生育水平、统筹解决人口问题、突破自然资源约束、促进经济社会发展的关键。

（二）资源能源短缺问题突出

资源能源是经济社会发展的重要依托。改革开放以来，随着经济和社会的快速发展，我国对能源资源的需求不断加大，同时由于目前对能源和资源利用率不高，资源瓶颈制约作用在经济社会发展中凸现，对生态文明建设的制约作用日益突出。

目前我国存在突出的“资源大国”与“资源小国”的矛盾，主要表现为：

1. 人均土地面积少

我国土地资源的特点是“一多三少”，即：绝对数量多，人均占有量少，高质量的耕地少，可开发后备资源少。我国内陆土地总面积约9.6亿公顷，居世界第三位，但人均占有土地面积约为0.08公顷，不到世界人均水平的1/30。同时，我国土地资源相对贫乏，土地质量较差。境内有流动沙丘0.45亿公顷，戈壁0.56亿公顷，海拔4000米以上难以利用的高山1.93亿公顷，难以利用的土地面积达2.93亿公顷，占国土面积的30.68%。在我国有限的耕地资源中，质量好的一等耕地约占40%，中下等耕地和有限制耕地占60%。而且随着人口的不断增长，工矿、交通、城市建设用地不断增加，人均耕地不断减少。同时，由于人类不合理的生产活动，致使水土流失严重，土地沙化、盐渍化和草场退化面积不断扩大而损失掉大片的良田。

2. 人均矿产资源少

我国矿产资源相对比较丰富，但人均占有量仅为世界平均水平的58%，大型和超大型矿床比重很小，贫矿、难选矿和共伴生矿多，尤其是铁、铜、铝土、铅、锌、金等多为贫矿，开采成本普遍比较高，实际可供利用的资源比例较低。我国45种主要矿产资源人均占有量不足世界人均水平的一半，石油、天然气、煤炭、铁矿石、铜和铝等重要矿产资源人均储量分别相当于世界人均水平的11%、4.5%、79%、42%、18%和7.3%。据预测，到2020年，我国重要金属和非金属矿产资源可供储量的保障程度，除稀土等有限资源保障程度为100%外，其余均大幅度下降，其中铁矿石为35%、铜为27.4%、铝土矿为27.1%、铅为33.7%、锌为38.2%、金为8.1%。可采年限石灰石为30年、磷为20年、硫不到10年，钾盐现在已是需远大于供。

3. 2/3的城市存在供水不足问题

我国是水资源紧缺的国家，人均水资源占有量只有2137立方米。我国600多个城市中，400多个城市存在供水不足问题，其中严重缺水城市达110个。水资源污染、地下水超采和用水效率低下，进一步加剧了有限水资源的供需矛盾。近年来，由于过量抽取地下水，目前全国已有70多个城市发生了不同程度的地面沉降，沉降面积已达6.4万平方千米，其中天津60%的地面发生沉降。由于地面沉降，华北一些地区地下水循环系统平衡遭到破坏，地下水质恶化。我国地下水污染问题十分严重，浅层地下水资源污染比较普遍。

4. 森林覆盖率明显偏低

根据第五次全国森林资源清查统计资料，森林面积为15894.1万公顷，居世界第5位，人均占有森林面积相当于世界人均占有量的21.3%，森林覆盖率为16.55%，只相当于世界森林覆盖率的61.3%。森林蓄积量列世界第7位，全国人均森林蓄积量只有世界人均蓄积量的1/80，而随着经济社会的发展，林木消耗量呈上升趋势，超限额采伐问题十分严重。

5. 生物种类在减少

我国物种资源种类多、数量大、分布广，是世界上物种资源最丰富的国家之一。然而，我国的生物种类正在加速减少和消亡。联合国《濒危野生动植物种国际贸易公约》列出的740种世界性濒危物种中，我国占189种，为总数的1/40。

（三）生态恶化进一步加剧

良好的生态环境是生态文明建设的核心内容。近年来，各地高度重视经济增长的数量和速度，对经济发展的质量关注不够，生态环境受到严重破坏，严重影响着生产的可持续发展和人民群众生活水平的提高。

目前，我国生态环境还在恶化，主要表现为一些地区生态环境恶化的趋势还没有得到有效遏制，生态环境破坏的范围在扩大，程度在加剧，危害在加重。突出表现在：

1. 土地退化严重。全国水土流失面积达 360 多万平方千米，平均每年新增水土流失面积 1 万平方千米；荒漠化土地面积已达 262 万平方千米，并且还以每年2460 平方千米的速度扩展；扬尘、浮尘和沙尘暴频繁发生。草地退化、沙化和碱化的面积达 1.35 亿公顷，约占草地总面积的三分之一，并且还在以每年200 万公顷的速度增加，乱砍滥伐森林现象屡禁不止。

2. 水生态系统失衡。旱涝灾害频发，河流断流现象加剧，不少湖泊萎缩，天然绿洲消失，现有水库蓄水量减少。湿地破坏严重。一些地区由于严重超采地下水，造成地下水位下降，形成大面积漏斗区。

3. 农村环境问题日渐突出。已有 1.5 亿亩农田遭受不同程度的污染，畜禽粪便、水产养殖和不合理使用农药、化肥使污染加重，农产品质量安全不容忽视。农村饮用水受到不同程度的污染。

4. 生物多样性锐减。野生动植物丰富区面积不断减少，栖息地环境恶化，乱捕滥猎和乱挖滥采现象屡禁不止，野生动植物数量和种类骤减，生物多样性受到严重破坏。有害外来物种入境增加，生物安全面临威胁。

（四）环境污染形势依然严峻

近年来，我国在经济高速发展的同时，也带来了严重的环境污染问题。一些长期积累的环境问题尚未解决，新的环境问题又在不断产生，一些地区环境污染已经到了相当严重的程度，改善环境、提高发展质量、建设高度的生态文明任务艰巨。

经过多年坚持不懈的努力，全国环境状况正在由环境质量总体恶化、局部好转，向环境污染加剧趋势得到基本控制、部分城市和地区环境质量有所改善转变。但是，环境污染形势仍然相当严峻。

1. 主要污染物排放总量仍处于较高水平。2008 年，全国二氧化硫排放量达 2321.2 万吨，化学需氧量达 1320.7 万吨，废水排放量达 572.0 亿吨，虽然总体上较前几年有所降低，但仍远远高于环境承载能力。常规污染物排放总量削减的任务还未完成，机动车尾气污染、农村面源污染、有毒有害有机污染等问题日渐突出。

2. 水环境污染相当严重。2008 年，七大水系干流中，黄河、淮河、辽河为中度污染，海河为重度污染。200 条河流 409 个断面中，Ⅰ~Ⅲ类、Ⅳ~Ⅴ类和劣Ⅴ类水质的断面比例分别为 55.0%、24.2%和 20.8%。流经城市的河段 90%受到严重污染。各大淡水湖泊和城市湖泊均受到不同程度的污染，在监测营养状态的 26 个湖泊（水库）中，呈富营养状态的湖（库）占46.2%。全国近岸海域水质总体为轻度污染，一、二类海水比例为70.4%，三类海水占11.3%，四类和劣四类海水占18.3%。

3. 城市空气质量总体良好，2008年比2007年有所提高，但部分城市污染仍较重；全国酸雨分布区域保持稳定，但酸雨污染仍较重。2008年度，全国有519个城市报告了空气质量数据，达到一级标准的城市有21个（占4.0%），达到二级标准的城市有378个（占72.8%），达到三级标准的城市有113个（占21.8%），低于三级标准的城市有7个（占1.4%）。

4. 农村环境问题日益突出，生活污染加剧，面源污染加重，工矿污染凸显，饮水安全存在隐患，呈现出污染从城市向农村转移的态势。

5. 核安全与辐射环境安全监管任务繁重。我国核电设施具有堆型多、技术来源国别多、建设地点人口稠密等特点，部分研究型核反应堆设备老化，超期服役；民用辐射源量多面广，电磁辐射源增加迅速。确保核设施安全稳定运行和退役核设施及放射性废物安全处置的压力很大。

四、我国建设生态文明的战略举措

胡锦涛同志在党的十七大报告中对科学发展观进行了精辟的阐述，其中一项重要内容是："坚持生产发展、生活富裕、生态良好的文明发展道路，建设资源节约型、环境友好型社会，实现速度和结构质量效益相统一、经济发展与人口资源环境相协调，使人民在良好生态环境中生产生活，实现经济社会永续发展。"报告在规划2020年全面建设小康社会奋斗目标时，明确提出"建设生态文明，基本形成节约能源资源和保护生态环境的产业结构、增长方式、消费模式。循环经济形成较大规模，可再生能源比重显著上升。主要污染物排放得到有效控制，生态环境质量明显改善。生态文明观念在全社会牢固树立"。实现十七大提出的生态文明建设任务，应当重点做好以下几个方面的工作。

（一）以人的全面发展统筹解决人口问题

中国是世界上人口最多的发展中国家，人口问题始终是我国社会主义初级阶段面临的全局性、长期性和战略性问题，始终是制约全面、协调、可持续发展的重大课题，始终是影响我国经济社会发展的关键因素。人口基数大、人均占有资源严重不足的基本国情，人口对经济社会发展压力沉重的局面，人口与资源环境关系紧张的状况，将是全面建设生态文明面临的突出矛盾和关键问题。在人口问题上的任何失误，都将对经济社会发展产生难以逆转的长期影响。因此，必须以人的全面发展统筹解决人口问题，实现人口与经济社会、能源、资源、环境的协调与可持续发展，全面推进社会主义和谐社会建设。

以人的全面发展统筹解决人口问题，必须坚持以邓小平理论和"三个代表"重要思想为指导，全面落实科学发展观，优先投资于人的全面发展，稳定低生育水平，提高人口素质，改善人口结构，引导人口合理分布，保障人口安全，促进人口大国向人力资本强国转变，促进人口与经济、社会、资源、环境协调和可持续发展，坚定不移地走中国特色统筹解决人口问题的道路。

（二）大力发展循环经济

胡锦涛同志在十七大报告中在论述实现全面建设小康社会奋斗目标的新要求时提出，到2020年，我国循环经济形成较大规模，可再生能源比重显著上升。

循环经济的产生和发展，是人类对人与自然关系深刻反思的结果，是人类在社会经济的高速发展中陷入资源危机、生态失衡和生存危机，不得不深刻反省自身发展模式的产物。

（三）节约能源资源

能源资源问题是关系我国经济社会发展全局的一个重大战略问题。我们要从推动我国经济社会持续发展和人民生活水平不断提高的全局出发，全面分析能源资源形势，深入研究能源资源问题，全面做好能源资源工作，促进形成可持续的生产方式和消费模式，建立资源节约型国民经济体系和资源节约型社会，为实现全面建设小康社会的宏伟目标和我国的长远发展提供可靠的能源资源保证。

经济结构的优化升级是最大的节约，是实现节约能源资源的重要途径。在生产领域，要建立以节地、节水为中心的资源节约型农业生产体系，走新型工业化道路，着力调整投资结构，优化各种生产要素的投入比例和投入方式，加快发展服务业和高新技术产业，用先进适用技术改造提升传统产业，严格控制高耗能、高耗材、高耗水产业的发展，坚决淘汰严重耗费资源和污染环境的落后生产能力，加快发展风能、太阳能、地热能、生物质能等可再生能源，稳步发展水电、核电等清洁能源。努力形成有利于资源持续利用和环境保护的产业结构，推动经济社会发展实现良性循环。在城乡建设领域，要充分考虑资源条件和环境承载能力，节约和集约使用土地、淡水、能源等资源，严格控制建设用地，建设节约型的住宅建筑和交通运输体系。建立和完善节能减排指标体系、监测体系和考核体系，落实节能减排工作责任制，加强监督管理，尽快使节能减排取得实际成效。

（四）加大环境保护力度

保护环境是关系到我国现代化建设的全局和长远发展，造福当代、惠及子孙的事业，也是建设生态文明的重要内容。由于历史和现实原因，随着人口的增长、经济的发展，我国的环境状况也面临越来越大的压力。因此，建设生态文明，必须继续加大环境保护的力度。

今后的环境保护工作，必须以邓小平理论和“三个代表”重要思想为指导，全面落实科学发展观，坚持保护环境的基本国策，深入实施可持续发展战略；坚持预防为主、综合治理，强化从源头防治污染，坚决改变先污染后治理、边污染边治理的状况；全面推进、重点突破，着力解决危害人民群众健康的突出环境问题；坚持创新体制机制，依靠科技进步，强化环境法治，发挥社会各方面的积极性。经过长期不懈的努力，使生态环境得到改善，资源利用效率显著提高，可持续发展能力不断增强，人与自然和谐相处，建设资源节约型和环境友好型社会。

做好新形势下的环境保护工作，关键是要加快实现三个转变：一是从重经济增长轻环境保护转变为保护环境与经济增长并重，把加强环境保护作为调整经济结构、转变经济增长方式的重要手段，在保护环境中求发展；二是从环境保护滞后于经济发展转变为环境保护和经济发展同步，做到不欠新账，多还旧账，改变先污染后治理、边治理边破坏的状况；三是从主要用行政办法保护环境转变为综合运用法律、经济、技术和必要的行政办法解决环境问题，自觉遵循经济规律和自然规律，提高环境保护工作水平。

"三个转变"是全面落实科学发展观的重大措施，是推进经济社会协调发展、建设资源节约型和环境友好型社会的客观要求，是今后一个时期我国环境保护工作重要的指导方针，也是环境保护工作顺应时代发展要求的战略性、方向性、历史性转变。我们一定要摒弃以牺牲环境换取经济增长的做法，坚持以保护环境优化经济增长，全力推进转变进程。

加快推进"三个转变"，必须坚持预防为主、综合治理。通过加大经济结构调整力度，从源头上减少对环境的破坏。通过大力发展循环经济，从根本上缓解资源供给不足的矛盾，减少污染物排放。做好环境影响评价工作，严格控制新增污染。同时，以大工程带动快治理，实行环境污染防治与生态保护建设相结合。

加快推进"三个转变"，必须坚持全面推进、重点突破，切实解决危害人民群众利益的突出问题。要把水、大气、土壤污染防治作为重中之重，力争在今后五年内取得明显成效。饮水安全直接关系人民群众的生命和健康，必须作为环境保护工作的首要任务，下大力气抓紧抓好。

加快推进"三个转变"，必须坚持机制体制创新，充分运用经济、法律和必要的行政手段保护环境。要完善价格、财税、金融等有利于环境保护的经济政策，用经济杠杆调控社会环境行为。切实把环境保护纳入法制化轨道，坚决改变有法不依、执法不严、违法不究的状况，严厉查处环境违法行为，决不允许违法排污行为长期进行下去。

加快推进"三个转变"，必须坚持实行环境目标责任制和责任追究制。对辖区环境质量负责是法律赋予地方人民政府的神圣职责。各级政府要把环境保护摆上重要议事日程，确保责任到位、工作到位、措施到位。要将环境保护考核情况与干部实绩分析评价直接挂钩，严格执行《环境保护违法违纪行为处分暂行规定》，让那些不重视污染防治工作、没有完成环境保护任务的领导干部，得不到提拔重用；让那些漠视环境法律法规的领导干部付出代价。

加快推进"三个转变"，必须坚持依靠广大人民群众，动员全社会参与环境保护。环境保护是全国各族人民的共同事业。每个公民、每个家庭、每个单位、每个社区都应从我做起，自觉参与环境保护活动。要在全社会普及环境保护意识，弘扬环境文化，倡导生态文明，形成保护环境的良好氛围。

（五）切实保护自然生态

近年来，生态保护工作得到了中央和地方各级政府的高度重视，得到了社会各界的广泛关注。党中央提出全面建设小康社会与构建和谐社会的目标，把"人与自然和谐相处"作为社会主义和谐社会的基本特征之一，为生态保护工作提供了有力的政治保障，为生态保护参与综合决策创造了条件。

《全国生态环境保护纲要》、《国务院关于落实科学发展观加强环境保护的决定》及《国民经济和社会发展第十一个五年规划纲要》等重要文件均确立了保护生态环境，加快建设资源节约型、环境友好型社会，促进经济发展与人口、资源、环境相协调的总体思路。2006年4月，第六次全国环境保护大会提出了历史性转变的战略构想，为生态保护工作参与综合决策、服务经济社会发展大局提供了难得的历史机遇。同时，我国生态环境也面临着严峻挑战。围绕全面建设小康社会的总体目标，我国经济社会将进一步发展。未来5年，我国生态保护在面临经济增长、人口增加、资源需求压力加大的同时，受到传统粗放的经济增长方式难以彻底扭转，法规、政策、管理体制不完善等因素的制约，将处于一个非常关键的时期，应明确思路，统筹规划，加大投入，推动生态保护工作取得明显成效。

在指导思想上，要坚持以科学发展观为指导，以加快实现环境保护工作历史性转变为契机，以维系自然生态系统的完整和功能、促进人与自然和谐为目标，实施分区分类指导，重点抓好自然生态系统保护与农村生态环境保护，控制不合理的资源开发和人为破坏生态活动。加强生态环境质量评价，提高监督管理水平，为全面建设小康社会提供坚实的生态安全保障。

在具体工作中，要坚持如下基本原则：

一是预防为主，保护优先。通过经济、社会和法律手段，落实各项监管措施，规范各种经济社会活动，防止造成新的人为生态破坏，对生态环境良好或经过恢复重建之后的生态系统进行有效保护。同时，要坚持治理与保护、建设与管理并重，使各项生态环境保护措施与建设工程长期发挥作用。

二是分类指导，分区推进。我国地域差异显著，各地自然生态环境条件、社会经济发展水平和面临的生态环境问题各不相同，需要因地制宜采取相应对策和措施，分区、分阶段有序开展工作。结合国家四类主体功能区的划分，引导各省优化资源配置与生产力空间布局，按照优化开发、重点开发、限制开发和禁止开发的不同发展要求，在发展经济的同时，切实保护生态环境。

三是统筹规划，重点突破。生态环境问题成因复杂，许多历史遗留问题难以在短期内解决，必须进行近远期、部门间、城乡间的统筹考虑和规划。优先抓好对全国有广泛影响的重点区域和重点工程，力争在短时期内有所突破，取得成功的经验后，通过制定相关政策予以推广，形成规模效应。

四是政府主导，公众参与。生态保护是公益事业，政府应发挥主导作用，制定相关的法规、标准、政策和规划，在一些重要流域与区域由政府主导实施保护和建设。同时，生态环境与每个人息息相关，必须建立和完善公众参与的制度和机制，鼓励公众参与生态环境保护活动。

（六）提供强有力的科技支撑

科学技术是第一生产力，人类只有依靠科学技术才能创造更加灿烂的文明。建设生态文明，如同建设物质文明、精神文明和政治文明一样，离不开科学技术特别是现代高科技的强有力支撑。科技支撑体系的建设关系到生态文明建设的进展状况，关系到生态文明建设的发展方向，关系到生态文明建设的成败与否。因此，为生态文明建设提供有力的科技支撑必须提高到重要的战略高度。实践已经证明，只有以现代化的科学技术为支撑，才能真正实现人与自然的和谐发展，加速建设生态文明的进程，为顺利实现生态文明提供强有力的保障。

按照自主创新、重点跨越、支撑发展、引领未来的方针，加快建设国家创新体系，不断增强企业创新能力，加强科技与经济、教育的密切结合，全面提高科技整体实力和产业技术水平。这些科技工作指导原则也同样适用于与生态文明建设关系密切的科技领域。

大力推进自主创新。加强基础研究、前沿技术研究和社会公益技术研究，在信息、生命、空间、海洋、纳米及新材料等领域超前部署，集中优势力量，加大投入力度，力争取得重要突破。在能源、资源、环境、农业、信息、健康等领域，适应国家重大战略需要，启动一批重大科技专项，加强关键技术攻关，实现核心技术集成创新与跨越。实施重大产业技术开发专项，促进引进技术消化吸收再创新。

加强自主创新能力建设。建设科技支撑体系，全面提升科技自主创新能力。建设国家重大科技基础设施，实施知识创新工程，整合研究实验体系，构筑高水平科学研究和人才培养基地。实施重大科学工程，加强国家重点实验室建设，构建国家科技基础条件平台，促进科技资源共享。建设一批产业技术研发试验设施，提高产业技术创新能力。加强科普能力建设，实施全民科学素质行动计划。

强化企业技术创新主体地位。加快建立以企业为主体、以市场为导向、产学研相结合的技术创新体系，形成自主创新的基本体制架构。发展技术咨询、技术转让等技术创新中介服务，形成社会化服务体系。实行支持自主创新的财税、金融和政府采购政策，引导企业增加研发投入。发挥各类企业特别是中小企业的创新活力，鼓励技术革新和发明创造。

加大知识产权保护力度。加强公民知识产权意识，健全知识产权保护体系，建立知识产权预警机制，依法严厉打击侵犯知识产权行为。加强计量基础研究，完善国家标准体系，及时淘汰落后标准。优先采用具有自主知识产权的技术标准，积极参与制定国际标准。发展专利、商标、版权转让与代理、无形资产评估等知识产权服务。

（七）创造良好的法制环境

建设生态文明，必须充分发挥法律在经济和社会生活中的约束和引导作用。通过把生态文明的内在要求写入相应的法律，使自然资源的合理利用、人与自然的和谐相处等科学观念得到法律上具体而切实的保障，从而保证生态文明建设健康和有序发展。同时，要加大环境法律法规的执法检查力度，努力做到有法可依、有法必依、执法必严、违法必究，为建设生态文明创造良好的法制环境，切实维护广大人民群众的生态环境权益。

建设生态文明，必须有各项法律法规和标准体系的有力支持。就目前的情况来看，我国的生态保护、环境保护、节约资源能源、发展循环经济等一系列的法律法规还不够完善，整个法律体系需要尽快加强和完善。

建立健全生态保护法律法规和标准体系。制定有关生态保护、遗传资源、生物安全、土壤污染等方面的法律，制定生态环境质量评价、矿山生态恢复、生态脆弱区评估、自然保护区管理评估、生态旅游管理等法规和标准。

进一步健全环境法规和标准体系。我国现行的《环境保护法》颁布施行于1989年，这部法律已难以适应新时代环境保护工作的需求。因此必须通过认真评估环境立法和各地执法情况，进一步完善《环境保护法》。要抓紧拟订有关土壤污染、化学物质污染、臭氧层保护、核安全、环境损害赔偿和环境监测等方面的法律法规草案。完善环境技术规范和标准体系，科学确定环境基准，努力使环境标准与环保目标相衔接。

进一步完善《清洁生产促进法》、《节约能源法》。为了推进全社会节约能源，提高能源利用效率和经济效益，保护环境，保障国民经济和社会的发展，满足人民生活需要，我国政府已经制定了《中华人民共和国节约能源法》。节能是国家发展经济的一项长远战略方针。《节约能源法》要求国务院和省、自治区、直辖市人民政府加强节能工作，合理调整产业结构、企业结构、产品结构和能源消费结构，推进节能技术进步，降低单位产值能耗和单位产品能耗，改善能源的开发、加工转换、输送和供应，逐步提高能源利用效率，促进国民经济向节能型发展。国家鼓励开发、利用新能源和可再生能源。国家制定节能政策，编制节能计划，并纳入国民经济和社会发展计划，保障能源的合理利用，并与经济发展、环境保护相协调。国家鼓励、支持节能科学技术的研究和推广，加强节能宣传和教育，普及节能科学知识，增强全民的节能意识。因此，《节约能源法》的进一步完善可以加快生态文明的建设步伐。

进一步完善《可再生能源法》。为了促进可再生能源的开发利用，增加能源供应，改善能源结构，保障能源安全，保护环境，实现经济社会的可持续发展，我国政府已经制定了《可再生能源法》。国家将可再生能源的开发利用列为能源发展的优先领域，通过制定可再生能源开发利用总量目标和采取相应措施，推动可再生能源市场的建立和发展。国家鼓励各种所有制经济主体参与可再生能源的开发利用，依法保护可再生能源开发利用者的合法权益。随着社会的不断发展，生产实践不断对现有的《可再生能源法》提出挑战，因此，进一步完善《可再生能源法》是促进可再生能源得到更广泛的利用的重要途径。

加快《能源法》的立法进程，保证《能源法》的顺利实施和效果。近些年，我国能源供需矛盾日趋尖锐，能源部门有关统计数据显示，我国已经成为世界第二大能源消费国。为了保障我国经济社会的可持续发展，必须在现有的能源资源相关法律法规框架的基础上，加快《能源法》的早日出台和逐步完善，进一步促进我国能源的节约利用、综合利用和可持续利用。

我国在能源领域已有《煤炭法》、《电力法》、《节约能源法》和《可再生能源法》等法律法规，但一直缺少一部全面体现能源战略和政策导向的基础性法律，难以解决能源结构、能源效率、能源安全保障、能源开发利用、能源与环境的协调等综合性问题，也缺少能源安全和应急的规定。同时我们还缺少《石油天然气法》、《原子能法》等组成部分，虽然能源法体系建设取得了重大成绩，体系雏形基本形成，但是在结构、内容和协调等方面存在缺陷。

《能源法》是我国能源领域的基本法，将会统领能源领域的《电力法》、《煤炭法》、《可再生能源法》、《节能法》等单行法。《能源法》将建立能源节约和综合利用、提高能源利用效率的法律规范，明确有关能源政策，建立能源安全与应急体系的法律制度，规范能源对外合作行为，以实现保障能源供给、促进能源开发、优化能源结构、维护能源安全、规范能源利用、加强能源合作。

进一步构建和完善能源法体系应当坚持以下原则：能源与经济、社会，与资源、环境相协调，实现可持续发展原则；为实现全面建设小康社会目标提供安全、可靠的能源供应和优质能源的原则；立足国情、借鉴国际、有所创新原则等。

总之，只有进一步完善我国的生态、环境以及循环经济等相关法律法规体系，为经济社会的持续健康快速发展提供可靠的法律支持，我国加快建设社会主义和谐社会和建设生态文明的宏伟目标才能顺利实现。

【思考题】

1. 如何认识生态文明建设对我国的重要意义？
2. 结合工作实际，谈谈如何建设中国特色的生态文明。

参考文献

[1] 曾贤刚.环境影响经济评价的必要性、原则及其具体方法[J].中国人口、资源与环境,2004(14).

[2] 叶兴平.可持续发展战略下的环境经济评价程序和方法[J].环境保护科学,2001(27).

[3] 姚友胜,郑垂勇,徐尚友.投资项目经济评价方法比较研究[J].经济师,2003(10).

[4] 中国科学院可持续发展研究组.1999 年中国可持续发展战略报告[M].北京:科学出版社,1999.

[5] Costanza R, Arger, Groot R, et al. The value of the world's ecosystem services and natural capital[J]. Nature, 1997, 386.

[6] 欧阳志云,王效科,苗鸿.中国陆地生态系统服务功能及其生态经济价值的初步研究[J].生态学报,1999(19).

[7] 蒋延玲,周广胜.中国主要森林生态系统公益的评估[J].植物生态学报,1999(23).

[8] 任继周.草地农业生态系统通论[M].合肥:安徽教育出版社,2004.

[9] 任志远.区域生态环境服务功能经济价值评价的理论与方法[J].经济地理,2003(23).

[10] 曾诊香,顾培亮.可持续发展的系统分析与评价[M].北京:科学出版社,2002 年.

[11] 冯晓淼,石培基,于江海.西部生态补偿额度的估算方法及指标体系初探[J].甘肃科技,2006(22).

[12] 潘岳.论社会主义生态文明[N].中国经济时报,2006-09-28.

第四章 发展循环经济是实现科学发展的必由之路

导言

后危机时代，世界各个经济体围绕资源等要素展开的争夺战更加分明，以气候变化、资源枯竭、能源稀缺、粮食安全等为主要内容的世界问题更加集中地暴露。《中华人民共和国国民经济和社会发展第十二个五年规划纲要》的指导思想强调：以科学发展为主题……促进经济长期平稳较快发展和社会和谐稳定。并在“发挥区位优势”中指出，有序承接东部地区和国际产业转移进程中，要提高资源利用效率和循环经济发展水平。循环经济是迄今为止我们找到的让社会足以可持续发展，让人类足以可持续生存的唯一模式，是推进科学发展的必由之路。循环经济的产生不是单纯的环境问题，也不是单纯的资源问题。因为如果不发展循环经济，我国的资源能源将难以保证，生态环境将难以承受，国家竞争力将难以提升，国家安全也将难以保障；企业难以发展，社会难以持续，发展方式难以转变，科学发展难以做到。循环经济在解决三农问题上的重要性表现在，循环经济是工业反哺农业、城市支持农村的经济方式，是新农村建设和发展现代农业的必由之路，也是金融危机背景下培育新的经济增长点和新的竞争优势的重要途径。但在实践中，有些地方政府在用循环经济变革传统经济发展方式方面还存在种种误区，以致于严重弱化了循环经济的深刻本质与丰富内涵。因此，提高认识、准确理解、全面把握循环经济是抢抓科学发展机遇的重要前提和基础。研究我国现阶段发展循环经济的实践进程和存在的问题，对于探讨如何加快推进科学发展、尽快实现经济发展方式转变具有重要的理论价值和实践意义。

一、发展循环经济的重要性和紧迫性

（一）贯彻落实科学发展观要走循环经济之路

资源的有限性、人类发展需要的无限性以及环境污染的有害性是循环经济产生和发展的根本原因。马克思曾经发出警告说，“文明如果是自发地发展，而不是自觉地发展，则留给自己的是荒漠”。恩格斯也告诫说，“我们不要过分陶醉于我们人类对自然界的胜利。对于每一次这样的胜利，自然界都对我们进行报复。每一次胜利，起初确实取得了我们预期的结果，但是往后和再往后却发生完全不同的、出乎预料的影响，常常把最初的结果又消除了”[1]。循环经济作为一种经济理论，是美国经济学家波尔丁于1962年提出的，他把传统经济称为依赖资源消耗的线性增长经济，所谓线性，是指资源→产品→废弃物排放单向直线式运动，这种经济在处理经济发展、人口增长、资源消耗和环境保护四者关系上存在缺陷，具有高开采、高消耗、高排放、低利用特点。所以，波尔丁主张人类应该选择建立一种既不会使资源枯竭，又不会造成环境污染和生态破坏的经济模式，为此，他把自然界中的生态规律引用到人类的经济活动中来，主张废弃物再资源化，这种循环式运动，具有低开采、低消耗、低排放、高利用特点，这是对透支资源、牺牲环境为代价的传统经济发展模式的一次革命。继波尔丁之后，当代中外学者以及实践家们对循环经济做了大量的理论研究和广泛的实践探索，他们的成果既把循环经济发展置于坚实的理论基础之上，又对循环经济实践发挥着科学的指导作用。当下，我国选择循环经济之路是基本国情决定了的，循环经济已成为转变发展方式的首要突破口，是调整经济结构的主要抓手，是完成节能减排任务的基本手段，是贯彻科学发展观、构建资源节约型和环境友好型社会的重要举措。同时，循环经济在解决三农问题上的重要性还表现在，循环经济是工业反哺农业、城市支持农村的经济方式，也是新农村建设和发展现代农业的必由之路。基于此，循环经济既体现了科学发展观的要求，也体现了和谐社会与新农村建设的要求。把握这一点是要明确，发展循环经济就是在贯彻落实科学发展观，就是在构建和谐社会，就是在建设资源节约型、环境友好型社会。

（二）完成节能减排任务要走循环经济之路

我国人均资源拥有量虽然只占世界平均水平的百分之几或百分之几十（见表4–1），但消耗量极大（见表4–2），资源回收利用率很低（见表4–3）。拿单位产品能耗、资源利用率、产出效率与国际先进水平比较，大中型钢铁企业吨钢可比能耗高15%；火电供电能耗高20%；水泥综合能耗高23.6%；机动车百公里耗油比欧洲高25%、比日本高20%、比美国高10%；矿产资源总回收率比国外先进水平低20个百分点以上。反过来，我国每吨标准煤的产出效率却只相当于美国的26.6%、欧盟的16.8%、日本的10.3%。

表4–1　我国人均资源拥有量占世界平均水平的比重

石油	天然气	煤炭	水	耕地	矿产	森林
8.3%	4.1%	60%	25%	40%	50%	20%

1.中共中央马克思恩格斯列宁斯大林著作编译局.马克思恩格斯选集（第四卷）[M].北京：人民出版社，1995.

表4-2　我国主要资源消费与能耗比较情况

年度	GDP 占世界 GDP 总量的比重	能耗占世界能耗量的比重	水泥占世界消耗量的比重	钢材占世界消耗量的比重
2004	4%	12%	40%	25%
2006	5.5%	15%	54%	30%

表4-3　废弃物回收利用率国际比较

美国	德国	日本	中国
40%	60%	70%	10%

注：日本创造1美元GDP所消耗的能源只有美国的37%，是发达国家中最少的。

(数据来源于《中国统计年鉴》、《中国能源统计年鉴》)

如何充分认识节能减排工作的重要性和紧迫性？温总理表述了“三个作为”：即作为当前加强宏观调控的重点，作为调整经济结构、转变增长方式的突破口和重要抓手，作为贯彻科学发展观和构建和谐社会的重要举措。还有“两个检验标准”：即在国务院印发的《节能减排综合性工作方案》中，把节能减排任务完成情况作为检验科学发展观是否落实的重要标准，作为检验经济发展是否“好”的重要标准；并在《中共中央关于制定国民经济和社会发展第十一个五年规划的建议》提出的20%、10%的硬指标基础上，又补充了两个硬指标：全国设市城市污水处理率不低于70%，工业固体废物综合利用率达到60%以上。

上述“三个作为”、“两个检验标准”以及四个硬指标的确立，是对“又好又快”发展从质和量两个方面作的规定。2007年5月24日，甘肃省的徐守盛省长在国务院新闻办的新闻发布会上表达了这样的决心:“我作为省长，有省长负责制，国务院给我下达了任务，下达了指标，这是必须完成的。我完不成这个任务，就要引咎辞职。”徐守盛省长拿“引咎辞职”的决心表态，受到了媒体的高度关注，媒体用“挥泪斩马谡的魄力，不斩马谡就可能失街亭”来形容。2006年，甘肃完成了污染减排任务，是全国4个完成国家下达减排任务的省份之一，但4%的节能目标没有实现。面对这种形势，徐守盛省长敢于立下“军令状”，敢于拿自己的“乌纱帽”作抵押，勇于承担责任，无疑需要很大的勇气。

从至今最新的数据来看，我国单位国内生产总值能耗在“十一五”期间降低了19.1%。北京市在“十一五”期间，万元GDP能耗累计下降26.5%左右，由2005年的0.792吨标准煤下降到2010年的0.58吨标准煤，下降幅度位于全国第一位，是全国唯一连续5年完成年度目标的省级地区。

依据2011年9月7日颁布的《“十二五”节能减排综合性工作方案》要求，到2015年，全国万元国内生产总值能耗将下降到0.869吨标准煤，比2010年的1.034吨标准煤下降16%，比2005年的1.276吨标准煤下降32%。另外，节能减排的约束性指标比“十一五”增加了两项新指标，即氨氮和氮氧化物。减排方案指出，到2015年，全国化学需氧量和二氧化硫排放总量比2010年均下降8%。全国氨氮和氮氧化物排放总量分别控制在238.0

万吨、2046.2万吨，比2010年均下降10%。总之，各级政府要履行向人民的庄严承诺，使经济增长建立在完成节能减排任务的基础上。

（三）生态型政府的构建要走循环经济之路

生态型政府是在工业文明时期生态危机日益严重而生态治理薄弱的背景下向政府提出的重要命题，是现代政府顺应时代发展需要改革创新的一种新模式。

从广义的生态概念来看，生态型政府是指能够将实现人与自然、人与社会、人与自身等各种关系和谐为其基本目标，将遵循生态规律和促进生态平衡作为其基本职能，并能够将这种目标、职能渗透和贯穿到政府制度、政府行为、政府能力和政府文化等方面中去的政府。生态型政府区别于非生态型政府的根本标志在于坚持生态优先原则。“生态优先”有其特定的含义，英国生态学家罗宾·艾克斯利说，我们不要把生态优先狭隘地理解为蚂蚁和艾滋病病毒比人类还重要。生态优先原则，首先认为经济发展与生态保护是能够达到双赢的，其次，当经济发展与生态保护发生矛盾时，即经济发展超过了生态资源承受力与废弃物排放超过了生态环境自净力时，应当坚持生态保护优先。这是一种科学的生态优先观。坚持生态优先原则是生态型政府的本质要求，循环经济正是坚持生态优先原则的一种途径选择。

中国政府构建生态型政府的工作正在不断推进，典型标志是四大类主体功能区的划分。根据2007年8月2日公布的《国务院关于编制全国主体功能区规划的意见》，全国国土空间将被统一划分为优化开发、重点开发、限制开发和禁止开发四大类主体功能区，这是十一五规划所确定的最新布局办法。按照现有的初步方案，西部大部分地区属于限制开发区和禁止开发区。《国民经济和社会发展第十一个五年规划纲要》划定的22个限制开发区，西部地区占17个。国家确定的禁止开发区，也主要集中在西部地区。这就意味着，对西部地区来说，在新的政策框架下，未来发展的门槛将进一步提高，发展难度将进一步增大。2009年8月20日，温家宝在主持西部地区开发领导小组会议上明确指出严把“三关”：即西部地区所有新上项目，都要严把产业政策关、环境保护关、资源集约利用关。有关循环经济项目则是符合“三关”要求的。

（四）循环经济是企业应对新贸易保护主义的出路之一

在经济全球化的发展过程中，关税壁垒作用日趋削弱，但是包括“绿色壁垒”在内的非关税壁垒日益增强。以节能为主要目的的能效标识成为新的关注点；不仅要求企业末端产品符合环保要求，而且规定从产品的研制、开发、生产到包装、运输、使用、循环利用等各个环节都要符合环保要求，如欧盟就明确规定：包装物的95%必须是能够回收利用的物质，而且由企业免费回收。而我国企业大多数产品不符合要求，致使出口受阻，损失惨重，成为制约经济发展的重要因素。因此，要打破这些新的壁垒就必须发展循环经济，发展循环经济是企业走向世界的一条出路，出口企业谁抢先一步发展循环经济，谁的产品就可以大量出口，从而也就抓住了商机，这对扩大出口将产生重要影响。

（五）循环经济是实现生态文明的基本途径

党的十七大提出要在全社会树立生态文明理念，初步形成节约资源和保护生态的产业结构、发展方式和消费模式，所有这些都有赖于一个重要基础和实现途径即循环经济。发展循环经济，意味着治污思路的根本转变。从以前的末端治理转向前端治理和全程治理，即不是在污染产生后才治理污染，而是通过清洁生产、绿色消费，从源头上减少废弃物的产生，进而通过再利用减少污染物，从而实现生产、消费全过程都对污染进行治理。因此，循环经济实现了源头防污、全程治污，能有效地减轻生态压力，促进人与自然的和谐共生，从而实现十七大提出的建设生态文明的新目标。

（六）循环经济是实施绿色经济重大战略的基本实现形式

虽然绿色经济从理论界走人政界的时间还非常短暂，但是它已经成为我国政府治国安邦的发展理念之一。我国第一个提出实施绿色经济战略的人是刘思华先生[1]，他早在2001年出版的《绿色经济论》一书中就提出了我国要在21世纪建设成为绿色经济强国的观点。国务院总理温家宝在2009年6月17日主持召开的国务院常务会议上强调指出“进一步做好节能减排工作，大力发展环保产业、循环经济和绿色经济”。这是我国政府首次把绿色经济纳入国务院日常工作，标志着我国发展绿色经济的时代终于到来。关于绿色经济与循环经济的相互关系，刘思华先生认为，绿色经济是可持续经济的一种实现形态和形象概括，其本质是以生态经济协调发展为核心的可持续发展经济，它的现实的、具体的实现形式具有多样性，其中最基本的形态有两个，即循环经济和低碳经济。可以说，循环经济就是绿色经济的实现形式，实施绿色经济战略，就要走循环经济之路。所以，发展循环经济是实施绿色经济重大战略的基本实现形式。

二、准确认识和全面把握循环经济是抢抓科学发展机遇的前提和基础

循环经济是转变经济发展方式的有效途径，但实践中，有些地方政府在用循环经济变革传统经济发展方式方面还存在种种误区，以致于严重弱化了循环经济的深刻本质与丰富内涵。因此，这里非常有必要对循环经济的基本含义、定位、实践层面、思想成果等内容予以阐述，以便澄清误区，准确把握循环经济要义，为积极推进经济发展方式转变提供理论基础。

（一）循环经济的基本含义

关于循环经济的含义有诸多的理解和说法，我国自2008年8月29日颁布，于2009年1月1日起施行的《循环经济促进法》中明确指出：循环经济是指在生产、流通和消费等过程中进行的减量化、再利用、资源化活动的总称。其中，循环经济涉及的领域，早在2005年6月30日，温家宝总理在全国建设节约型社会电视电话会议上的讲话时就强调过，

1. 刘思华，著名生态经济学家，现任中南财经政法大学生态文明与可持续经济研究中心名誉主任，最早提出建设生态文明的科学命题；其专著《生态马克思主义经济学原理》于2009年5月28日在法国巴黎荣获首届马克思主义经济学杰出成果奖。

节约型社会是要通过发展循环经济，在社会生产、建设、流通、消费的各个领域，在经济和社会发展的各个方面，切实保护和合理利用各种资源，提高资源利用效率，以尽可能少的资源消耗获得最大的经济效益和社会效益。所以，那些把循环经济等同于企业的清洁生产，或者认为循环经济是企业做的事，是政府做的事，与己无关的界定显然是不全面的。这也是动员全社会基础性力量，齐心开展循环经济的理论基础。因此，循环经济涉及生产方式、管理方式、服务方式、生活方式、消费方式、思维方式的有效转变。正确理解和认识循环经济的含义，有助于完成发展循环经济的首要任务——促进三新：观念更新、体制革新、技术创新；循环经济模式催生出新的制度安排，体制创新中的鼓励性、支持性措施相应地也要从生产领域延伸到流通领域、消费领域，再到社会系统予以支持。判断循环经济培育、发展、壮大的程度要看循环经济理念宣传、接受的广度与深度；实践层面包括企业、园区、社会等试点示范单位的覆盖面程度、代表性的广度、成效的深度；重点行业的重点企业需要的循环经济技术推广应用的程度；是否形成有利于促进循环经济健康有序发展的体制机制；社会公众参与的广泛程度和实践效果等等。

享誉国内外的重庆模式涉及的内涵很多，编者发现，2010年6月24日—25日，中共重庆市委三届七次全委会审议通过的《中共重庆市委关于做好当前民生工作的决定》中，在未来的两年半时间里花3000多亿的总投资做顺民意、贴民心的好事实事，却只有3000多字，平均1字1亿，这是循环经济减量化原则在政府管理方式、服务方式中的具体体现。

（二）循环经济的检验标准

实践中判定一种经济发展模式是否循环经济，主要有两项检验标准：

1. 实现“三赢”目标

循环经济是以可持续发展理论为指导，运用生态学规律来指导人类社会的经济活动，以资源的高效利用和循环利用为核心，其实质是以最小的资源消耗、最小的污染获取最大的发展效益，从而达到资源节约、环境保护与经济增长“三赢”的目的。“三赢”目标是循环经济用发展的思路解决我国面临的能源短缺、资源枯竭、生态脆弱、环境污染、人口增长的矛盾，是与新型工业化的特征“科技含量高、经济效益好、资源消耗低、环境污染少、人力资源优势得到充分发挥”一致的。那也就是说，发展循环经济就是在走新型工业化道路。老百姓则通俗地表述为“既要金山银山，又要绿水青山”，“既要小康，又要健康”，“喝上干净的水，呼吸清洁的空气，吃上放心的食物”等等。

需要注意的是，循环经济不等同于环境保护，也不等同于资源节约。实践中出现的二赢经济并不是真正意义上的循环经济，如资源消耗降低了，经济发展了，但环境被污染了，或者资源节约了，环境保护了，但经济不发展，或者环境保护好了，经济发展了，但资源浪费大，这样的二赢经济都不是真正意义上的循环经济。只有实现三赢目的的循环经济，才有助于解决我国的能源短缺、资源枯竭、环境恶化问题，才是转变传统经济发展方式，实现清洁发展、安全发展、可持续发展的有效途径。

2. 遵循“三个基本原则”

《中华人民共和国国民经济和社会发展第十二个五年规划纲要》指出，大力发展循环经济，要按照减量化、再利用、资源化的原则，减量化优先，以提高资源产出效率为目标，推进生产、流通、消费各环节循环经济发展，加快构建覆盖全社会的资源循环利用体系。这里的三个基本原则，即减量化（Reduce）、再利用（Reuse）和资源化（Recycle）原则，简称“3R”原则，这三个原则构成了循环经济的基本思路，也被称为循环经济的基本行为原则或最重要的实际操作原则。

减量化即少用料、少排放，主要包括输入端的资源减量与输出端的废物减量两方面。输入端是指减少进入生产和消费过程的物质量，达到节约资源。输出端的废物减量指的是各种废物的产生量，特别是直接损害环境、人体健康的有毒有害的污染物质产生量的减少。也就是说从减少进入生产和消费过程的物质量，达到从源头上节约资源和减少污染。

再利用即增加产品使用的次数，延长产品使用的时间，这一原则属于过程性方法，它要求产品和包装容器能够以初始的形式被多次使用，尽可能延长产品和包装物的利用时间，避免过早地转化为废弃物。这与过去的废品回收利用不能简单地画等号，因为传统的“废品回收利用”是我国在计划经济条件下因物资匮乏而通过回收利用来缓解供应短缺的，仅局限于微观经济领域，对整个社会资源和环境的影响几乎为零。循环经济是以可持续发展理论为思想基础，以科学发展观为指导，要求所有的物质和能源都要在经济循环中得到合理、持久的利用，把对自然环境的影响降到尽可能小的程度，让生产和消费过程基本上不产生废弃物，从根本上消解环境与发展之间的尖锐冲突。

资源化即废弃物变资源进入生产过程，这一原则属于输出端方法，它要求产品和包装物在完成使用功能后能够以再生资源的形式被多次和反复循环使用，即回炉进入生产环节，而不是一次性消费。所以，在循环经济理念中，没有“废弃物”，所有的“废弃物”或者垃圾都是“放错了位置的资源”。这里有一种误区需要澄清，循环经济并不是简单的废物循环，从深层次看，循环经济不仅是控制资源浪费，也要不断满足人们的消费需求，更要满足人们日益增长的生态、生活、健康、环境等的需求，最终实现环境负荷小但能持续发展的社会。在这个意义上，循环经济变革的不仅是生产模式，而且还包括消费模式和生存观念。

上述三个原则中，对发展循环经济最重要的原则是减量化原则，只有它决定着循环经济的主要目的。我国的《循环经济促进法》就是一部减量化优先的全过程治理法。强调减量化优先，主要是针对我国现阶段处于工业化中期、能耗物耗过高、资源浪费严重、减量化潜力很大的国情提出来的。与国际先进水平相比，我国单位GDP能耗是发达国家的3至4倍，矿产资源的总回收率比发达国家低20个百分点，工业用水重复利用率比发达国家低15到25个百分点。只有坚持综合运用“3R”原则，才能达到“三赢”目的，才能确保资源节约型、环境友好型社会目标的实现，也才是真正贯彻落实科学发展观。企业把减量化、再利用、再循环作为新时期经济竞争力的新标准、新内容把握起来，意义十分重大。

（三）实践循环经济的三个层面

实践中，循环经济主要是从三个层面推进的：企业内部的清洁生产、企业或产业之间构建起来的生态工业园区以及社会大循环，这三个层面由小到大依次递进，前者是后者的基础，后者是前者的平台。

企业内部的清洁生产是小循环，这是实现循环经济的基本形式。它通过企业内部各工艺之间的物料循环，使上一道工艺的废料变成下一道工艺的原料，做到从生产的源头和全过程充分利用资源，从而达到少排放甚至“零排放”的目标。实施清洁生产的工具主要有清洁生产审计、环境管理体系、产品生态设计、环境标志、环境管理会计，其中清洁生产审计是企业实行循环经济的前提和核心。

企业或产业之间构建起来的生态工业园区是中循环，这是循环经济发展的重要载体，它不是企业群的简单集合，而是有高产业链、高科技、共生性、集约性特点，即一个企业排出的废物要转变成另一个企业需要的原料，各企业之间实现废物、能量和信息的交换，形成各具特色、优势互补、互利共赢的生态产业网络，实现资源共享和副产品互换的产业共生组合，从而达到物质能量利用最大化和废物排放最小化。与小循环相比，“中循环”也可称为企业间的循环经济。

在社会领域实现的循环经济是大循环。相对于小循环和中循环，大循环大在消费模式、流通环节中也引入了循环经济，在我国主要是推进了循环型城市和循环型区域建设。根据国家发改委宏观经济研究院“我国循环经济发展战略研究”课题组的研究成果：我国发展循环经济的总体战略目标是花50年左右的时间，实现资源生产率、循环利用率、废弃物的最终处理量等循环经济的主要指标以及生态环境、可持续发展能力等达到当时世界先进水平。实现上述目标，大体分三个阶段进行：近期阶段是2005年至2010年，建立比较完善的促进循环经济发展的法律法规体系、政策支持体系、技术创新体系和有效的激励约束机制；中期阶段是2011年至2020年，基本建成具有循环经济特征的经济社会体系，建立起完善的循环型社会的管理体系和政策法规体系；长期阶段是2021年至2050年，全面建成人、社会、自然和谐统一的循环型社会。这是一条任重而道远的路，从正确处理短期利益和长期利益的关系，正确处理经济发展和生态保护的关系来看，循环经济的发展既是一场攻坚战，又是一场持久战，绝非一朝一夕所能完成的。

（四）循环经济的特点

循环经济与传统经济相比，主要特点表现在以下四个方面：

1. 循环经济是具有五大理念的新经济

早在2003年，胡锦涛总书记在中央人口资源环境座谈会上就强调指出了运用循环经济理念促进发展的重要性：“要加快转变经济增长方式，将循环经济的发展理念贯穿到区域经济发展、城乡建设和产品生产中，使资源得到最有效的利用。最大限度地减少废弃物排放，逐步使生态步入良性循环。”那么，循环经济需要树立哪些理念呢？主要有以下六大理念：

（1）清洁生产观

清洁生产是循环经济的生产理念。在企业层面开展较早的是美国的杜邦公司，该公司是美国环保的主力军，也是世界范围内循环经济的典范，1989年，杜邦公司率先提出“零废物、零排放”的承诺，把循环经济的“3R”原则发展成为与工业相结合的“3R”制造法，他们从大量的废塑料如牛奶盒、塑料容器中开发出了用途广泛的乙烯产品；把旧尼龙地毯加工成汽车部件和土壤稳定剂；把旧水壶和旧牛奶壶加工制造成邮政业的邮包和快件投递包，这种邮包的重量只有传统邮包的一半，不仅节约资源，还给消费者节省了邮费。在1989至2009年间，杜邦公司全球产能增加了41%，而在生产环节的温室气体排放量却减少了72%、能源消耗量与1990年持平。2009年1月5日至3月16日，杜邦公司还支持开展了“杜邦杯”《中华人民共和国循环经济促进法》全国知识竞赛活动，为帮助中国宣传循环经济发挥了重要作用。

(2) 生态资本价值观

传统经济以金融资本、人力资本、加工资本的循环为主，唯独没有资源、环境的循环。“靠山吃山，靠水吃水”，“一方水土养一方人”，资源具有无争夺性、无排他性、无独立性特点，几乎是免费的午餐。而循环经济注重向资源投资，把资源、环境列入经济增长的投入要素，让资源和环境也持续不断地循环起来，而企业在资源的开发和利用以及环境的保护上花费的巨额资金构成投资，成为社会总资本的一部分，并将转化为生态资本，生态资本具有资本的属性，是资源、环境价值的实现形式。生态税是为了保护资源、环境向所有因其生产和消费而造成外部不经济的纳税人课征的一种税，也就是说，企业污染越多，浪费越多，承担的生态成本将会越高。总之，生态资本与生态税有助于为可持续发展保证资源的永续利用和良好的生态环境。我国当前重视生态补偿机制的建立与政策完善以及运用价格杠杆促进节能减排正是发展循环经济的必然要求。对政府而言，搞好将资源环境要素融入经济活动中的制度创新，从而改善人和自然的关系，为可持续发展保证资源的永续利用和良好的生态环境，是发展循环经济战略决策中的一项重要任务。

(3) 绿色消费观

绿色消费是循环经济在消费领域的具体形式，也是循环经济发展的内在动力。绿色消费的概念是广义的，主要包括三层含义：

一是倡导消费未被污染或者有助于公众健康的生态产品；

二是在消费过程中注重对垃圾的有效处置而不是随意丢弃，不造成环境污染；

三是引导消费者转变消费观念，倡导有利于节约资源和保护环境的消费方式，不用过度包装和一次性的用品。

通过消费者的“绿色选择”，对企业生产产品的原材料获取，产品生产方式和过程，消费过程以及产品消费后处置提出符合生态保护的新要求。在消费环节用市场倒逼机制引导企业进行清洁生产，有益于实现可持续发展战略目标。

(4) 大系统观

循环经济是一个大系统，不仅要在生产、消费领域中引入循环经济，而且在流通领域中也要引入循环经济。

首先是三大产业循环体系的生态化，构建以工业共生和物质循环为特征的循环经济产业体系，包括生态工业、生态农业和生态服务业，其中，生态农业是循环经济的基础，生态工业是循环经济的主体，生态服务业是整个循环经济的保证。只有构建全面的生态产业体系，才能真正实现社会的可持续发展。

其次是基础设施体系的生态化，必须建设包括水循环利用保护体系、清洁能源体系、固体废弃物处理体系、清洁公交运营体系等在内的基础设施。

第三是人文环境的生态化，包括规划绿色化、景观绿色化、建筑绿色化、居住绿色化的人文环境生态化建设。

第四是消费的生态化，树立生态意识观念，创建生态管理制度，倡导和实施绿色销售、绿色消费。

在这个大系统里，循环经济是一场集绿色生产、经营、消费于一体的变革，用生态链条把工业与农业、服务业，生产与消费，城区与郊区，行业与行业有机结合起来，促进生产理念、消费取向、生活观念、价值判断等都朝着适应循环经济发展的方向转变，逐步建成循环型社会。我国的贵阳已成为国内、国际发展循环经济的明星城市。贵阳市原来是全国酸雨最严重的城市，是全国人均GDP排名靠后的地方，但是贵阳市政府从2000年开始探索发展循环经济，把循环经济当做后发城市后发优势的转折点，做了大量的、前人没有做过的工作，他们做到了以下几点：

首先是在发展的思路上坚持了“政府引导，企业为主；科学规划，点上突破；制度规范，全民参与”。

其次，他们遵循了循环经济的规律要求，通过转变传统的生产模式与消费模式，集中推进了八大循环体系：磷产业循环体系、铝产业循环体系、中草药产业循环体系、煤产业循环体系、生态农业循环体系、建筑与城市基础设施产业循环体系、旅游和循环经济服务产业体系、循环型消费体系。

第三，在资金上，贵阳市在财力并不十分宽松的情况下，探索出政府引导、企业耦合、中外合作的投融资机制，解决了循环经济持续推进的难题。贵阳经验为城市实践科学发展观、构建和谐社会进行了探索，也为欠发达资源型城市特别是中西部城市树立了榜样，为其他城市发展循环经济提供了可资借鉴的经验。

(5) 节约观

发展循环经济，通过遵循减量化原则，树立节约观在我们国家显得尤为重要。为此，中央对发展循环经济特别强调：“发展循环经济，坚持开发节约并重、节约优先，大力推进节能节水节地节材，形成低投入、低消耗、低排放和高效率的节约型增长方式。”

循环经济理念中的节约与我们传统文化里面的节约有差异，主要包括两层含义：

第一层指的是在经济运行中对资源、能源实行减量化；

第二层指的是资源的合理使用，包括二次利用或重复使用也是节约。

循环经济更强调第二层意义上的节约，更强调资源的合理使用或重复利用，从这个角度来看，节约不等于省钱，而是等于节约了资源，也许以后会出现花钱买不到资源的情况，所以，循环经济理念中的节约，要求我们树立“资源和环境本身就是财富”的观念，通过发展循环经济，实行减量化技术革新，彻底转变传统经济增长方式，真正推动经济社会的全面进步。“节约”的这两重含义是内在统一的，必须统筹兼顾，其核心是要求我们充分认识国情，不断增强资源意识和生态意识。只有在这种理念指导下，才有助于实现“节约发展、清洁发展、安全发展”，最终实现经济社会全面协调可持续发展。青岛海尔小小神童的诞生是节约创新的结果；海尔为2008奥运会竞赛场馆提供的太阳能空调、以二氧化碳为制冷剂的冰箱、不用洗衣粉的洗衣机、静音冰箱等，都是长期致力于自主研发节约型产品的结果。

(6) 和谐自然观

人与自然之间的关系经历了敬畏自然和崇拜自然、征服自然和战胜自然、顺应自然与和谐自然的实践过程。过去，我们把生产力的概念界定为人类征服自然、改造自然的能力，这正是对人与自然关系的一种表达。人类在规划经济活动、安排生产进度、确定生产规模时，通常考虑的都是“工程的设计能力”、“机器的最大负荷”、“设备的承载能力”等因素，却很少考虑大自然这个生态系统的承载能力。马克思早在19世纪就告诫过人类：“文明如果是自发地发展，而不是自觉地发展，则留给自己的是荒漠。”当把经济发展与生态破坏二者做比较的时候，恩格斯说过：“我们不要过分陶醉于对自然界的胜利。每一次胜利，起初确实取得了预期结果，但是往后和再往后却常常把最初的结果又消除了。”

循环经济树立的则是“天人和谐”的自然观，把生态环境自动生成规律当成客观规律来遵循；最重要的则是坚持生态优先原则。

2. 循环经济是注重经济质量的新发展方式

(1) 循环经济是对传统经济发展方式的扬弃，具有低开采、低消耗、低排放、高利用特点，由于传统经济是一种“资源→产品→废弃物排放”的直线式运动，对资源的使用是粗放的和一次性的，形成了高开采、高消耗、高排放、低利用特点。而循环经济则是“资源→产品→废弃物再资源化”的循环式运动，资源重复使用率高。从因果关系来看，增长模式是因，增长方式是果。循环经济以提高效率为核心，其追求目标是实现资源利用的最大化和废弃物排放的最小化，从而在不影响经济、社会高速发展的前提下，达到节约资源、改善生态环境的目的，使人类步入可持续发展的轨道。它能使我们在经济增长和社会福利不断提高的情况下，减缓物质消耗的增长，甚至达到零增长，如同十六大报告对新型工业化所表述的“经济效益好、资源消耗低、环境污染少”。换言之，发展循环经济也就是推进新型工业化的过程。

(2) 注重经济发展质量是2011夏季达沃斯经济论坛的主题，温家宝总理在开幕式上致辞时指出，有质量的经济增长应当是有一定的发展速度，有比较低的通货膨胀率，是可持续的增长。既不使经济出现大起大落，又使通货膨胀控制在人民可承受的范围内，这一点在当前显得尤为必要。而循环经济正是追求经济发展质量的新方式，一方面是通过绿色GDP指标体系反映出来的；另一方面是通过减少无效益的增长和破坏性的增长体现出来的，例如靠产品过度包装、假冒伪劣产品带来的经济增长是一种无效益的增长，靠资源浪费、环境污染带来的增长是一种破坏性的增长。不管是无效益增长还是破坏性增长都不是循环经济，循环经济的本质内容要求必须达到三赢目的，少任何一赢都不是循环经济，所以，循环经济新在更加强调经济增长的质量。

3. 循环经济是从源头和全过程预防污染的新模式

末端治理在工业发达国家曾经有过广泛的应用，传统经济中的污染治理属于生产过程末端治理，我国现阶段的治污方法大都属于此种方法。这种方法的好处是能够减少工业废弃物向环境的排放量，但实践表明，末端治理并不是一个真正的解决方案，它还有很多弊端，如治理代价高，企业缺乏治污的主动性和积极性；治理难度大，技术要求高；存在污染转移的风险，因为末端处理过程本身要消耗资源、能源，不但无助于减少生产过程中的资源浪费，而且还会产生二次污染，使污染在空间和时间上发生转移。而循环经济的最大特点是从源头和全过程预防污染产生，实现废弃物排放的最小化和无害化。首先，利用资源节约技术和有效的管理，减少单位产出的资源消耗，从而减少废弃物产生；其次，利用清洁生产技术减少生产过程的废弃物生产和排放；第三，通过各种废旧产品和废弃物循环利用技术的研究开发与利用，最大限度地循环利用废旧产品和废弃物，减少全社会的废弃物排放，并对各种最终无法再生利用的终极废弃物进行无害化处理。因此，循环经济纠正了传统经济中末端治理的弊端，做到了源头预防和全过程污染控制，是从根本上解决环境污染问题，属于标本兼治。所以，发展循环经济本身就是重要的环境保护措施。

4. 循环经济是重视生态资本循环的新形式

中国有句古话："靠山吃山，靠水吃水"，"一方水土养一方人"。正是传统经济条件下由于资源的富足和丰裕忽略资源循环，使得资源具有无争夺性、无排他性特点，几乎是免费的午餐，更加重视的是金融资本、人力资本、加工资本的投入。而循环经济突出生态要素，把资源能源、生态环境与土地、厂房、机器设备一样视为能给企业带来收益的要素。著名的绿色经济学家张兵生既是理论研究者，又是实践推动者，他在艰难地推进绿色转型进程中，形成了有关生态资本理论的三个必须转变：

一是经济理论假设前提必须由传统经济理论单一的"经济人"假设向绿色经济理论的"生态人"假设转变，牢固树立"生态人"理念。当人类追求经济利益、社会利益、生态利益发生矛盾时，必须服从生态优先原则。

二是解决经济问题的基本思路必须由传统经济理论单一的物质资本向绿色经济理论以生态资本为基础的复合型资本结构转变、成本结构向内部性转变，把传统经济学理论排斥在经济系统之外的生态要素内化为经济要素转变。

三是经济发展的推动机制必须由传统经济理论单一的市场推动向复合型推动机制转变，其中，绿色市场是资源配置的基本动力，政府的绿色管理是推动绿色经济发展的主导力量，非政府组织是主要社会力量，广大公众是最重要的基础力量，公众的参与程度决定着绿色经济发展的程度。

为适应上述"三个必须转变"的要求，他主张，政府行为向绿色管理、绿色治理转型，在技术层面推进标准化工作，加快制定和强有力地实施绿色标准，为绿色经济发展提供强大的绿色标准体系支撑。太原市政府副秘书长崔树民、政策研究室副主任姜艳生在生态人、生态资本的基础上提出"政治生态资本"，即一定经济社会基础上的政治基本资源和条件。他们认为，我国政治领域存在很多不适应生态资本、社会生态资本保值增值的情况，相反，政治生态资本的价值取向和行为本质不仅是掠夺生态资本的帮凶，而且是剥夺社会生态资本的帮凶。解决这些问题的办法是从改革现有领导干部政绩考核评价制度入手，建立并强力实施领导干部"德、勤、绩、廉"绿色政绩考核评价体系，为生态资本、社会生态资本的保值增值提供强大的政治支持和保障。这些成果对促进循环经济理论和实践发展发挥了重要的指导作用。

具有上述特点的循环经济正是实现我国可持续发展进程中解决资源、环境制约问题和转变经济增长方式的有效途径，是建立在人与人、人与自然之间和谐共生、持续发展基础上的资源节约型和环境友好型经济。

三、我国发展循环经济的实践进程与存在的问题

（一）实践进程

我国的循环经济实践进程总体上还处于初期阶段。循环经济在我国是于1993年才正式引入的，受到中央政府高度重视则是到了2004年，一个主要标志是把发展循环经济正式列为我国的一项基本国策。实践中，循环经济在我国的很多省、市、县、企业、园区开始探索、发展了，并取得了成功经验，这是很令人鼓舞的。现阶段，我国的循环经济正从理论研究转变为大规模的社会实践，从理念到行动，从试点、示范进入推广、普及阶段。其发展可谓是领导重视，社会关注，形势逼人，方兴未艾。如今，经过几年的探索，循环经济在理论上、实践上、政策体系和制度创新上都取得了重要突破，已经初步形成了发展循环经济的政策环境和社会氛围，凝练出了一批各具特色的循环经济典型模式。自2005年以来，经中央政府批准，国家发改委组织有关部门，已开展两批循环经济试点，包括全国178家试点单位。全国各省（区、市）同时选择了1300多家企业参与循环经济示范试点。在这些示范试点企业中，目前已培育出一大批循环经济发展的典型模式和案例，不仅涵盖煤炭、电力、造纸、纺织等工业门类，也包括一些农业循环经济的示范园区，非常有代表性。2010年，国家发改委和财政部首批选择7家区域性资源循环利用园区——天津子牙循环经济产业区、安徽界首田营循环经济工业区、湖南汨罗循环经济工业园、广东清远华清循环经济园、四川西南再生资源产业园区、宁波金田产业园、青岛新天地静脉产业园等开展“城市矿山”示范基地建设，到2015年，这7家示范基地将形成年加工利用再生铜190万t、再生铝80万t、再生铅35万t、废塑料180万t的能力。其中，前3个是地方政府主导的综合性园区，后4个是由企业投资建设的园区[1]。虽然发展潜力巨大，但问题在于，我国垃圾分类推行不彻底是城市矿产回收、集中、再利用体系最大的发展掣肘；还缺乏完备政策和成熟的商业模式导致废物生产和回收利用基本脱节。

当前，发展循环经济已成为我国经济社会发展的一项重大战略，国家将逐步加大扶持力度，促进循环经济尽快形成并有较大的规模。2005年7月，国务院下达的《关于加快发展循环经济若干意见》中指出：“必须加快转变经济增长方式，发展循环经济，加快建设资源节约型、环境友好型社会，促进经济发展与人口、资源、环境相协调。”党的十七大报告指出：“循环经济要形成较大规模。”2008年，我国制定并颁布了《循环经济促进法》，依法推进循环经济的发展；在金融危机这个大背景下，中共中央总书记胡锦涛于2008年11月28日在召开党外人士座谈会上特别指出：“大力发展循环经济，努力形成新的经济增长点和新的竞争优势。”这对各地来说，既有助于把转变传统经济发展方式和保增长、扩内需、调结构有机结合起来，从根本上缓解资源环境约束矛盾和生

1. 本刊编辑部.总理的关注：城市矿产谁先破题 [J].领导决策信息，2011(33).

态压力，也有助于在应对危机中抢抓科学发展的机遇。2010年12月31日，国家发改委办公厅印发了《循环经济发展规划编制指南》的通知，通知要求，所有地区都要有循环经济规划，规划的编制有助于理清循环经济发展的方向，明确工作的重点，为循环经济尽快形成较大规模提供有效的保障措施和得力条件。国务院于2009年12月24日批复的《甘肃省循环经济总体规划》是政府批准的第一个区域性循环经济发展规划。区域循环经济是全国循环经济大局的组成部分。《中华人民共和国国民经济和社会发展第十二个五年规划纲要》指出，要继续深入推进国家级循环经济示范，重点推进甘肃省和青海柴达木循环经济示范区（2010年3月批复）等循环经济示范试点，这将为经济欠发达地区与生态环境脆弱区域以及资源枯竭型城市发挥重要的示范作用。

但循环经济在中国整体上来看起步晚、时间短、领域窄，目前，能够运用定量评价工具对全国各地的循环经济发展效果作出测算的人或部门还比较少。山东省统计局于2006年完成的《循环经济统计指标体系与监测方法实证研究》课题结果显示，全国及各地区的循环经济发展进程基本上呈现出由东到西、从南向北依次推进的格局。东部的循环经济发展水平要比中、西部地区早20至30年。今后，中、西部地区在应对金融危机的大背景下走科学发展之路必须打好发展循环经济的基础，缩小与东部地区的差距。

“十一五”期间推进循环经济的重点在生产领域，实践证明，用循环经济模式改造传统重化工业效果很好。通过治理，污染结构已经发生变化，工业污染所占比重下降，生活污染比重在上升。从2003年开始，全国生活污水排放量超过了工业废水排放量，农村面源污染呈加重趋势，一些大城市出现了煤烟和汽车尾气复合型污染，室内空气污染也日益突出。此外，固体废物污染防治也面临多方挑战，噪声污染更成为人民群众反映强烈的环境问题。因此，“十二五”期间推进循环经济的基本思路是朝着纵深方向发展，从生产领域向流通、消费领域延伸；从农业、工业向第三产业延伸，从企业、园区向社会层面延伸；重点领域除了传统重点行业外，还要加大“城市矿山（以废旧汽车、废旧家电、废旧电池为代表）、城市油田（以废旧塑料、废旧橡胶为代表）、城市森林（以废旧纸张、废旧家具为代表）”等再生资源利用产业发展；发展绿色建筑、绿色交通；加大农业和工农业复合型循环经济发展力度（工业反哺农业的新形式）；加强流通等服务行业和餐饮消费领域的循环经济建设。

2010年，中国循环经济产业产值已超过1万亿元，吸纳就业人数超过2000万人。预计“十二五”期间，中国循环经济产业总产值将以年均15%左右的速度递增。根据《中华人民共和国国民经济和社会发展第十二个五年规划纲要》有关循环经济的七项重点工程，各地发展循环经济既要“补课”，又要紧跟“十二五”期间推进循环经济的重点。《“十二五”节能减排综合性工作方案》指出要建设资源综合利用示范基地100个、废旧商品回收体系示范城市80个、“城市矿产”示范基地50个、再制造产业集聚区5个、城市餐厨废弃物资源化利用和无害化处理示范工程100个。兰州市每天产生的餐厨废弃物已从2007年的208.92吨上升到2011年的300吨。2007年，兰州市把餐厨废弃物处理以BOT（建设-运营-移交）方式授予甘肃驰奈生物能源系统有限公司特许经营权。该项目是国内首个采用湿式厌氧发酵工艺技术对餐厨垃圾进行循环利用、资源能源化综合利用的全国第一个符合国家循环经济模式的工程，被媒体誉为“兰州模式”。该模式主要有三个特点：首先，项目通过系统化处理，形成了一个完整的循环经济产业链；其次，项目运行餐厨垃圾全收集、全处理、全程监管的回收管理机制，既严禁非法收运，又确保项目原料供应；最后，项目拥有的技术优势确保了餐厨垃圾的无害化处理和资源化利用。驰奈公司联合德国勃兰登堡工业大学开展技术合作。该项目的运营将给国内餐厨废弃物资源化利用和无害化处理发挥示范效应[1]。

（二）发展循环经济存在的主要问题

就初始阶段的实践情况来看，发展循环经济还存在着很多制约因素和问题，如：一些人的思想认识与发展循环经济的大趋势不相适应；干部年度考核评价体系与循环经济发展的客观要求不相适应；监督管理的路径和手段与循环经济发展的趋势不相适应；优惠激励政策措施与企业、个人的实际利益需求不相适应等等。有些地方政府在建设资源节约型、环境友好型社会，发展循环经济方面虽然进行了一些有益的尝试，但目前仍然存在不少问题和困难，致使成效还很有限。

1. 制度不完善导致政府缺乏引导企业发展循环经济的指挥棒

在我国发展循环经济，还存在制度上的缺失，包括：产权、价格等基础性制度；生产、采购、消费和贸易等规范性制度；财政、金融、税收和投资等鼓励性制度；国民经济核算、审计和会计等考核性制度。循环经济的相关指标体系尚在探索建立之中，导致政府缺乏引导企业发展循环经济的指挥棒，导致企业的生产工艺、流程设计、废物处理缺乏生态工业和清洁生产的规范性约束。政府发展循环经济的规划体系不够健全，缺乏与发展循环经济和建设节约型社会相配套的节水、节地、节能、清洁生产等方面的专项规划，尚未形成完整的规划体系。有些制度安排不利于企业节约和循环利用资源，就企业增值税来说，这是我国现行税收制度中的主要税收来源，这种税收制度对企业发展循环经济起到的却是抑制作用。因为循环利用资源的企业原材料成本低，成本中增值的部分所占比例高，而增值税是按增值的比例缴纳税收的，因此，按产值计算，循环利用资源反而需要缴更多的税，这就不利于企业节约和循环利用资源。不解决制度问题，仍然按照传统的对经济管理的认识，把生态环境和自然资源排除在宏观经济要素之外去管理经济，循环经济发展模式将无法实现，可持续发展也仅仅是理念。山东海化集团硫酸钾厂对苦卤的利用率达到了100%，然而就是这样一个循环项目开工后竟然一直亏损，前5年平均每年亏损300万元，直到2003年才开始赢利170万元。厂长刘华军曾说，虽然国家有一个“利用废弃物进行生产前5年可免征所得税”的政策，但因为前5年企业一直亏损，这个政策对他们来讲没有任何意义。国内已经发展起来的循环经济示范区，都是一靠政府二靠专家才得以推进的。

2. 资源产权与价格问题是低利用、高浪费的重要原因

从经济学角度看，资源得不到再利用、再循环的一个根本原因是初级资源太便宜了。循环是第二次利用，第一次利用的资源太便宜的话，第二次利用就显得太贵。而我国现在恰恰是初级资源的价格太便宜。这是我们现在整个经济当中非常大的一个问题，而且

1. 王家安，郭瑛.解决“地沟油”回流问题任重道远［N］.兰州晨报，2011-08-08.

很多方面还没有破题，如资源的产权问题，中国现在的煤矿已经非常稀缺了，但还为什么能够大量浪费？很多煤矿“撇一层油”，把最富的一块弄完就走了，剩下的就不开采了，原因就是资源的产权问题还没有解决。另一方面，尽管中国96%的商品和服务已由市场形成价格，但是在能源、资源价格方面并没有完全做到市场化。

3. 循环经济理念未能从真正意义上纳入政策导向

美国地方政府对环保企业给予的税收优惠、补贴优惠、成本优惠，极大地降低了企业的成本。而我国企业还必须花钱收购废弃物，致使企业赢利空间很小。北京盈创再生资源有限公司是国家第二批循环经济示范试点单位。该公司建成目前世界单线产能最大、技术最先进的聚酯切片生产线，是我国目前唯一一家通过卫生部、质检总局审核的可生产食品级再生料的企业。但就是这样一个企业，其回收体系却困难重重，关键在于原料收购的成本高，据核算，其原料回收价格是国外的3倍多，原料成本是全部产品成本的70%。中国工程院的调查显示，北京每年产生各种废塑料约150万吨，而盈创只回收了15万吨，大量的废旧塑料流向了小作坊和外地，造成盈创这样的技术先进企业在盈利上面临诸多困难[1]。问题在于我国当前的政策环境在相当程度上还没有与循环经济的发展理念同步，造成循环经济“雷声大、雨点小”。即使确定了发展循环经济的试点园区和企业，但相应的配套政策支持不到位、不给力。企业愿意投入巨资做广告、拓市场，却花不出钱开展开展节约资源、循环利用资源、防治污染的工作，于是造成消耗资源、能源，污染环境的传统经济增长方式仍然没有得到根本性的改变。

4. 政府重视循环、企业重视经济的单赢目标阻碍循环经济发展

节能产品有节能效果，对消费者却是不经济的。据报道，在我国北方建设太阳能建筑，可节约采暖能源70%。北京有个楼盘通过安装太阳能集热器，每套住宅每年可节省近600度电。然而，这种建筑每平方米需要增加成本230元。一套普通房子需要增加房款两三万元，业主不愿接受，所以目前只能采取开发商投资、社会和个人受益的模式，其推广难度可想而知。没有经济效益的循环经济是难以为继的！循环经济已经提了很多年，但一直是“上热下冷，政热企冷”，之所以出现这种现象，主要是政府过分重视“循环”，相对忽视了“经济”，而企业更多的是关注经济，在我国，成本和收益比较下来，循环经济是只循环不经济，也就是说不赚钱，因为投资发展循环经济，短期内成本大、见效慢，许多企业可能会为了短期盈利不愿意加大对循环经济的投资。

5. 缺乏政策激励机制

武威纸业是甘肃省最大的造纸企业。该公司在厂区与芨芨草示范区之间修建了污水生化处理场，一边管道与生产车间相通，经过处理的清水可直通造纸车间，另一边直径600毫米的PE管道直接埋设进腾格里沙漠10余千米，可为即将种植的芨芨草原料基地提供充足的水源。芨芨草可有效地控制沙丘移动，防止沙尘暴，同时芨芨草茎秆是优质的长纤维造纸原料。“项目资金来源是通过多渠道筹资和企业自筹完成的，目前企业已自筹资金20660.73万元，而根据投资估算，10万吨循环纸业和沙漠生态园建设工程需要资

---

1. 赵沛楠.盈创:塑料瓶里的“油田”［N］.中国投资，2010-05-20.

金47797.07万元，我们仍有2亿多元的资金缺口。”武威纸业董事长张全年言语之中透露出一种期盼，他很希望能够得到政府和有关金融单位更加大力的支持，尤其是资金支持。甘肃省人大常委会委员、省人大财经委副主任任继东呼吁有关方面给予企业更多的帮助和支持。目前还未颁布涉及促进循环经济发展的投资、价格、技术、人才方面的激励措施，特别是对发展循环经济方面的资金投入不够，缺少发展循环经济的资金支持。在资源综合利用方面，国家虽然已经颁布了一些优惠政策，但主要集中在水泥、墙体材料等少数产品领域，实际能够享受优惠政策的范围不广，总体的激励水平不高。循环经济项目融资困难较大，实施难度更大。特别是节能资源综合利用项目，与一般普通项目相比，社会效益和生态效益非常明显，但经济效益相对较差。

6. 缺乏关键技术成为制约循环经济发展的瓶颈

以地沟油为例，2011年9月13日公安部发布的消息称，花费4个月的时间在浙江、山东、河南等地首次全环节破获一起横跨多省的特大地沟油制售食用油案[1]，从中可以看到，集掏捞、粗炼、倒卖、深加工、批发、零售等六大环节的地沟油产业链猖獗的背后，暴露出了政府维护公共利益而循环利用地沟油的严重缺位以及没有一种简单易行的有效检测不同来源的地沟油、掺入多少地沟油的科学方法，国家食用油标准严重滞后，以致于用现有标准居然能够得出地沟油是符合标准的可悲结果，使得政府监管部门和广大消费者判断是否地沟油陷入很大的困境。虽然国家发改委等部门于2011年8月2日宣布，安排6.3亿元的循环经济发展专项资金，用于支持全国33个试点市（区）开展餐厨废弃物资源化利用和无害化处理。但是，仍然存在成本高、效益低、回收困难等问题，与地沟油黑色产业链相比，我国餐厨垃圾处理的产业化程度还处在起步阶段。在对大型餐饮企业进行餐厨垃圾的定期回收、规范处理的同时，其他大量的中小型餐馆、社区、居民家庭等的餐厨垃圾回收几乎处于真空状态，完全游离于绿色产业链之外。从餐厨垃圾产生的源头、过程、回收、资源化等环节来看，解决地沟油对食品安全的关键在于通过发展循环经济，有效填补黑色产业链的空缺。但是，发展循环经济解决地沟油需要一大批成熟的减量化技术、替代技术、废物利用技术、资源化技术、系统化技术作为支撑，但我国目前，这些技术还没有完全创新出来，已经成为制约循环经济发展的技术瓶颈。

7. 思想观念认识不到位、媒体宣传不广泛致使未能形成有力推动循环经济发展的社会氛围

在观念认识方面，主要问题是一些地方和部门对发展循环经济、建设节约型社会的重要性和紧迫性认识不足，对能源短缺、资源枯竭、生态脆弱、人口增长的可持续发展战略性和指导性的认识还有待进一步提高。虽然《循环经济促进法》已经颁布并进入实施阶段，但很多人对该法了解甚少，法律宣传不广泛、不深入。

开展的相关循环经济知识培训的深度和广度不够，缺乏系统性和持续性；新闻媒体未能很好地开展具有特色的宣传报道和典型事迹介绍，没有形成有力推动循环经济发展的社会氛围；已经有所了解的还存在认识上的误区，有的人对循环经济内涵的理解存在偏差，要么将循环经济简单地理解为废弃物综合利用、清洁生产或污染防治；要么将循

1. 张慧敏.破解“地沟油”，亟须循环经济“置换”黑色产业链［N］.北京商报，2011-09-14.

环经济等同于可持续发展概念，外延无限扩大，任务不明确，实践无抓手。在目前的干部考核机制中，GDP的增长占有较重要的地位，一系列与经济相关的量化指标同官员的升迁奖罚紧密联系在一起，致使一些地区为追求一时的经济发展速度，浪费资源、污染环境、破坏生态。也有些官员认识到循环经济的重要性，但为了保住官位不得不服从于表面的经济利益。其根本原因还是过去的重经济增长、轻环境保护这样的片面政绩观作怪，落实科学发展观不力。许多消费文化、价值观也带有很强的物质享乐主义和不可持续消费的特征。

8. 监督不力、违法成本不高造成循环经济发展秩序混乱

虽然已经颁布了《循环经济促进法》，但是“违法成本低、守法成本高”的现象仍然还在一定程度上存在，急需进一步加强监管，有效予以规范。以兰州医疗垃圾的“再利用”为例。中新网2007年10月25日报道了“兰州医疗垃圾被简单加工批量制造成食品袋”，报道说，带血的针头针管、残留着药液的输液器、各种药盒、饮料瓶……这些带着大量病菌的医疗垃圾与塑料垃圾经过作坊的加工，居然变成了与人们生活息息相关的包装袋、食品袋的原材料流向市场。甘肃省兰州市有关部门在对兰州市西固区从事废旧资源回收利用单位的检查中，揭开了令人后怕的内幕。经调查，回收站对未经消毒的医疗垃圾进行粉碎后，制成塑料半成品，这些半成品销往各地后被加工成市民日常使用的食品袋、塑料包装袋、餐具、暖壶外壳、水管等。按照甘肃省卫生部门规定，所有的医疗垃圾必须进行焚烧处理，坚决不允许以任何形式回收，之所以出现非法收购，这是因为医疗垃圾材料较好，再次利用价值高，回收有利可图。有资料显示，兰州市城关、七里河、安宁、西固四区的37家医院以及700多家个体诊所每天产生的医疗垃圾能够送到医用垃圾处理中心处理的非常有限，该处理中心焚烧炉的日处理能力达10吨，但实际每天最多只能焚烧4吨，保守估计，每天有近两吨医疗垃圾流向社会。医疗垃圾再次利用贻害无穷，其危害大体有三方面：一是直接对人体造成伤害，特别是少年儿童；二是“医疗垃圾”粉碎成塑料颗粒后，做成暖壶外壳、衣服纤维、纯净水桶、食品包装袋等物品，对人体健康危害巨大；三是医疗垃圾所含的病菌是普通生活垃圾的几十倍甚至上千倍，是各种疾病的传染源。市场秩序需进一步加强规范。

由于以上问题的存在，目前普遍推行循环经济还有相当大的难度。

四、发展循环经济的路径探讨

国家发改委宏观经济研究院在“我国循环经济发展战略研究”中指出，我国发展循环经济的总体战略目标有三：

一是用50年左右的时间，全面建成人、自然、社会和谐统一的、资源节约的循环型社会；

二是资源生产率、循环利用率、废弃物的最终处理率等循环经济的主要指标以及生态环境、可持续发展能力等达到当时世界先进水平；

三是极大提高生态环境质量并整体改善生存空间，全国全面进入可持续发展的良性循环。

实现上述目标主要分以下三个阶段来进行：

近期阶段是在2005至2010年，建立比较完善的促进循环经济发展的法律法规体系、政策支持体系、技术创新体系和有效的激励约束机制，已基本实现。

中期阶段是在2011至2020年，基本建成具有循环经济特征的经济社会体系，建立起完善的循环型社会的管理体系和政策法规体系。

长期阶段是在2021至2050年，全面建成人、社会、自然和谐统一的循环型社会。

现在正处于实现中期阶段目标的时候，今后，必须充分发挥三方面的作用共同推动循环经济的发展，即政府的主导作用、企业的主体作用和公众的参与作用。

（一）政府：在规范、引导、监督中推动循环经济的发展

从国外发展循环经济的经验来看，一方面，由于循环经济是以解决资源短缺和环境污染问题为目的，即以解决经济发展的外部性为目标，因此，仅仅依靠市场机制自身是无法开展起来的，循环经济得在政府的强力干预下进行。另一方面，由于循环经济是一个大系统，我国从传统经济向循环经济转型，涉及生产、生活方式与理念的全面提升和变革，涵盖了公众、企业、社区、社会等多个层次，不是单个部门、企业、部分居民所能独立进行和完成的，需要政府通过建立和完善一系列的制度、规则，强制性地推行循环经济发展模式。

1. 规范循环经济发展的有效性、合法性

主要是立法，政府通过立法，明确规定各个主体（政府、企业、公众）的权利、义务和责任，明确全社会推行循环经济的途径和方向，从而把循环经济全面纳入强有力的法制化轨道加以推进。循环经济立法主要有两种：第一种是专项法，由德国创立，德国是循环经济立法最早的国家，早在1972年，德国就制定和颁布了《废弃物处理法》。他们的经验是有一样、立一样。比如说废品怎么回收就制定《废弃物处理法》、包装材料怎么回收就制定《包装法令》、家电怎么回收就制定《家电回收利用法》、垃圾怎么倒就制定《垃圾法》、森林伐木如何限制就制定《森林伐木限制命令》、能源如何再利用就制定《再生能源法》等等。在这些循环经济法律框架下，各行业再根据行业特点，制定促进该行业发展循环经济的可操作性法规，这个就非常详细和具体了，如《饮料包装押金规定》、《废旧汽车处理规定》、《废旧电池处理规定》、《废木料处理办法》等等。美国和欧盟倾向于德国的办法。第二种是基本法，由日本创立，日本的《促进建设循环型社会基本法》具有宪法性质，该法提出了建立循环型社会的根本原则，是世界上第一部循环经济基本法。在基本法的基础上，日本又制定了《容器包装回收利用法》、《家电回收利用法》、《促进资源有效利用法》、《食品回收利用法》、《绿色采购法》、《建材回收利用法》、《修订废弃物处理法》等八项法案，形成了比较完善的循环经济法律保障体系。截至目前，日本是发达国家中循环经济立法最全面的国家。

对我国来说，发展循环经济也要走法制化道路。我国的《循环经济促进法》一方面总结了国内大量的实践经验，另一方面也借鉴了国外的有益做法，设立了八项基本制

度，包括循环经济规划制度，市场准入制度，资源产权制度，评价指标体系和考核制度，标准、标识、标志和认证制度，生产者为主的责任延伸制度，对重点企业资源节约和循环利用的定额管理制度，产业政策、政策激励制度以及政府、企业和公众责任的有关制度等。对高消耗、高排放的行为，规定了硬性的约束措施，对各类主体不履行法定义务的行为，规定了严格的罚则，以保障法律的有效实施。对违反本法规定的政府部门工作人员，要求给予行政处分直至追究刑事责任；对违法行为的罚款数额同其他现行法律相比，有较大幅度提高。另一方面，《循环经济促进法》对企业有很强的吸引力，让守法者真正尝到守法、依法经营的甜头。该法通过制定一系列的激励政策，支持和推动企业等有关主体，自觉、自愿地发展循环经济。主要包括：建立循环经济发展专项资金；对循环经济重大科技攻关项目实行财政支持；对促进循环经济发展的活动给予税收优惠；对有关循环经济项目实行投资倾斜；实行有利于循环经济发展的价格、收费等政策措施。其中规定，公共机构使用财政资金进行采购，应当优先采购节能、节水、节材产品及环境标志产品和再生产品，并达到国务院财政部门会同有关部门规定的比例。这些制度安排，准确把握了循环经济的本质要求，依法确保权责明确、行为规范、监督有力、高效运转，为循环经济成为真正意义上的法治经济提供了制度保障。

2. 引导循环经济发展具有经济性

（1）制定资源价值计量、排污收费、产品负责制经济政策。这三大经济政策经过发达国家的实践证明，是引导循环经济具有经济性的基础政策支撑。

资源（环境）价值计量政策是制度保障。前面讲过，循环经济的特点之四：自然资源是资本，是资本那就有价值，政府的作用就是把资源明码标价，特别是绿色GDP指标中，要扣除资源损耗和环境损耗，这两项必须得在有了明码标价的基础上才能算出结果来，否则就无从谈起。如数百万、数千万年形成的石油资源，价值如何计量？再如森林，包括水土保持、调节气候、生物多样性、净化空气、木材的经济价值等，虽属于可再生资源，但功能和价值是多方面的，该如何计量？还有光盘循环出的毒奶瓶，婴儿的健康如何计量？如何赔偿？等等。所以，政府资源价值计量政策的重点在于利用市场机制，明晰环境、资源产权，建立完整的环境、资源价格体系，使其价格正确反映它的全部社会成本，开采资源标价、计量、收费，目的是提高资源循环利用率。

我国正在抓紧调整能源、资源和环境定价体系，《国民经济和社会发展第十一个五年规划纲要》提出要“实行有利于资源节约的价格和财税政策”，这个定价体系与过去不同的就是在价格里面要反映出资源稀缺程度，反映市场供求关系，反映污染治理成本。以水资源为例，国外有统计显示，水价每提升10%，节水率就将提高5%。深圳的实践更是说明了这一点。2004年，深圳提高了水价，2005年提高了污水处理费，水务集团的供水量显示，2005年集团的供水量在最近20年首次出现了负增长，下降了6.2%，分析发现，其中最主要的因素就是水价调整。可以说，在水价调整后，经济杠杆的作用立竿见影。这条经验，可以充分应用到发展循环经济的各个方面中去。根据这项改革，可以明确地说，市场化的资源价格体系将是中国发展循环经济的必然要求。

排污收费政策是基础保障。目前，国际上普遍执行的是排污水、排垃圾计量收费制度，往往通过无害化处理污染物的成本，辅以适当的利润来确定，即多排污多收费，少排污少收费，从利益上迫使每个人、每个部门承担环境责任。如日本、德国、法国等国不仅对企业、事业单位的垃圾、污水排放采取计量收费方式，而且，对居民生活垃圾排放也实施计量收费，促使他们参与物质的循环利用。日本规定，消费者废弃家电时必须承担废旧物资循环费。德国和美国部分州规定，所有家庭都要按月缴纳垃圾清运费。收费方式主要有两种：一种是通过标准垃圾袋贴上垃圾收费处理票的方式；另一种是在垃圾收集车上安装机械手臂计量装置计量收费。这些办法旨在节省和循环利用乃至永续利用有限的资源。

我国自20世纪90年代中期开始对单位排放垃圾收费，2000年开始对城市居民的生活垃圾排放收费，但收缴率不高，且没有实行计量收费。

产品负责制政策是措施保障。从责任与公平的角度看，生产者、经营者、消费者都要对产品的最终报废处理和再利用承担资源与环境的责任，也就是说，生产者的责任已经从单纯的生产阶段逐步延伸到产品废弃后的回收、利用和处置阶段，相应地对其产品的生态设计也提出了更高的要求。这项制度在国际上已实行数年，起到了促进循环经济发展的良好效果。我国正在探索和实践政府与企业、社会、公众共建废旧物资回收的体系。上海市政府在解决废饭盒这样的白色污染问题上做了成功的尝试，他们的经验是政府代收、生产者代付、消费者承担、生产者（加工企业）处置。上海从2000年起，按每个饭盒3分钱的标准，解决废饭盒的回收利用，形成了产业链，这3分钱是由生产厂家支出的，实际上由生产者和消费者负担，体现了“谁消费，谁负责”、“谁生产、谁污染、谁负责”的原则。然后，将3分钱中的1分钱贴给交售者，1分钱贴给宣传、收集、运输废饭盒的中间环节，1分钱贴给加工废饭盒的工厂——“保绿塑料制品厂”。成效显著，曾经泛滥成灾的废饭盒迅速减少，“保绿塑料制品厂”赚到了钱。

以上三项政策的本质是利益和责任的公平，计量政策是从源头控制资源消耗，促进循环利用，降低消耗；排污收费是从末端控制废物的排放；产品负责制是在物质财富生产过程中，直接促进循环利用，将源头和末端责任贯穿起来。以上三项政策互动互补，共同形成促进循环型社会的经济政策框架。这就需要我们对现有各种政策进行梳理和检讨，尽快调整与发展循环经济相背离的政策，进一步完善支持循环经济发展的政策。

(2) 调整产业结构政策，构建以生态工业、生态农业、生态服务业为主的循环经济产业体系

产业结构的调整非常重要。能源短缺、资源枯竭、生态脆弱问题的存在也与我国所处的工业化阶段产业结构特点相关，在工业化初期，产业结构以轻纺工业为主，原料主要是农产品，三大问题不严重，而到了工业化中期阶段，产业结构以重化工业为主，高污染、高耗能、高排放的企业比重就很大，相应形成的三大问题就非常严重，近几年，我国单位GDP能耗不但没有下降，反而上升，就和高能耗企业比重过高直接相关。

当前，政府应加快运用高新技术和先进适用技术改造传统产业，加速淘汰落后的技术、工艺和设备，严格限制高耗能、高耗水、高污染的项目。并用循环经济的理念指导区域发展，根据各个地区的自然资源和经济结构的特点，合理调整我国经济的区域布局，建立区域循环经济，形成节约能源、资源和保护生态环境的产业结构、增长方式。在加速推进工业化过程中，要运用循环经济理念来改造现有的工业系统，将装备制造业等主要产业进行循环产业链条的生态设计，即资源开发使用的同时，就要考虑副产品的

再利用、再循环，在延长产业链条的过程中，既增加了GDP，又减少了污染的排放和废物的排放；把生态工业园区的组织创建作为促进项目落地、推进产业集聚、做大做强优势特色产业的根本措施来抓，园区规划建设重点放在突出特色、延长产业链条和培育产业集群上，坚持高起点、高效益、高产业链、高附加值、高度节能环保、高科技，有效集聚资金、技术、人才、信息等生产要素，提升产业发展层次，最终把园区建设成为产业链条长、附加值高、规模大、环保节能、循环利用的现代工业大基地；创新资源循环技术，发展特色资源的精深加工，延伸产业链条，加快风力发电、生物质能、太阳能利用、污水处理、垃圾处理等项目建设；积极发展物流业、再生资源回收利用等资源消耗低、吸收就业人员多、提高资源利用效率的产业，逐步改变粗放型经济发展方式。与工业类似，循环经济的农业也应该是可持续的，包括有机农业、生态农业、节水农业等形式，这是农村贯彻落实科学发展观的有效途径。在服务业领域开展循环经济则是一个新趋势，生态服务业包括清洁流通运输系统、绿色科技教育服务系统、绿色商业服务和绿色公共管理服务等部门，这是整个循环经济运转的纽带和保障，是连接物质产品生产和人民群众之间的载体，涉及旅游、宾馆、餐饮、娱乐、环卫、物流、信息、金融、教育、文化等行业，这些行业在服务周期的全过程都要进行减量化、再利用、再循环，如绿色饭店、绿色餐饮；金融业开展绿色信贷，创新绿色金融产品；教育上开展绿色学校，如教科书的循环利用等；服装业推出生态服装等。

(3) 发展循环经济技术体系

科学技术是循环经济的先导，在循环经济提倡的减量化、再循环、再利用三原则中都存在诸多的技术问题。但这种技术与过去的技术有很大的不同。过去的科研和技术开发重视劳动生产力的提高，但是能耗和污染排放量并没有降下来。而循环经济需要的技术是重视资源生产率的提高，重视环境负荷的减少，即清洁生产技术的开发和推广。政府要结合创新型国家目标的实现，把科研技术更多地转到资源消耗少、环境污染少的方向上来，依托高等院校和科研院所的技术力量，把资源配置的重点转向生态产业和可持续发展，重点开发和推广与循环经济相关的五类技术：减量化技术、替代技术、再利用技术、资源化技术、系统化技术，解决高投入与绿色技术成本之间的矛盾，依托低成本的技术才能实现循环经济目标和原则。

(4) 建立奖惩机制

政府让开展循环经济的企业赚钱获利是推动企业发展循环经济的根本方法。如奖励政策，贷款、税收优惠政策，废旧物资商品化收费政策，政府优先购买绿色（使用再生材料的）产品等等。制定切实可行的节约激励机制，让企业有利可图，愿意生产，又要让消费者花更少的钱，愿意购买，从而产生经济性，循环经济才有永恒的发展动力。可以说，政府建立奖惩机制，是扩大循环经济相关产品市场占有率的有效办法。为此，须把握好两个结合：把发展循环经济的市场驱动和政府推动有机地结合起来；把发挥政府的主导作用和企业的主体作用结合起来。

(5) 引导公众绿色消费

政府要有效引导消费者转变消费观念，注重节约资源和能源，改变公众对环境损害的消费方式。在政府采购中，确定购买循环经济产品的法定比例，推动政府绿色采购，从而影响企业和公众消费。政府倡导绿色的生活方式很重要。绿色的生活方式包括绿色生态标志的推广，使用小排放量的汽车，推广生态型的住宅，使用太阳能，使用多次、可反复使用的产品，比如用手绢不用纸巾，中消协曾经开展过“捡起你的手帕来”的活动，教育意义很大。

(6) 开展绿色教育，形成全社会树立发展循环经济的新风尚

近年来，有关部门、新闻单位已对循环经济基本理论、实践情况、试点成效作了初步的宣传，人们的认识正在逐步提高。在此基础上，政府还应当通过媒体、网络、党政干部学校及短训班、学术交流会、社区等，对不同类型的人开展形式多样的宣传教育活动，如推出循环经济大讲堂；开展绿色创建系列活动，如绿色学校、绿色社区、绿色城市、绿色家庭、绿色企业、绿色饭店等；开设循环经济网；组建循环经济学会等形式，扩大发展循环经济的社会影响，让政府官员、企业主管、工程技术人员、服务行业人员以及城乡居民都认识到发展循环经济的重要性和紧迫性，从而在全社会形成发展循环经济的新观念、新思维、新风尚。

3. 监督循环经济健康发展的无害化、环保性、生态性

我国的光盘循环出毒奶瓶，餐厨垃圾循环利用成食品油，医疗垃圾循环利用成塑料制品等等案件无不与再生资源监督机制不健全有关。

(1) 建立再利用公司，分类处理垃圾。如德国各地都有为企业提供垃圾再利用服务的公司，向企业提供相关技术咨询和垃圾回收处理等服务。一些国有公司有义务负责区内企业的垃圾回收和再利用处理。此外，德国的私营垃圾处理公司也发展迅速。以“DKL”垃圾处理公司为例，它回收企业生产中留下的次品、废旧包装、瓶子、金属零件等各种废料，将它们进行分离、碾碎或合成等处理，使这些废品得到再利用。它还为生产企业提供技术咨询，帮助企业建立自己的垃圾处理系统。

再比如葡萄牙，政府在各大城市建立了分类垃圾回收站。这种垃圾回收站由3个大型垃圾桶和1个小型垃圾桶组成。绿色、黄色和蓝色的3个大桶分别盛玻璃制品、铝制品和硬纸，红色小桶则盛电池。这一举措对城市垃圾的回收和处理起到了较大的推动作用。在分类回收的基础上，建立各种垃圾再利用公司，使垃圾回收利用产业规模化。目前，葡萄牙已有电池、轮胎、建筑垃圾、废油、废旧汽车、旧电器回收再利用公司。

(2) 设立监督机构，全程跟踪垃圾生产与销售。如德国，政府专门设立了监督企业废料回收和执行循环经济发展要求的机构。生产企业必须向监督机构证明其有足够的能力回收废旧产品，才会被允许进行生产和销售废旧产品活动。对一些需要监督的垃圾处理，垃圾生产者、处理者以及有关监督机构要事先共同制定一个垃圾处理方案。监督机构承认这个处理方案后，会向垃圾生产者和处理者出具“垃圾清理执照”。在每次运输和处理垃圾时，会有“跟踪单”来跟踪垃圾流动的过程，以便于监督垃圾处理是否根据拟定的处理方案进行。

(3) 构建完善的绿色产业链，从根本上消除黑色产业链。如加拿大因为有一条完善的餐厨垃圾回收的绿色产业链，所以没有出现诸如“地沟油”的黑色产业链问题[1]。每一个饭店及居民家庭产生的烹调废油、抽油烟机里的废油均由所在商业区域或社区安放的

1. 施蓉，胡彦鹏.加拿大杜绝地沟油回餐桌［N］.国际商报，2011-09-15.

专门回收桶收集；餐厨泔水由专门的泔水回收桶收集。收集起来的餐厨垃圾由专门的公司用专门的机器过滤、分离后运输到相应的分类处理公司，该公司迅速把泔水与废油实施分类后，马上送到相应的加工处理公司，像食用垃圾经过生物有机处理后可以加工成农田的有机肥料，餐厨泔水经过生物燃料生产工艺可以加工成生物燃料、润滑油、饲料添加剂及肥皂等。为了实现环保技术快速产业化、市场化，1994年成立的安大略省环境技术中心，作为一家非营利性的非政府组织，其职能就是快速促进新型技术的市场化。这就是一个完整的绿色产业链。

（二）企业：积极推行清洁生产，建设资源节约型、环境友好型企业

1. 企业在观念创新中坚持减量化、再利用、再循环

创新思路源于创新观念，只要观念新就可以变废为宝，实现价值创新。因此，企业要转变旧的生产发展观念，在发展思路上彻底改变重开发、轻节约，重速度、轻效益，重外延发展、轻内涵发展，片面追求经济效益增长、忽视资源和环境的倾向。不断增强生态成本意识，树立"资源和环境本身就是财富"的观念，逐渐形成一系列新的企业文化理念：酒钢从韩国浦项学来的经验有八个字："资源有限，创意无限"。"只有落后的技术，没有废弃的资源"；节水就是节能，节水就是保护环境；"企业不消灭污染，污染就消灭企业"；"污染物和废物是放错了位置的资源"。这些新的观念引领企业不断解放思想，破解资源、环境制约瓶颈。编者认为，敢于在资源、环境方面投巨资处于领先地位的企业，一定会获得异乎寻常的利益。

2. 企业推行产品的生态设计

循环经济模式给人口、资源、环境、经济、社会、科学技术这个大系统提出了更高的要求，企业应当进行与可持续发展相适应的系统循环设计而不是仅仅追求利润，企业活动应该是在从摇篮到摇篮的周而复始的循环中不停运转，而不是在从摇篮到坟墓发展的过程中运转。为此，企业的社会责任应该强调两点：一是节约资源，提高资源利用率，为可持续发展负责，这是要求企业把人与人之间的关系处理好；二是保护环境，完成节能降耗减排任务，为自然生态平衡负责，这是要求企业把人与自然之间的关系处理好。所以，每个企业都要对产品实行生态设计，为人类普遍造福。生态设计要求综合考虑产品在整个生命周期内的环境属性，即可拆卸性、可回收性、可维护性、可重复利用性，从一开始就把产品的用途和副产品的再利用、再循环考虑好，将其作为设计目标可以广泛应用于机电产品、日用消费品、家用电器等行业中。

（三）公众：选择绿色生活方式，积极参与循环经济活动

广大公众要牢固树立循环经济理念，选用与气候、环境友好的绿色生活方式，绿色生活方式是节约能源、资源，保护生态环境的一种消费模式，主要包括不用塑料袋、做回收专家、购物先算碳排放、一水多用、电器关闭不待机、拒绝一次性用品、乘公交车等。同时，也要抓紧补有关循环经济的课，主动通过网络媒体、短期培训、课堂讲授、交流研讨、社区阵地、考察调研等渠道了解循环经济、认识循环经济、把握循环经济，并积极行动起来，主动参与到循环经济建设的实践活动当中来。在单位上，主动投身于

节约型机关、社区、企业等建设活动中；在家庭，也要积极开展循环经济活动，不仅自己实践，也要向自己的亲人、朋友宣传，这当中，还要适应创新型国家目标的实现，想方设法创新节约资源的好办法、好点子。从我做起，从现在做起，从点滴做起，争做新时期落实科学发展观、推进循环经济的排头兵、示范者、推动者、探索者、实践者。

五、经济欠发达地区发展循环经济的案例：贵阳市的实践

经济欠发达地区如何发展循环经济？这是值得我们探讨的一个重要问题。有些地方在实践循环经济时，出现了由于规模不经济、技术不成熟引发的有循环但不经济的结果，也出现了由于一种资源的循环利用建立在更多资源投入基础上引发的有循环但不节约的结果，还出现了由于制度不配套、管理不规范、法规不健全、考核不全面引发的有循环但不环保的结果。这主要与存在的“四个不相适应”有关系：人们的思想认识与发展循环经济的大趋势不相适应；考核评价体系与循环经济发展的客观要求不相适应；监督管理的路径和手段与循环经济发展的内在要求不相适应；优惠激励政策措施与企业、个人的实际利益需求不相适应。下面，以贵阳市成功实践循环经济为例来说明经济欠发达地区发展循环经济的路径选择。

（一）贵阳市发展循环经济的做法与经验

我国的贵阳市属于西部地区经济欠发达的城市，经济增长方式粗放，属于典型的“高资源投入、高污染排放”经济，也曾经是联合国重点监控的酸雨区域。为了转变经济发展方式，解决酸雨问题，贵阳市从2000年开始探索发展循环经济，他们提出了“政府引导，企业为主；科学规划，点上突破；制度规范，全民参与”的发展思路，还专门成立了一个组织机构，起名为“贵阳市循环经济办公室”，该办公室提出的基本观点是把发展循环经济当做后发城市后发优势的转折点，他们以规划为先导，以法治做保障，以项目为载体，探索出政府引导、企业为主、项目关联、中外合作的投资、融资机制，还通过广泛宣传活动吸引广大市民积极参与。贵阳市在吸引人才、留住人才方面更具特色，西部落后地区在工资收入、福利待遇、生活环境等方面都比不上东部发达地区，那拿什么来吸引人才？贵阳市的经验是用发展循环经济事业聚集人才，循环型城市是一项前无古人的事业，用这种事业完全可以吸引来人才。现在，清华大学有相当一部分博士毕业后非常愿意到贵阳工作，很多专家过去没有到过贵阳市，为了循环经济他们云集贵阳市，特别是在贵阳市召开的各种循环经济国际研讨会。

贵阳市实践循环经济的成效，编者数了一下，至少取得了以下“九个一”：2002年5月，贵阳市是全国循环经济生态城市第一个试点城市；2003年8月，贵阳市创办了我国第一个专业宣传循环经济的网站——贵阳市循环经济网；2004年2月，贵阳市被联合国环境规划署确认为全球唯一的循环经济试点城市；2004年，在国家表彰的9个“全国绿化模范城市”中，贵阳市是唯一的省会城市；贵阳市完成了全国第一个循环经济生态城

市总体规划；2004年9月，贵阳市颁布了全国第一部循环经济生态城市地方性法规——《贵阳市建设循环经济生态城市条例》；2005年10月，贵阳市是第一批国家级循环经济试点单位唯一的省会城市；贵阳市第一个将发展循环经济列入地方干部考核条例；贵阳市第一个将循环经济内容编入中小学及干部学习、培训等教材；2007年，贵阳市第一个把“保住青山绿水也是政绩”写入党代会报告。

在实践循环经济取得成效的基础上，2007年，贵阳市委、市政府又提出把贵阳市建设成为生态环境良好、生态产业发达、文化特色鲜明、生态观念浓厚、市民和谐幸福、政府廉洁高效的生态文明城市的奋斗目标，成效也很显著。贵阳市的成功实践，还成为中共中央党校教学的生动案例。2008年3月12日上午，正在参加全国“两会”的贵阳市市长袁周应邀在中共中央党校省部级干部进修班上介绍了贵阳市发展循环经济的做法，向学员们讲授了贵阳市是如何实现既要金山银山又要绿水青山的双赢，其经验非常值得经济欠发达地区借鉴，让学员们深受启发。

2009年8月22日至8月23日，贵阳市委、市政府联合全国政协人口资源环境委员会、北京大学在贵阳市花溪迎宾馆举行了2009生态文明贵阳会议，会议以“发展绿色经济——我们共同的责任”为主题，有150多位国内外知名政要、专家学者、企业家深入沟通交流、研究探讨了国际金融危机背景下发展绿色经济的前途、生态文明城市建设的方向以及科技、教育、文化的软实力支持等，会议的结果是达成了《贵阳共识》。《贵阳共识》认为，生态文明是人类社会发展的潮流和趋势，不是选择之一，而是必由之路；贵阳市的实践证明，建设生态文明的任务不光是在发达地区能够完成，而且在经济欠发达地区也一样能够获得成功。为此，《贵阳共识》提出八点倡议：

一、观念先行；

二、密切合作；

三、加大投入；

四、知行合一；

五、进一步依靠科学技术；

六、企业要积极转变发展方式；

七、教育和传媒要在生态文明建设中发挥基础性、综合性和先导性作用；

八、建立完善符合生态文明城市建设要求的评估办法和评价体系。

《贵阳共识》是贵阳市实践成果的结晶，贵阳市探索出的持续推进循环经济的做法和经验，为经济欠发达地区资源型城市树立了典范，也为全国生态文明建设发挥了指导与示范作用。虽然国内落后地区的城市有许多与贵阳市市情大体相同，但由于缺乏对循环经济的正确认识和本地经济发展实际的正确定位，始终没有走出一条新路。

（二）贵阳市实践循环经济对其他经济欠发达地区的启示

贵阳市实践循环经济的经验，对其他经济欠发达地区至少有以下十三个方面的启示：

1. 依规划推进循环经济

在实施循环经济总体规划中确立循环经济规划的法律地位，为制度、政策的制定与实施提供依据。在规划中确定循环经济发展的目标及推进步骤，建立推动循环经济发展的长效机制，围绕产业循环系统、基础设施循环系统和生态保障循环系统，打造产业链，构筑循环经济基地建设，抓住生产环节和消费环节，促使经济从单向式资源依赖型向集约式资源循环型转变，促使消费从传统模式向绿色消费模式转变，做到统筹安排、合理布局。

2. 树立一张蓝图干到底的决心

发展循环经济是一条任重而道远的路，从正确处理经济发展和生态保护的关系来看，循环经济的发展既是一场攻坚战，又是一场持久战，绝非一朝一夕所能完成的。因为它涉及生产要素的重新调整，这种调整牵涉到区域经济的重新布局，区域经济的重新布局背后是部门利益的重新配置。因此，这也会导致部门利益和全局利益之间的冲突。这就决定了发展循环经济是一场艰巨的战役。循环经济还涉及眼前利益和长远利益的冲突，虽然从长远看有利于企业和地方经济的发展，但在短期内却可能带来经济损失。同时，循环经济发展也是一个复杂的系统工程，涉及经济和社会发展的方方面面。从主体看，它涉及企业、政府和社会。从区域看，它小到一个社区、企业，大到一个国家，直至整个世界。从保障措施看，它涉及经济、法律、行政等各种领域。这就决定了发展循环经济绝非一朝一夕之功，而是需要一个长期的过程。宜整体布局，系统推进，从而逐步推进循环经济发展。正因为如此，原中共深圳市委书记李鸿忠在深圳推进循环经济时曾经说过一句耐人寻味的话："现在选择循环经济道路，与当年深圳在市场经济体制中'杀出一条血路'意义是一样的，具有同等的重要性。"并号召深圳人争当新时期落实科学发展观、推进循环经济的排头兵。

3. 依《循环经济促进法》推进循环经济

（1）政府、企业、公众三方形成合力，充分发挥政府的主导作用、企业的主体作用和公众的参与作用，共同推动循环经济的发展。

（2）在实践中探索创新六项基本制度，即循环经济的规划制度，抑制资源浪费和污染物排放总量控制制度，循环经济的评价和考核制度，以生产者为主的责任延伸制度，对高耗能、高耗水企业设立重点监管制度，强化经济措施、建立激励制度等。

（3）抓紧落实激励措施，依法建立循环经济发展专项资金，财政支持，税收优惠，投资倾斜等政策措施。政府采购应当优先采购节能、节水、节材产品及环境标志产品和再生产品。

（4）加大执法力度，加强监督检查，依法从重从严处理违法行为，在全社会营造有利于资源节约、循环利用的法制氛围。

（5）逐步完善相关配套的地方性循环经济专门法规，积极发挥地方立法作用，紧密结合本地的实际，因地制宜，适时制定促进报废汽车、电子垃圾、废旧轮胎、建筑废弃物、包装废弃物资源化法规，将循环经济工作尽快纳入法制化轨道，促使循环经济发展做到有法可依、有章可循。

4. 用循环经济理念推进新型工业化

循环经济作为转变经济发展方式的新途径，要把清洁生产观、生态资本价值观、绿色消费观、大系统观、节约观、和谐自然观倡导和树立起来，应用这些新的发展理念推进新型工业化，遵循自然规律、经济规律、科学规律，因地制宜，扬长避短，最终实现协调、可持续的发展。

5. 在试点与示范中推进循环经济

循环经济的试点与示范覆盖的范围应当是全方位的。从试点领域看，既要包括在生产环节发展生态农业、生态工业和生态服务业，也要包括在消费环节推行绿色消费。从试点范围看，既包括以企业为单位进行试点，也包括以园区或基地、社区为单位进行试点，甚至包括市、县（区）整个区域范围内的试点。循环经济试点项目的内容涉及农业资源综合利用项目，工业类节能项目，工业类节水项目，工业类废气、废渣循环利用项目，城市再生资源回收利用体系项目，生态工业园区建设项目，并推进和改造现有工业园区向循环经济生态园区转型，在园区内发展循环经济，有益于将生产要素集中在工业园区，使园区内的企业相互依托、相互促进，打造循环经济产业链，这样可以有效降低单个企业为治理污染所付出的成本，同时也有利于上游企业的副产品在较短距离内就可以直接供下游企业作为原料投入，从而最大限度地发挥规模效应。以项目实施为载体，重点发展煤化工、能源产业和三废综合利用产业、现代物流产业。另一方面，对引进的项目要进行严格的筛选，大力发展生态农业、生态工业、生态服务业，实现经济发展方式的转型。

6. 在参与生态省建设活动中推进循环经济

生态省建设是以科学发展观为指导，以循环经济为核心，以构建和谐社会为目标，以建设生态安全屏障、发展生态经济、培育生态文化、实施生态政策为主要内容，以区域为单元实现可持续发展的模式与过程的总体概括。我国的生态省建设试点，既有东部经济发达或是生态条件良好的地区，也有西部经济落后或自然条件恶劣的地区。据统计，全国已有海南、吉林、黑龙江、浙江、山东、安徽、江苏、福建、河北、四川、广西、辽宁、山西等13个省被列为生态省建设试点，196个地级市提出了生态市建设目标，其中有6个被批准为生态市建设试点。青海立足基本省情还提出了“生态立省”战略。实践证明，生态省建设是一项寻找新的经济增长点的创业活动。在未来的日子里，西部地区既面临加快推进新型工业化以缩小发展差距的问题，又面临资源、环境和生态的突出问题，积极主动地参与到生态省建设行动当中来，探索经济欠发达地区实现区域可持续发展的模式与道路显得尤为紧迫和重要。

（1）从全国生态功能区划定位的角度向中央政府争取尽快建立国家生态补偿机制，这是合理获得生态补偿资金渠道的突破口。还可以设立生态补偿公益基金，广泛争取国内外机构、民间团体和社会各界的捐赠。

（2）依据全国主体功能区的划分对全省区域进行有效布局。

（3）支持和加强西部欠发达地区生态补偿理论、标准、方式以及管理模式的科学研究。

（4）加强思想、观念的调整和体制机制的创新，坚持生态保护与经济发展双赢。

（5）开展生态省、生态市、生态县、生态村等示范活动。

（6）制定符合本地实际的生态省指标体系，体现发展的高效性、和谐性、可持续性。

（7）把生态省建设成效纳入各级政府及领导干部年度考核指标。

（8）水资源的高效、循环利用重点通过市场价格的调节以及制度层面来实现；大气污染防治要改进以煤炭占主导地位的能源消费结构。

7. 在产、学、研、技、资、人的联合创新中推进循环经济

(1) 明确科研技术更多地转到减量化、再循环、资源化的方向上来。当然，无害化、无毒化是前提。光盘资源化成毒奶瓶，地沟油资源化成食用油，医疗垃圾资源化成毒玩具或毒塑料袋，还有三聚氰胺、瘦肉精等忽视了人体健康的科学技术作为食品环节、消费环节的重要商品，给人类的身体健康带来巨大损害是应该坚决予以杜绝的。

(2) 财政投入向循环经济的科学研究、技术发明倾斜。

(3) 引进和培养循环经济方面的人才。通过项目、会议、合作、市场等方式引进国内外人才；创办循环经济学院或者开辟循环经济专业；将循环经济编入中小学及干部、职工学习、培训等教材。

(4) 利用市场化运行方式推进节能减排，有助于花最低成本，引进最先进的技术和战略投资者。

8. 在调整并完善政策体系中推进循环经济

(1) 调整并完善支持循环经济发展的政策体系。

(2) 调整产业政策，构建以生态工业、生态农业、生态服务业为主的循环经济产业体系。实施“大循环”战略，运用完整的循环经济理念改造现行的产业系统；淘汰能耗高、污染大、技术水平低的企业；把生态建设作为新农村建设的立足点和出发点；生态服务业也要坚持减量化、再利用、再循环原则，在全社会普及生态伦理观念。

(3) 利用经济手段建立奖惩机制，充分发挥市场机制作用。

(4) 引导公众绿色消费是循环经济发展的内在动力。

9. 在形式多样的宣传教育活动中推进循环经济

(1) 创建当地的“循环经济网”。

(2) 组建循环经济学会。

(3) 推出循环经济大讲堂。

(4) 举办循环经济专题研讨班、经验交流会、成果展示会。

(5) 定期举办本地循环经济发展论坛。

(6) 开展农村学校生态校园创新工程，把沼气项目建在学校，不仅为新农村培养人才，还能培训学校附近的农民，促进农村人口整体素质的提高。

10. 在搭建国际合作新平台中推进循环经济

(1) 争取清洁发展机制项目，为循环经济搭建国际合作新平台。清洁发展机制是1997年12月通过的《京都议定书》中促进减排的途径之一，简称CDM，它允许承担控排义务的国家在另一国投资或提供技术减少排放量，而减下来的排放数额可返还投资国，用以冲抵其本身的减排义务。在规定的2008—2012年5年承诺有效期内，CDM主要涉及新能源和可再生能源、垃圾填埋利用、甲烷回收利用、燃料替代、工业废热废压废气利用、煤层气收集利用、造林与再造林等领域。而这些范围，正是我国政府为确保“十一五”节能减排目标实现将不断加大扶持力度的项目。这对实现与国际社会的对接，鼓励更多的外资、社会资金投向国内的循环经济产业提供了前所未有的机遇。企业应该积极

行动起来，大力争取更多的CDM项目，并借此机会，熟悉国际规则和国际惯例，为今后我国承担减排责任积累丰富经验。

(2) 争办循环经济国际论坛，如“中欧县域循环经济合作论坛”，“APEC循环经济与中国西部大开发国际论坛”等，借力、借人形成以本地区资源深加工为主的循环经济产业链。

11. *在构建发展评价指标、干部年度考核体系和监督管理机制中推进循环经济*

(1) 将资源产出率、废物再利用和资源化率等循环经济评价指标纳入区域经济发展考核体系中，列入地方干部考核条例中。

(2) 建立循环经济统计核算制度，加强对循环经济主要指标的监测分析。

(3) 建立循环经济监督管理机制，引导循环经济朝着对社会有利、无害无毒的方向健康发展、可持续发展。

12. *在完善绿色认证与绿色标准体系建设中推进循环经济*

(1) 开展ISO9001质量管理体系认证、ISO14001环境管理体系认证、绿色产品认证、产地认证及绿色超市认证工作。

(2) 制定节能标准、节水标准，完善产品能效标识、再利用产品标识、节能建筑标识。

(3) 对取得认证的企业、产品、超市公布于众并大力宣传，接受广大消费者的监督。

(4) 对达到标准和取得认证的产品走出国门予以大力支持，并给以营销策略和竞争优势发挥的全面指导。

13. *充分利用市场化运行方式推进节能减排*

首先，可以充分利用2008年8月5日成立的上海环境能源交易所和北京环境交易所。这一机构的设立将强化节能减排知识产权保护体系，同时也是对原有以行政手段为主推进节能减排的有益补充和探索。它标志着我国节能减排从单一的行政配置向市场化配置的重大转型。

其次，可以充分利用中国绿星节能减排投资基金。2008年5月23日，中国资源综合利用协会与美国梧桐基金管理公司在北京签约，着手筹备成立中国绿星节能减排投资基金，绿星节能减排投资基金将成为我国首只专投于节能减排与资源综合利用领域的私募投资基金，总额为10亿美元，主要投向在节能减排与资源综合利用领域拥有核心技术、具有独立知识产权、产品有广阔市场前景的中小型高新技术企业，以及用高新技术改造、具有高成长性的传统企业，以及符合节能减排与资源综合利用要求的基础设施建设项目和环境保护、节能节水项目等。这都将成为中国经济新一轮的投资热点。

最后，还可以充分利用2008年7月19日启动的山西吕梁节能减排项目交易服务中心。这个在吕梁市政府主导下建立的中心将通过市场化手段，搭建技术和资本相结合的平台，进入全球“碳交易”市场，这是我国第一家煤炭、钢铁、建材等行业节能减排项目收益权和煤炭产品远期销售合约交易服务中心。它的运营，标志着我国节能减排项目交易平台零的突破，标志着节能减排项目跨入国际化市场，与国际交易市场接轨，是中国节能减排方式的重大转折和重大创新。

该中心最主要的功能是为地方政府和各企业的节能减排指标进行科学量化，并把这种量化的结果体现在市场交易价格方面，从而实现地方政府和企业寻求以最低成本实现节能减排，发展节能减排技术并引进战略投资的目标。其核心业务包括：煤炭开采过程中瓦斯利用、煤炭发电、煤炭产品深加工的节能减排收益权交易，包括节能降耗、二氧化碳减排的项目评估与交易、配套的技术设备交易及投资与融资服务；与煤炭开采过程中瓦斯利用、煤炭发电、煤炭产品深加工的节能减排收益权交易相关的进出口贸易、招标等方面。该中心的创立，对于推动全国节能减排有着重大意义，除了使我国得到温室气体减排的资金收益外，还将使我国获得其他国家和地区在节能降耗、清洁能源、可再生能源等领域的先进技术，进一步提升我国缓解与应对气候变化的能力，促进经济社会的可持续发展。

【思考题】

1. 如何准确理解循环经济的内涵？
2. 判定一种经济发展模式是否循环经济的标准是什么？
3. 经济欠发达地区如何通过循环经济实现科学发展？
4. 国家“十二五”期间的循环经济发展思路有何变化？
5. 个人如何在社会大循环中有所作为？

参考文献

[1] 刘思华.生态马克思主义经济学原理[M].北京:人民出版社,2006.

[2] 刘思华.循环经济大国·绿色经济强国·生态文明富国[J].生态经济,2009(7).

[3] 刘思华.绿色经济论[M].北京:中国财政经济出版社,2001.

[4] 张坤.循环经济理论与实践[M].北京:中国环境科学出版社,2003.

[5] 解振华.关于循环经济理论与政策的几点思考[N].光明日报,2003-11-03.

[6] 季坤森.循环经济原理与应用[M].合肥:安徽科学技术出版社,2004.

[7] 吴季松.循环经济——全面建设小康社会的必由之路[M].北京:北京出版社,2003.

[8] 王维平.循环经济有三大经济政策支撑[N].光明日报,2005-03-04.

[9] 冯之浚,郭强,张伟.循环经济干部读本[M].北京:中共党史出版社,2005.

[10] 方永恒,牛铮超.甘肃循环经济发展的障碍与对策[J].甘肃社会科学,2007(6).

[11] 吴巧生,成金华.中国工业化中的能源消耗强度变动及因素分析[J].财经研究,2006(6).

[12] 冯之浚.循环经济与公众参与[M].北京:人民出版社,2007.

[13] 冯之浚.循环经济立法研究[M].北京:人民出版社,2006.

[14] 冯之浚.循环经济在实践[M].北京:人民出版社,2006.

[15] 张小冲,张学军.循环经济发展之路[M].北京:人民出版社,2006.

[16] 戴备军.循环经济实用案例[M].北京:中国环境科学出版社,2006.

[17] 马宗国,柳兴国.循环经济统计指标体系与监测方法实证研究[J].开发研究,2006(5).

[18] 成伟.基于循环经济的产业集群生态化研究[J].开发研究,2006(5).

第五章 提高自主创新能力服务经济社会发展

导言

随着中国的入世，中国正在兑现开放我国市场和放松对外国公司、企业进入我国市场管制的承诺。在这种背景之下，外资将会肆无忌惮地占领我国市场，“互助”性的合作将演变为对我国企业的兼并和收购，甚至形成对中国市场的垄断。因此，只有坚持自主学习和自主创新，创立属于中国自己的品牌，发展中国的自主创新能力，提高我国自身的科学技术水平，才能在竞争中维护和发展我国的民族工业。关于自主创新的重要性问题，目前也得到了学术界的广泛关注。那么，如何理解和把握自主创新及其现实意义？自主创新是不是就等于技术创新？创新型国家战略是在什么背景下提出的？我国自主创新的外部条件及内在需求有哪些？我国自主创新的现状与问题是什么？增强我国自主创新能力的有效途径包括哪几个方面？本章将一一对这些问题做出有益的探讨。

一、自主创新及其意义

2007年3月16日，温家宝总理在记者招待会上明确提出：中国经济存在不稳定、不平衡、不协调、不可持续的结构性重大问题，今后我国将继续推进知识和技术的创新，使经济增长建立在一个坚实的基础之上。随后，党的十七大报告又指出“提高自主创新能力，建设创新型国家”是“国家发展战略的核心，是提高综合国力的关键”，并将其放在促进国民经济又好又快发展的八个着力点之首。

（一）对自主创新的理解

关于自主创新内涵的传统观点主要停留在技术层面，有学者认为自主创新就是技术创新，但这种看法是片面的，自主创新与技术创新之间有区别也有联系。正确认识自主创新与技术创新之间的关系，对于理解自主创新的内涵及意义至关重要。

1. 自主创新与技术创新

技术创新理论是由美籍奥地利经济学家熊彼特在1939年的《商业周期》一书中首先提出的，他从论证技术变革对经济非均衡增长以至社会发展非稳定性出发，提出了技术创新理论。随着中国科技的不断进步，技术创新越来越多地受到人们的重视。江泽民同志在其著作《论科学技术》中写道，科技创新是“掌握前人积累的科技成果，扬弃旧义，创立新知，并传播到社会，延续到后代，不断转化成生产力和社会财富”。而《中共中央国务院关于加强技术创新　发展高科技　实现产业化的决定》中也指出：“技术创新是指企业应用创新的知识和新技术、新工艺，采用新的生产方式和经营管理模式，提高产品质量，开发生产新的产品，提供新的服务，占据市场并实现市场价值。”

由以上定义可知，技术创新的含义主要停留在技术层面，但自主创新的含义则更加宽泛，技术创新只是自主创新的一个重要的方面。而自主创新不仅包括基本层面上的技术创新，还包括制度创新、管理创新等多方面的内容。王涛（2009）认为自主创新有广义和狭义两种理解。狭义的自主创新就是指技术创新；广义的自主创新不仅包括技术创新，也包括非技术创新，如管理创新、制度创新和文化创新等，同时非技术创新对技术创新全过程的实现起着强大的支持作用[1]。但不可否认的是，基于我国现阶段的国情，技术创新是我国自主创新的主要内容。

2. 自主创新的内涵

在对自主创新与技术创新进行区别之后，则可对自主创新的内涵和特征进行理解，按照学术界的主流观点，所谓自主是以我为主，充分利用国内、国外两种资源进行创新，最终目的是为我所用，自主开发我国自己的产品。自主意味着通过控制技术发展的方向来实现创新。当然自主也不是简单地自力更生和关门创新，而是充分学习其他国家的长处，完善我国在相关方面的不足，最终为我国的经济建设出力。而按照熊彼特在其著作《经济发展理论》中的说法，创新是指企业家对于生产要素“进行新的组合”，从而获得超额利润的过程。所谓新的组合，包括提供新的产品或产品的新质量，采用新的生产方法、生产工艺，使用新的原材料或半成品，实现新的组织形式等，或者说，创新是发明或发现在商业上首次成功的应用。

自主创新则是一个具有中国本土特色的概念，是由我国学者创造出的一个创新术语，近年来在学术界得到广泛应用，但还没有形成一个完整的理论体系。目前流传比较广泛的观点是将自主创新划分为三种类型：原始创新、集成创新和引进消化吸收再创新[2]。其他学者也纷纷给出了不同的定义，如游光荣（2007）认为从国家层面来看，自主创新是指以获取自主知识产权、掌握核心技术为宗旨，以我为主发展与整合创新资源，进行创新活动，提高创新能力的科技战略方针，还有的学者从国家、区域、企业三个层面分别对自主创新进行了定义。

综上，可以得出自主创新是与模仿、引进相对应的概念，它是指以获取自主知识产

1. 王涛.自主创新的概念与内涵探析［J］.理论研讨，2009（1）：99-101.

2. 柳卸林，游光荣，王春法.自主创新公务员读本［M］.北京:知识产权出版社，2006.

权，掌握核心技术，提高创新主体市场竞争力、综合实力和防范风险能力的创造活动。自主创新不仅仅包括技术创新，还包括了从创造思维到创造实践，到创造成果和价值利用的一个完整过程[1]。

3. 自主创新的特征

自主创新虽然也是创新的一种形式，但它属于进行创造性努力的创新活动。参考学术界关于自主创新特征的观点和看法，现将其特征简单归纳如下：

(1) 自主创新具有很强的知识依赖性

创新是一个知识流动的过程，是在独立见解相互交流的基础上完成的，需要各种知识。知识除了可以言说和复制的显性知识以外，还包括不可言说只可意会的隐性知识。知识支撑是自主创新成功的内在基础，在研究、开发、设计、生产制造、销售等自主创新的每一个环节，都需要相应的知识的支撑。在自主创新过程中，除了一些辅助性的工作或零配件通过委托加工等让其他企业生产外，自主创新的主体工作及主要过程都是通过企业自身知识与能力支持实现的，因此，自主创新具有更强的知识依赖性[2]。

(2) 自主创新以自身的研究开发活动为基础

自主创新能力是内生的，需要组织不断地开展内部研发活动，不可能从外部获得。自主创新能力可以理解为知识的积累过程，按照著名经济学家纳尔逊的研究，自主创新能力所需的各种知识只能从组织自身的创新活动中内生地发展起来。没有任何组织之外的力量和过程可以替代[3]。组织不拥有自主的创新能力，就只能导致对外部技术的依赖，难以实现技术自主。在面临重大技术变革时，组织会丧失自主响应市场需求变化的创新能力，缺乏长期的竞争优势。虽然通过委托研发的方式，组织能够掌握创新技术的主导权，但是不能使组织摆脱技术的依赖性、培养组织的自主创新能力，因此不属于自主创新。组织共同参与（或以组织为主）的合作创新活动，而且合作创新后组织掌握创新技术的主导权，其创新才属于自主创新。

(3) 自主创新是掌握创新技术主导权的创新

我们提出自主创新的目的就是要摆脱我国的对外依赖，获取创新的主导权。主导权是指创新主体对创新的知识产权与创新收益分配有控制权，主导权表示对创新知识产权和创新收益分配的控制力或相对垄断势力要足够大，能够严重影响竞争对手，能谋取主要利益和为自己争取主动。没有主导权或丧失主导权的创新不可能争取主动，仍然处于依赖状态，不能获取主要的创新收益，因此不是自主创新。简单技术改进创新和简单技术集成创新虽然也能获得知识产权，但所获知识产权的影响力或市场价值不大，不能掌握主导权，在实施中有可能因难以得到知识产权的许可而不能实施，因此不是自主创新。三资企业的创新收益分配由于受外资主导，其创新也难以成为自主创新。

---

1. 罗立，罗筑晴.自主创新的内涵、主要特征及贵州自主创新实例研究［J］.科技成果纵横，2007 (1)：4–5.

2. 郑少甫.自主创新与我国经济发展［D］.北京：首都师范大学，2008.

3. 胡晓鹏.中国学界关于自主创新问题的观点论争与启示［J］.财经问题研究，2006 (6)：9–15.

(4) 我国现阶段的自主创新以实现技术自主为最终目的

研究国际发展经验可以看出，自主创新是后起国家在经济发展过程中所特有的概念，是在发展中国家的背景下提出来的。发达国家也要自主创新，只是他们对技术依存度低，他们的技术创新本身大都是自主的技术创新，此外，他们的制度相对完善，管理水平相对较高，不存在技术或制度的追赶或赶超问题，所以不必提出要自主创新。当今世界，发达国家利用先发优势控制市场和资源，凭借科技优势、现今的管理水平和相对科学的制度体系，来主导国际贸易规则。发展中国家要改变落后、被动的地位，突破发达国家及跨国公司的垄断和封锁，赢取更为有利的贸易地位和竞争优势，提高自身的国际竞争力和抗风险能力，必须奋起直追，实施自主创新。

(5) 自主创新是以自主知识产权为制度保障的创新

自主创新是掌握技术发展主导权的创新。而主导权只能由自主知识产权来保障。拥有自主知识产权不仅是规则的要求，更主要的是我国自身发展的需求。可以说，没有知识产权保护，自主创新就是一句空话。只有掌握自主知识产权才能掌握创新的主导权，只有取得自主知识产权的创新才是真正意义上的自主创新，缺乏自主知识产权或丧失知识产权的创新难以自主和持续。目前我国企业的很多创新活动就是由于侵犯了他人知识产权，而受法院签发诉前禁令、法院诉讼查封、知识产权执法机关查处或海关扣押等不得不中止[1]。

（二）自主创新的现实意义

改革开放以来，中国与发达国家巨大的技术差距，引发了我国对技术的重大需求，广泛地通过引进设备和产品设计来改进生产手段和产品结构，利用整套的生产线和产品技术建立起一批工业，致使中国工业滑向没有自主开发内容的技术引进道路。个别企业缺乏自主研发能力以及外资涌入造成中国对外贸易的“繁荣”，导致人们忽视了自主研发的重要性，但是通过技术引进、合资组装外国产品以及外资设立劳动密集型的加工厂，虽然可以在中国生产出看上去技术水平很高的产品，但中国工业的技术能力却越来越陷入停滞甚至萎缩的状态，因为这种创新的能力只能组织内生，而不可能从外部买来或引进。因此，自主研发才是企业获得持续发展能力的重要保证，自主创新对我国的工业来说无疑具有重大的意义。

1. 自主创新能够提高我国的科技实力

近年来，我国政府正是基于对“科学技术是第一生产力”的透彻认识和对我国科技现状的深入了解，提出了自主创新理论，并加快了自主创新理论研究的步伐。经过几代人艰苦卓绝的持续奋斗，我国科技事业取得了令人鼓舞的巨大成就。以“两弹一星”、载人航天、杂交水稻、高性能计算机等为标志的一大批重大科技成就，极大地增强了我国的综合国力。我国已经建立起门类齐全、独立完整的科技体系，形成了开发研究、高技术研究和基础研究三个层次的发展布局，培养和造就了一支宏大的科技队伍，科学技术呈现出蓬勃发展的崭新局面（如表5-1所示）。然而，同发达国家相比，这中间的差距还

---

1. 杨志江，罗掌华.试析自主创新的内涵和特点［J］.韶关学院学报：社会科学版，2008（8）：66-69.

是巨大的，仍需不断努力，尤其是要加大加快自由创新的步伐。随着我国对自主创新重要性认识的不断加深，我国在科技发面的产出也迅速增长。

表5-1　我国科技产出水平（2001—2009年）

	2001	2002	2003	2004	2005	2006	2007	2008	2009
专利申请量/万件	20.4	25.3	30.8	35.4	47.6	57.3	69.4	82.8	87.8
发明专利申请量/万件	6.3	8.0	10.5	13.0	17.3	21.0	24.5	29.0	31.5
专利授权量/万件	11.4	13.2	18.2	19.0	21.4	26.8	35.2	41.2	50.2
发明专利授权量/万件	1.6	2.1	3.7	4.9	5.3	5.8	6.8	9.4	12.8
SCI、EI、ISTP系统收录的我国科技论文数/万篇	6.5	7.7	9.3	11.1	15.3	17.2	20.8	—	—
国内科技论文数/万篇	20.3	23.9	27.5	31.2	35.5	40.5	46.3	—	—

数据来源：科技部网站（2001—2010年），http://www.sts.org.cn/sjkl/kjtjdt/data2008/cstsm08.htm

值得一提的是，虽然新中国成立之后，我国的国防工业从无到有，有了很大的发展，然而也不得不承认，在许多领域我国的军事装备及技术都相对落后，甚至是空白，这种状况显然与我国国防发展的需要是极不相符的。我国也试图从国外购买一些装备和技术，但是西方国家出于战略考虑，国防方面的先进技术总是对我国有所保留。这充分证明，中国这样一个大国，要实现武器装备现代化，不可能靠购买武器来实现，必须自力更生。尤其是从科学发展的趋势看，技术越发展，保密性也越强，即使会转让出一些技术，也只能是次先进的技术。我们国家“两弹一星”的辉煌成绩也说明，只有立足于自主创新，依靠自身的创造性努力，才能解决核心技术问题。自己掌握核心技术，拥有自主知识产权，才是国防科技工业增强核心竞争力的必由之路[1]。

2. 自主创新能够促进经济结构优化，转变经济增长方式

我国正处于从粗放型的增长模式向集约型的增长模式转变的关键时期，从理论上来说，在这一阶段，工业和服务业开始逐渐成长，农业在国民经济中的地位开始减弱，产业结构处于高变动阶段，技术水平也随着经济增长有所提高。经济增长的方式开始由要素投入为推动力的外延式增长开始逐步向以技术和人力资本为动力的内涵式的增长方式过渡（韩延春，1999）。根据新增长理论，由于先进技术的使用，可以减缓有形资本的边际生产率下降的趋势，这样才能保持经济的持续性增长。因此，处于经济转型期的中国应该逐步增加无形资本的投资率，通过自主创新，获取技术进步，以实现经济从外延

1. 张帆.自主创新的理论渊源及现实意义探析［J］.齐齐哈尔大学学报：哲学社会科学版，2008（5）：33-35 .

式增长向内涵式增长的转变和产业结构的提升。

从我国经济发展的实践来看，由于缺乏核心技术和自主知识产权，资源和劳动密集型产业在我国仍占据主导地位，这就决定了我国国民财富的创造要靠消耗大量的能源和原材料来进行，经济的增长是以巨大的消耗为代价的。在这种粗放的增长方式下，人与自然的矛盾进一步激化，经济的可持续发展将无法实现，而解决这个矛盾的关键就是要技术创新。由此可见，要想实现发展的目标，关键是要找到一种能在既定资源的约束下提高产出效率的内在推动力，在熊彼特看来，这就是创新，即“新组合的实现只是意味着对经济体系中现有生产手段的供应作不同的使用”（熊彼特，1991）。不管是新发明还是技术进步，都可以改变生产要素的有机组合，相对降低劳动、土地和资本在产出中的比重，因此在既定产出下会降低资源的使用量，或在既定的资源使用量下会提高产出水平，这样才能有效突破资源的制约瓶颈，实现经济的可持续发展。

3. 自主创新能够提高企业的竞争力水平

由于自主创新能力的不足，相当多企业的发展越来越受到缺乏核心技术和自主知识产权的限制，这也是我国许多产业缺乏竞争力的症结所在。数据显示，我国核心技术的自给率非常低，像航空设备、精密仪器、工程机械等具有战略意义的领域，80%依赖进口。缺乏核心技术和自主知识产权，决定了我国的企业在市场竞争中，只能获得微薄的利润，而绝大部分利润将由实际上掌握核心技术的发达国家或其跨国公司所获取。如我国是DVD机生产大国，但因其生产的技术产权掌握在他国手中，致使生产一台售价为40美元的DVD机，要向外国公司交纳专利使用费20美元。而掌握核心技术的外国企业，只需要利用合同和法律，就能获得长期稳定的高额利润。

从理论上来说，这种状况是市场经济和专利制度的必然结果，在市场经济的条件下，能够应用新技术、开发新产品的企业必然会由于短期内可以以较高的价格出售而获得超额利润，而且由于专利和技术保护制度的存在，决定了这种利润不仅仅在本企业的生产中可以获得，而且其他应用此专利和技术的企业也要交纳“租金”，从而增加技术为企业所带来的收益。因此，对我国企业来说，要想改变这种受“剥削”和“控制”的情况，只有一个途径，那就是通过自主创新，获取关键技术和独立的知识产权，从而获取超额利润和突破跨国公司的垄断[1]。

4. 自主创新与自主品牌建设

自主创新是知识产权的主要来源和形成品牌价值的技术基础。品牌作为企业的无形资产一旦形成，则是企业长期独占创新收益的一个重要途径。一般情况下，高技术企业通过自己的R&D（研究与开发）活动，产生重大根本性创新，并以此申请发明专利和实用新型，形成版权或通过技术诀窍和商业秘密保护其创新成果。创新成果在进入市场时又会申请商标，并利用外观设计权来保护产品的包装和设计。在发明专利对产品和产业的关键或核心技术的保护下，创新产品会迅速占领市场，形成先占优势，给创新企业带来较高利润，弥补创新成本。自主创新过程是产生新知识和新技术的过程，同时也是知

1. 崔秀红，李婷.论自主创新对我国经济发展的意义 [J] .北方经贸，2008（2）：27–28.

识产权的创造、管理、保护和利用的过程。在此过程中，形成了企业内部知识和外部知识（专利信息）的交流和循环，同时也形成了内部知识和信息的创造和循环。知识产权管理与自主创新相互贯穿、相互交融，两者之间形成了紧密的联动关系。

创新产品推向市场后，在专利权的短期垄断下会形成一定的顾客群，最初的注册商标逐渐扩大市场占有率，形成初期的品牌。在专利的垄断期内，企业在生产过程中会产生学习效应，即通过干中学使得学习曲线不断下移，新产品的质量进一步提高，性能得到逐步改进，规模经济的实现进一步降低了产品的成本，这种持续的渐近性创新加强了新产品的市场地位并提升了品牌价值。销售阶段，由于企业和顾客、供应商、竞争者的互动和反馈，创新企业通过互动中学增强了创新能力，这种多重相互作用会进一步增进品牌价值。如果没有自主创新做支撑，没有优良的产品质量做基础，品牌就会失去生命力并在激烈的市场竞争中被更有实力的品牌所替代。广告和促销是形成品牌价值的重要途径，但是没有创新的基础性作用，它们不能独立支撑起品牌的核心价值和持久竞争力，早些年的“三株”口服液就是一个典型的例子。因此，自主创新不仅是高技术企业知识产权的主要来源，也构成了品牌的技术基础和价值源泉[1]。

（三）自主创新与我国创新型国家战略的提出

1. 改革开放以来我国科技创新体系的历史演进

回顾总结中国改革开放的三十多年，发现这三十多年是我国不断探索、不断实践、不断创新的一个过程。依据具有重大标志性转折意义的事件，可把我国改革开放三十多年来创新演变的历程划分为四个阶段：创新历程的起步——成套技术引进与模仿（1978—1985）；技术引进的深化——市场换技术与模仿创新（1986—1996）；技术引进向自主创新转变过渡——集成创新与二次创新（1997—2005）；自主创新启程——原始创新、集成创新、二次创新并举（2006— ）。

（1）创新历程的起步——成套技术引进与模仿（1978—1985）

1978年3月召开的全国科技大会，使科学技术发展的重大理论是非问题拨乱反正，明确了知识分子的地位。新中国成立后，基于国际环境两大阵营对峙的格局以及中国政局稳定的考量，我国社会各领域发展处于相对封闭的状态，造成我国科技与世界的差距不仅没有缩小，反而进一步拉大。因此，改革开放初期，技术引进尤其是成套技术引进成了快速追赶科技发达国家的主要方式。

1978年，我国就从国外引进了第一条彩电生产线，到1985年已经成为世界第二大电视机生产国。国产品牌如长虹、熊猫、飞跃、金星等逐渐成长起来。此外，我国于1978年签订了若干项大型引进项目，包括万吨级乙烯生产装置及关键设备，合成氨生产装置，综合采煤机组，化学化纤设备，皮革合成装置，采煤设备以及家电等项目。自1979年开始，软技术引进成为我国技术引进的主要方式。我国在1983—1985年间重点引进了3000项针对现有企业进行技术改造的先进技术。同时，明确对12个重大项目重点进行消

---

1. 赵远亮，周寄中，许治.高技术企业自主创新、知识产权与自主品牌的联动关系及启示 [J] .科学与科学技术管理，2008（1）：58-63.

化、吸收。这推动了我国整体技术水平迈上新的台阶。

（2）技术引进的深化——市场换技术与模仿创新（1986—1996）

1986年3月，以跟踪科技发展前沿为重要导向的高科技发展计划——863计划启动，这标志着我国科技发展进入了一个新的阶段，随后，我国技术引进方式也得到进一步深化与拓展。在技术引进方面，我国在经历了“购买成套技术”之后，以国际技术贸易为技术引进方式，改变了盲目引进的做法，开始着重关注引进技术的匹配性与适用性；20世纪90年代初，开始了“以市场换技术”的探索。遵循这一思路，以外国直接投资引进技术的方式倾向于注重填补国内空白、提高国内行业竞争力等先进技术。在1992年，我国正式提出了“以市场换技术”的战略，标志着外国直接投资被认定为新时期技术引进的主要方式。《90年代国家产业政策纲要》明确指出，为了获取关键技术和设备，允许有条件地开放部分国内市场。其主旨在于以FDI（外商直接投资）提升民族经济的内在含量，即不断扩大市场开放，吸引更多的外商来华投资，引进更多的先进技术。

“以市场换技术”给中国带来了快速的经济增长以及生活水平的提高。以中国汽车行业为例，德国大众早在1985年就与中国合作，成立了上海大众，开始生产桑塔纳轿车。在走过的20多年间，上海大众从普通型桑塔纳的全盘技术引进，到桑塔纳2000型的联合开发，从上海帕萨特B5的引进消化和大胆改进，到第四代POLO轿车的同步开发，中国汽车行业经历了从全盘引进到同步开发的大跨越。近年来，以奇瑞、吉利等为代表的国产汽车自主品牌的崛起，在研发自主品牌汽车方面走出了很好的路子。从目前的技术水平来看，从技术创新的基础来看，中国已经具备了建立以自主品牌为主的汽车工业的基础。而在卡车和客车领域，中国已经接近世界先进水平。绝大多数企业有了自主知识产权，具备了较强的创新能力。我国的客车工业从20世纪70年代起步，从最初的小型改装厂家逐步发展到拥有自主开发能力。国内客车企业始终保持着自主开发的传统，并通过自主创新、引进吸收创新等方式，开发出一批具有自主知识产权的客车专用技术。

在“以市场换技术”的过程中，我们也遭遇到了一些困惑。中国带着引进技术的目的，为外商敞开市场后，在实践中，“以市场换技术”实际效果并不是很好，有些市场让出去了，但技术没有换来，即使换来了，换来的也不是一流的技术。部分观点认为大规模引进不但没有加强我们对核心技术的掌握，反而削弱了我们创新的能力。

（3）技术引进向自主创新转变过渡——集成创新与二次创新（1997—2005）

1997年，我国启动了《国家重点基础研究发展规划》——973计划。973计划标志着我国由前期引进技术为主要目标的科技发展战略向原始创新、自主创新的方向转移。在973计划的推动下，创新的方式也得到了新的探索与发展。集成创新与二次创新（引进、消化吸收、再创新）是这个时期两种主要的创新模式，集成创新正式兴起于20世纪末的美国，而后迅速传到我国，在创新能力尚不强的阶段，集成创新就成了自主创新的先遣部队，并在2001年被列入《“十五”科技发展规划》。二次创新（引进、消化吸收、再创新）是相对于原始创新的创新模式，是建立在技术引进基础上的科技后起国家赶超科技发达国家的重要途径。《“十五”科技发展规划》明确指出：促进产业技术升级和提高科技持续创新能力，这为二次创新明确了创新的方向。此外，《“十五”科技发展规划》提出的“三个国家主体科技计划+两个环境建设”的计划体系，强调了加强科技原始性创新与跨越式发展，这为从引进到自主创新的转变铺平了道路。

秉承集成创新与二次创新的理念，国内很多企业在创新方面取得了巨大的进步。格兰仕公司前身是一家生产羽绒制品的工厂，1997年以前，格兰仕主要是引进、消化吸收国外技术。从1992年引进东芝公司的生产线和技术，到1996年引进世界最先进的微波炉生产设备和技术，并在消化吸收的基础上进行集成。1997年格兰仕设立研发部门，1998年又在美国设立技术开发机构，开始走合作和自主开发的道路。同时，格兰仕加入全球产业链，进行全面产业升级，并随着企业产业升级，格兰仕打入了全球制造业价值链，把经营模式由低价格、低附加值的“中国制造”延伸到高价格、高附加值的“全球制造”。

与此同时，合作创新悄然兴起。企业与高校合作创新，利用高校智力资源建立联合实验室；国内企业与国外企业之间合作创新；跨国企业利用国外智力资源在国外直接建立研发中心。建立在网络和集成战略之上的战略联盟，使得公司之间在广度和深度上扩大了联系，为合作创新奠定了基础。在一定的地域内集中连片，形成具有完整的产业链结构的产业集群，加速了创新的进程。这些创新探索大大增强了我国科技创新的实力。此外，我国还获得了一批基础性创新的成果。如，量子通信领域，我国在国际上首次实现了五粒子纠缠态的制备与操纵。首次提出KBBF棱镜耦合技术，实现了深紫外200 nm至193 nm激光有效输出，跃过了实现深紫外倍频光输出的技术门槛，向第四代光源的实现迈出了重要的一步。脑科学研究取得突破，在大脑的认知、神经信号传导、神经生长等方面取得了一批重大成果。中国科学家在国际上开创了果蝇面对两难线索的抉择研究；在认知科学研究方面提出了拓扑性质初期知觉理论，对半个世纪以来占统治地位的特征分析理论提出了挑战。

在这一过渡期，我国科技创新实力已经得到大幅攀升，并开始拥有部分原始性创新成果。但这只局限于少数领域，而在一些关键的领域，我们与国外尚有较大差距。又由于在技术引进基础上的集成创新与二次创新受限于既有技术轨道或范式，使得我国在科技创新道路上面临着永远扮演跟随者角色的威胁。因此，寻求创新过程中的主导权成为新时期我国科技创新发展中最重要的目标。

(4) 自主创新启程——原始创新、集成创新、二次创新并举（2006—）

经过漫长的技术引进与模仿创新，我国总体上为下一步创新进程的推进奠定了坚实的基础。近十年的二次创新（消化吸收再创新）与集成创新的开展，使得我国的科技创新能力得到进一步提升，并初步涌现部分原始创新成果，为我国自主创新的全面展开创造了条件。此外，新经济背景下的国际形势与竞争态势，把科技创新推到了国与国之间竞争的决定性力量的高度。加强能源资源节约和生态环境保护，保障国家安全，对自主创新提出了迫切要求。2006年，胡锦涛总书记在全国科技大会上发表了重要讲话，讲话提出我们要“努力走中国特色自主创新道路”。这是从技术引进彻底转变为自主创新的重要标志，也昭示着我国自主创新道路正式启程。

然而自主创新不是孤立地原始创新。党的十七大报告指出，走中国特色自主创新道路，必须从增强国家创新能力出发，加强原始创新、集成创新和引进消化吸收再创新。因此，自主创新涵盖了引进消化吸收再创新、集成创新和原始创新。这为我国在创新探索征途中扫清了认识的障碍与误区。

目前，我国有的企业已经通过引进消化吸收再创新、集成创新、原始创新，坚定地走上了具有中国特色的创新之路。振华港机从技术模仿起，通过与国际同行、高校科研单位协作，建立自己的研发平台，并且每年投入巨额研究资金，从模仿到改进，设计出更先进的部件，最终制造出拥有自主知识产权的集装箱起重机。中兴通讯坚持走自主创新之路，既向领先的国外企业学习，又通过重大的技术创新获得产品自主权，形成了具有鲜明特色的中国企业自主创新模式，从一家默默无闻的小公司发展成与世界列强比高低的公司。近年来，完成国内外专利申请三千多项，已加入ITU、3G、PPR等40余个国际标准组织，在多个领域拥有国际标准起草权。从技术追随者，到局部领先者，再到规则制定者，中国企业正在自主创新的道路上阔步前进。此外，在航天领域，神舟飞船太空航行及安全着陆，标志着我国已成为世界上继前苏联和美国之后第三个能够独立开展载人航天活动的国家。在信息领域，"星光数字媒体芯片"被三星、飞利浦、惠普、富士通、联想、索尼等国际知名企业大批量采用，表明了我国自主创新的成果在国际市场上拥有一席之地。在生物技术领域，一次次创纪录的高产杂交水稻的问世，在不断地谱写中国的创新神话。TD-SCDMA移动通讯标准，高清电视技术标准……这些昭示着我国在自主创新的道路上步步走向辉煌[1]。

2. 我国创新型国家战略的提出

基于对自主创新的重要性的深刻认识，我国的创新型国家战略，从设想布局到提出目标再到明确战略，可以说是最近几年的事情。首先是2005年10月召开的中国共产党第十六届五中全会，指出："要把增强自主创新能力作为国家战略，致力于建设创新型国家。"而后是2006年1月召开的全国科学技术大会，将创新型国家明确为中期建设目标，提出："到2020年，使我国的自主创新能力显著增强，科技促进经济社会发展和保障国家安全的能力显著增强，基础科学和前沿技术研究综合实力显著增强，取得一批在世界具有重大影响的科学技术成果，进入创新型国家行列。"最后是2007年10月的中国共产党第十七次全国代表大会，指出："提高自主创新能力，建设创新型国家。这是国家发展战略的核心。"为了保证这一战略的顺利实施，我国财政逐步加大科技拨款的力度，用于科研方面的投入逐年增加。

如果说改革开放以来的三十多年在整体上决定并确立了我国目前的经济发展规模和国家实力的话，那么在未来的30年乃至更长时期，进一步决定我国经济发展水平和实力的将主要是创新型国家战略的实施。因此，在新的形势和发展要求下，建设创新型国家已经成为我国的主导核心战略之一。这一战略要求把科技进步和创新作为经济社会发展的首要推动力量，把提高自主创新能力作为调整经济结构、转变增长方式、提高国家竞争力的中心环节，并以此来把建设创新型国家作为面向未来的重大战略。

二、我国自主创新的外部条件及内在需求

随着创新型国家战略的提出，我国进行自主创新的外部条件日趋成熟，同时经济发

1. 李云鹤，李湛.改革开放30年中国科技创新的演变与启示 [J] .中国科技论坛，2009 (1)：7-11.

展的方方面面都体现出了对自主创新的强烈需求。在这种情况下，中国将逐步进入主要依靠自主创新、取得和采用高新技术、完成实现工业化和现代化的历史任务的阶段。

(一) 我国自主创新的外部条件

陆风（2006）在其《走向自主创新 寻求中国力量的源泉》一书中，从两方面对自主创新的可能性进行了解释：

一方面，中国虽然在工业和技术发展上是一个后进国家，但中国不仅能够进行创新，而且只有通过创新才能赶上发达国家的经济发展水平。在世界经济发展的实际过程中，总是会有落后国家中追赶发达国家，甚至出现落后者超越领先者的情况。事实证明，落后国家在经济发展过程中不仅有可能进行创新，而且必须进行创新才能够实现追赶发达国家的目标。

另一方面，中国经济发展需要更高强度的技术学习，并需要更加以自主发展的技术能力作为经济发展的动力。中国经济发展20年来的经验证明，单纯依靠技术引进以及外资的大量涌入并没有自动导致中国工业技术能力的提高，高储蓄率和高积累率也没有自动导致技术和产业结构的升级。原因在于技术水平和技术能力的提高必须依靠以自主研发为主要途径的技术学习。

可喜的是，经过几十年的不懈努力，中国现在已经初步具备进行自主创新的条件，有了必要的技术力量和基础：

1. 资本比较充足

中国现在的城乡居民储蓄存款余额达17万亿人民币，每年引进外资五六百亿美元，外汇储备达1万多亿美元，能够满足自主创新对资金的需求。截至2007年，我国科技经费支出额已增加到7098.9亿元，国家财政科技拨款达到2113.5亿元，占国家财政总支出的4.25%，R&D经费达到3710.2亿元，占国内生产总值的1.49%（如表5-2所示）。

表5-2 我国用于科技方面的费用支出情况

	2001	2002	2003	2004	2005	2006	2007	2008	2009
科技经费支出额/亿元	2313	2672	3122	4004	4836	5757	7099	8420	9027
国家财政科技拨款/亿元	703	816	945	1095	1335	1689	2114	2540	3225
占国家财政总支出的比重%	3.72	3.70	3.83	3.84	3.93	4.18	4.25	4.12	4.25
R&D 经费/亿元	1043	1288	1540	1966	2450	3003	3710	4400	5802
与国内生产总值之比/%	0.95	1.07	1.13	1.23	1.34	1.42	1.49	1.5	1.7

注：2007年政府收支分类体系改革后，财政科技支出包括“科学技术”科目下支出和其他功能支出中用于科学技术的支出；前后年度财政科技支出涵盖范围基本一致。

数据来源：科技部网站最新统计数据，http://www.sts.org.cn/sjkl/kjtjdt/data2008/cstsm08.htm.

2. 技术方面取得进步

已经基本掌握一般先进技术，在部分领域还处于领先地位，并拥有一支数量可观的科学技术队伍。如华为、中兴、奇瑞、振华港机等自主创新型企业，他们并没有从组装外国设计的产品开始，而是来自具有技术研发经验的老企业或研究所。尽管这种自主开发也伴随着对外国技术的大量学习，但却与技术依赖不同。截至2007年年底，我国的专利申请量达到69.4万件，比上年增长21.1%，其中发明专利申请24.5万件，占35.4%。专利授权量为35.2万件，比上年增长31.3%，其中发明专利授权6.8万件。国内职务发明专利申请量为10.8万件，国内职务发明专利授权量为2.4万件。截至2007年年底，我国有效专利总量为85.0万件，其中发明、实用新型和外观设计专利分别占32.0%、35.2%和32.8%。

3. 企业制度正在完善

经过三十多年的改革开放，市场在中国资源配置中已经开始发挥基础性作用，初步建立了有利于促进技术进步的市场体系，基本形成了依靠市场来引导资金、人员和物品的流向和流量，依靠市场来实现新技术的研发、应用、推广和升级的有效机制，同时随着对企业自主创新能力的需求不断增加，在我国市场上催生出了一批敢于进行自主创新的公司和科技人员，并且规模越来越大，人数也逐年增加，如表5-3所示，我国有研究与开发活动的企业连年增加，占全部企业的比重越来越大。2007年，我国有研究与开发活动的企业数目达到8954个，占全部企业的24.7%；拥有科技机构11847个、科技活动人员220.2万人、研究与人员85.8万人；科技机构科技活动人员88.3万人；其中科学家和工程师所占比重分别为140.1%、68.2%和60.8%。

表5-3　我国科技活动机构与人员统计表

指　　标	2003	2004	2005	2006	2007
有研究与开发活动的企业/个	6651	6566	6874	7838	8954
有研究与开发活动的企业占全部企业的比重/%	29.9	23.7	24.1	24.0	24.7
科技机构数/个	6841	9083	9352	10464	11847
科技活动人员/万人	328.4	348.1	381.5	413.2	454.4
科学家和工程师所占比重/%	87.3	84.2	103.1	117.6	140.1
研究与开发折合全时人员/万人年	47.8	43.8	60.6	69.6	85.8
科学家和工程师所占比重/%	34.6	32.7	47.7	54.2	68.2
科技机构科技活动人员数/万人	53.1	52.8	64.3	75.8	88.3
科学家和工程师所占比重/%	35.7	33.8	43.1	50.8	60.8

数据来源：科技部网站（2003–2007年），http://www.sts.org.cn/sjkl/kjtjdt/data2008/cstsm08.htm.

（二）我国自主创新的内在需求

1. 转变传统经济增长方式需要自主创新

改革开放以来，中国主要依靠低生产要素成本采用高投入、高消耗的方式，实现了国民经济的高速增长，但是现在面临工资必须提高、资源价格上涨、环境成本增加的局面，粗放型的增长方式难以为继。近几年来国际国内市场上原油、铁矿石、铜等大量燃料和原材料的价格一路上扬，劳动力、土地等其他生产要素价格也逐年上涨，而下游制成品在竞争压力下提价空间有限，造成国内不少生产厂商利润受到供销两头挤压，处境艰难。同时，环境污染也比较严重，需要加大投入，治理污染，保护环境。而且，劳动力价格被压得太低，不仅造成分配不公、收入差距过大，影响社会稳定和劳动者的生产经营积极性，而且不利于内需的扩大，减弱了经济增长的动力，甚至还出现了“民工荒”，严重制约着中国的经济社会发展。因此，必须改变传统的粗放型、外延式经济增长模式，加快企业机械设备、工艺技术的改造和更新，走科技含量高、资源消耗低、环境污染少、人力资源得到充分利用的集约型、内涵式发展道路。集约型、内涵式的增长方式主要依靠技术进步和科学的管理，自然要求自主创新。

2. 优化产业结构、振兴装备制造业需要自主创新

中国经过二十多年的经济结构调整，已经改变了以往“重工业太重、轻工业太轻、服务业太少、农业落后”的畸形产业结构，但产业结构仍然没有得到根本性优化，并且出现了新的不合理现象，主要表现是简单加工工业过剩、原材料和基础产业成为瓶颈、高新技术产业不足、现代服务业太少、产业技术水平总体上较低，尤其是装备制造业相当落后。先进机械装备、关键零部件仍然依赖进口，每年大约要花1000亿美元进口先进设备，花1000亿美元进口关键零部件，每年进口设备和关键零部件的花费超过外商对华直接投资的3倍。现在需要进一步调整产业结构，形成以高新技术产业为先导、基础产业和制造业为支撑、装备制造业为重点、现代服务业全面发展的产业格局。高新技术产业和现代服务业的发展，装备制造业的振兴，产业技术水平的提高，都迫切需要加强自主创新。

3. 克服高新技术引进困难、实现新的技术进步需要自主创新

改革开放以来，中国技术进步大致上可以划分为两个阶段：第一阶段是20世纪八九十年代以技术引进为主的阶段，主要通过发挥后发优势、引进国外技术，掌握了比较先进的一般技术，中国的技术上了一个台阶；第二阶段是进入新世纪之后开始的以自主创新为主的阶段，中国现在更需要的是高、精、尖的技术，但是引进更加困难。以美国为代表的西方发达国家基于所谓的“战略目的”和冷战思维，仍然在高技术领域对我国实施封锁禁运。国外先进企业为了保持在行业内的领先地位，一般也会对核心技术或者最新技术进行严格保密，防止外泄和扩散。因此，只有依靠自主创新，方能突破封锁，变被动为主动，变后进为先进，赶上甚至领导行业的技术进步。

4. 满足国内市场需求需要自主创新

中国作为发展中的大国，经济增长不能主要依赖出口拉动，必须以扩大内需为主。虽然中国现在已经由“短缺经济时代”进入“过剩时代”，但这种“过剩”不是绝对的、

整体性的过剩，而是相对的、结构性的过剩。一方面是纺织品、家电、手机等行业大打价格战，甚至不惜亏本清仓处理；另一方面是每年还要花高价和巨资进口大量关键零部件、先进装备和先进技术。中国现在最需要得到满足而本国又不能满足的国内需求是先进装备、关键零部件、核心技术，因而迫切需要实施进口替代战略，通过开发高新技术、提升产品档次、填补产品空白，满足国内市场对高技术和高技术产品的巨大需求。这些需求没有自主创新，同样也无法满足。

5. 提升国际竞争力、实现外贸持续发展需要自主创新

中国进出口贸易总额由1978年的206亿美元（居世界第27位）上升到2006年的17606.9亿美元（居世界第3位），但具有较强国际竞争力的产业和产品却很少，经济效益也不高。出口的劳动密集型产品需求弹性往往较大，国内厂商为获得海外订单，竞相削价、“自相残杀”，利润十分微薄；而进口的技术密集型产品和资源类初级产品又为中国现阶段经济建设所必需，任凭国际市场价格一再攀高，我们都得“照单全收”；再加上中国的加工制造业，许多都处于世界产业价值链的低端，附加值低，所以尽管出口数量很大，得到的收益却不多。因此，中国外贸增长方式必须由数量扩张、外延扩大、粗放增长、靠劳动力充足价廉、引进国外先进技术、出口产品的技术含量和附加值低、缺乏自主品牌、国际市场竞争力弱的方式转变为进出口商品结构优化、主要依靠自主创新和自主品牌、科技兴贸、以质取胜、产业结构合理、加工度高、附加值高、效益高、可持续的方式，而外贸增长方式的转变必须依靠自主创新。[1]

三、我国自主创新的现状与问题

对于我国自主创新能力的研究，要基于我国现有的自主创新的状况，看到我国已经取得了一定的科技成就，具备了一定的自主创新能力，但比起其他创新型国家仍有许多不足之处，要赶上创新型国家的步伐就要找出问题，才能有针对性地去为实现创新型国家的目标奋斗。目前，我国自主创新能力处于什么样的一个历史方位？其现状如何及究竟存在哪些问题？本书在胡鞍钢、熊义志（2008）研究的基础上，综合运用以下三项指标来衡量我国的自主创新能力，这三个指标分别是技术创新能力、科学创新能力与研究与开发（R&D）投入量。

一是技术创新能力。技术创新反映了某国居民或企业在技术方面的创新与应用，反映了该国技术的影响力，一般用本国居民向本国专利机构申请的发明专利数量来表示。本文采用专利机构每年受理的申请专利数量来表示技术创新能力。

二是科学创新能力。科学创新能力应当反应某国在基础科学方面的创新及影响力，一般用本国科研人员在国际学术期刊发表的科技论文数量来表示。本文采用每年在SCI发表的论文数量来表示科学创新能力。

1. 简新华，殷保胜.中国自主创新的动力和实现机制［J］.江海学刊，2008（1）：65-69.

三是R&D投入量。R&D投入量既代表了某国研究与开发活动的投资实力，又代表了该国未来研究与开发的潜力。尤其是在信息化时代，R&D投入量与一国或地区自主创新的能力的关系，得到国际社会的高度重视。罗默（Romer，1990）提出了研究部门、中间产品部门与最终产品部门的三部门内生增长模型。通过分析，他认为技术革新是经济增长的核心，而技术革新是R&D活动的结果。

当然以上所述都暗含着这样一个假定：在SCI发表的科技论文、申请的发明专利越多，或者R&D投入量越高，那么自主创新能力就越强。以下分别从国际视角及国内视角来比较分析我国的自主创新能力。

（一）我国自主创新的现状

1. 财政科技拨款继续保持高速增长势头

财政科技拨款是实现政府科技发展目标的重要手段，它表明了政府对科技事业的支持力度。财政科技拨款由中央财政科技拨款和地方财政科技拨款两部分组成。进入新世纪以来，我国科技资金投入总量不断增长，财政科技拨款总额继续保持高速增长势头，全国财政科技拨款总额2000年为576亿元，2007年达2113.5亿元，是2000年的3.67倍（如图5-1所示）。

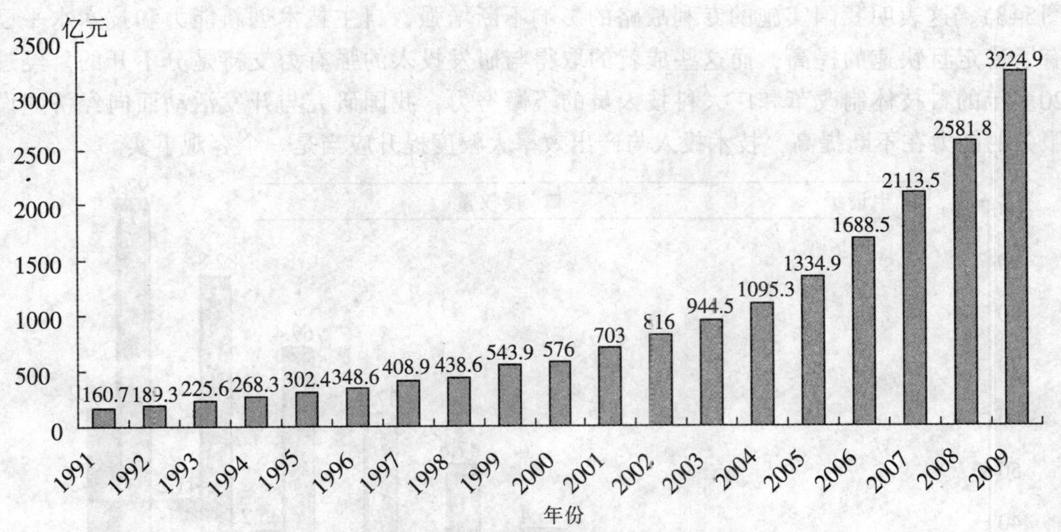

图5-1　全国财政科技拨款变化情况（1991—2009年）

数据来源：中国科技统计数据（1992—2010年）

2. 全国科技论文发表数量稳步增长

我国科学创新能力不断提高，表现为论文数量每年都在不断增加。其中，国内科技刊物上发表的论文数，1997年为120851篇，2007年增至463122篇，以年均114.37%的速度发展；1997年SCI、ISTP、EI三系统收录我国的科技论文数为35311篇，而2007年达到了207865篇，增长了4.89倍；从反映工程科学研究情况的《EI》收录的论文数看，从1997年至2007年的11年中，中国科技论文数呈上升趋势，SCI收录我国的科技论文数在2007年增至89147篇（如图5-2所示）。

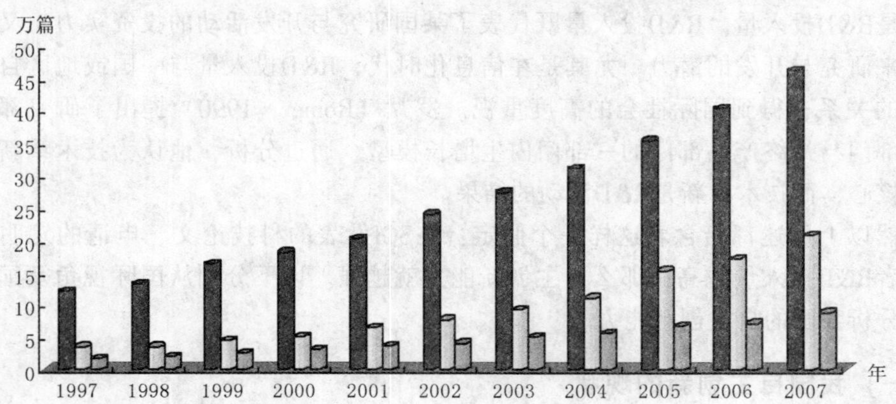

图5-2　全国科技论文发表数量变化情况（1997—2007年）

3. 专利的申请和授权总量持续快速增长

从专利产出来看，发明专利的申请和授权数量均在逐年快速增长，在三种专利中所占比重也在持续上升。1997年，我国专利申请总量仅为11.4万件，授权量也只有5.1万件，但经过短短的十几年，我国的专利申请总量上升至69.4万件，授权量上升至35.2万件(见图5-3)。这表明我国实施的专利战略的影响不断增强，自主技术创新能力和技术水平已有了稳定且快速的提高，而这些成就的取得与研发投入的强有力支持是分不开的。经过20多年的科技体制改革和广大科技人员的不懈努力，我国研究与开发活动面向经济建设服务的能力在不断提高，技术投入与产出效率大幅度提升应当是一个客观事实。

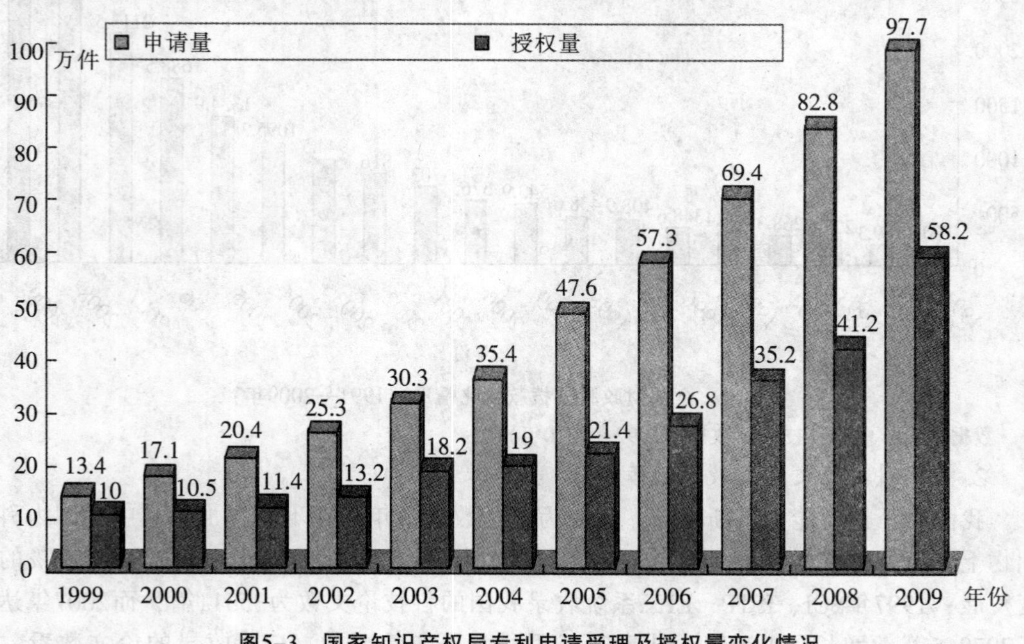

图5-3　国家知识产权局专利申请受理及授权量变化情况

4. 研究与开发(R&D)经费总额继续大幅增长

研究与开发（R&D）活动是科技活动的核心。提高R&D经费的投入规模和投入强度是一个国家实现自主创新的重要手段，这在主要发达国家和一些新兴工业化国家的发展历程中已得到鲜明体现。从R&D经费支出来看，1995年不足500亿元，2007年达到3500多亿元，增加了6倍，占GDP的比重由不足0.2%增加至1.5%，表现出研究与开发（R&D）经费总额继续大幅增长（见图5-4）。2007年我国的R&D经费总额实现了高速增长，跃升至世界第五位。

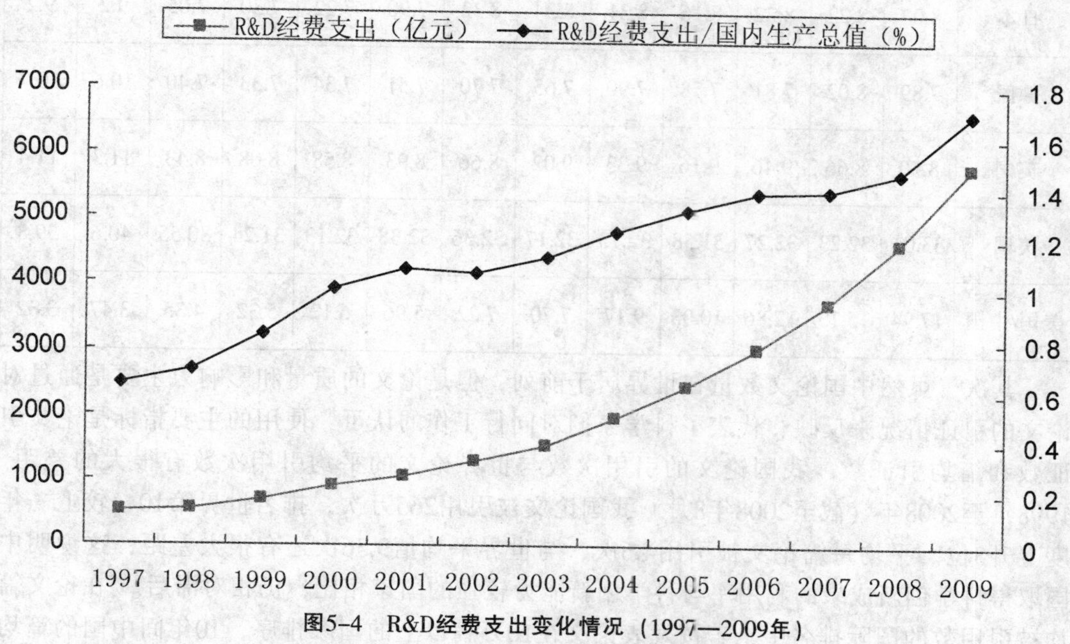

图5-4　R&D经费支出变化情况（1997—2009年）

（二）我国自主创新中存在的问题

通过上述基于科技论文、专利指标与R&D经费支出对我国科技产出状况的概述，从中不难发现，从投入产出效率的角度衡量，一方面我国的科技产出实力确实在不断增强，产出效率在多个方面领先于发达国家；另一方面，在某些反映自主创新能力的指标上，与发达国家相比，我国仍然比较落后。以下分别从国际视角及国内视角来比较分析我国的自主创新能力，以此来更好地发现我国自主创新中存在的主要问题。

1. 国际视角的比较分析

从国际视角的比较分析看，我国的自主创新能力与经济发达国家相比还存在着较大的差距。具体表现在：

（1）在科学创新方面

首先，科技论文是科技活动产出的重要形式之一，它可以从不同层面反映我国在基础研究与应用研究等方面开展的工作及国内外科技界的交流情况。SCI论文的发表情况主要反映一国在基础科学研究方面的状况和实力，其地位和影响力要高于EI和ISTP。近年来，单就数量而言，我国收录于SCI的论文数量有了大幅度增加，并已跻身世界前列，但是与处于第一位的美国相比，仍有很大的差距，2007年收录于SCI的美国论文有30.55万篇，而中国只有7.03万篇，美国的论文数量是中国的4.35倍（如表5-4所示）。

表5-4 SCI收录的五大国论文占世界比重

国家	1997	1998	1999	2000	2001	2002	2003	2004	2005	2006	2007	2008	2009
中国	1.84	2.13	2.51	3.15	3.57	4.18	4.48	5.43	5.25	5.87	7.03	11.7	12.0
日本	8.03	8.22	8.22	8.16	8.31	8.34	8.32	7.90	7.22	7.30	7.05	9.2	9.2
德国	7.89	8.02	7.81	7.78	7.90	7.65	7.70	7.51	7.34	7.33	7.40	10.6	10.7
英国	8.50	8.66	9.46	9.16	9.33	9.02	8.66	8.93	8.58	8.08	8.43	11.3	11.4
美国	33.01	32.23	32.27	31.58	32.73	32.17	32.36	32.38	32.13	31.24	30.55	40.6	39.8
美国/中国	17.94	15.13	12.86	10.03	9.17	7.70	7.22	5.96	6.12	5.32	4.35	3.47	3.32

其次，虽然中国论文数量在世界居于前列，但是论文的质量和影响力主要是通过对论文的引证情况来反映，代表了科学家们对同行工作的认可，使用的主要指标是论文引证数和篇均引证数。我国论文的引用次数与世界论文的平均引用次数有很大的差距。1998年至2008年（截至2008年8月）我国论文被引用265万次，排名世界第10，较上一年度上升3位。平均每篇论文被引用4.6次，与世界平均值9.56次还有很大差距，这说明中国取得科学创新成果的利用率与科学创新能力较强的国家相比，仍相对滞后。[1]在论文篇均被引用数的国际排名中，若按发表论文在10万篇以上的国家排序，10年间中国的篇均被引用数排名在世界第20位。更重要的是，虽然我国在材料科学等领域的论文数量和被引用次数居世界前列，但如果以论文平均被引用次数计，我国所有学科的篇均被引用次数仍不及世界平均水平的70%，而且各学科篇均被引用次数与世界平均水平的差距变化较大。这反映了我国各学科仍存在SCI论文整体质量不高和各学科的科研水平不均衡等问题。这一现象产生的原因从经费投入角度看，是由于我国科学研究（包括基础研究和应用研究）经费在R&D总经费中所占比重明显偏低。2006年我国科学研究经费占R&D总经费的比重仅为22%，而发达国家和新兴工业化国家一般均在40%左右。这是因为当今科技发展趋势是，科研成果转化周期越来越短，技术发展对科学研究依赖度不断提高。因此，在R&D经费大幅度增长的同时，我国应增加对基础研究和应用研究的经费投入，提高科学研究经费在我国R&D总经费中的比重，以推动我国科学技术的原始创新能力，缩小与世界先进水平的差距。

最后，需要说明的是，高等学校由于主要从事科学研究，特别是基础研究，所以历来是科技论文的生产主体。2005年我国高等学校发表的国际论文占到全部国际论文的82%。虽然从R&D经费按执行部门的分布来看，一般高校的R&D经费所占比重较小，这是世界各国的普遍规律。但是，我国高校的R&D经费所占份额近10年来一直在10%左右

1. 数据来源：中国科技统计数据，http://www.sts.org.cn/fxyj/zcfx/index.htm.

徘徊，这一比值较多数西方国家存在不同程度的差距。例如，加拿大和意大利的这一指标超过30%，瑞典、瑞士、英国和西班牙在20%~30%之间，美国、日本、德国和法国在13%~20%之间。[1]这一方面说明我国高等学校在科学研究方面的投入产出效率非常高；另一方面也揭示出高校的研发经费尽管逐年增长，但在全部研发经费中所占份额仍然较低，这在某种程度上会影响到高校基础研究的快速发展。

(2) 在技术创新方面

新中国成立以来，特别是改革开放以来，我国在自主创新知识产权方面虽然也取得了一定的成就。但总的看来，在自主创新知识产权方面与发达国家相比较还有相当大的差距。

首先，关键技术自主知识产权少。在许多重要的高科技领域，都存在着被业内人士称为“外国心脏中国身子”的问题，即关键技术的知识产权都在外国人手里。如我国生产出口的数控机床，知识产权多属于西门子、通用电气等西方大公司。由于利润中的大头都拱手相送外人，国内产品的科技附加值因此相对低下。产品占世界同类产品市场份额70%、年产5亿多只金属打火机的温州300多家打火机厂陷入困境，原因是欧盟针对中国通过了所谓CR法，规定所有出口到欧洲的2欧元以下的打火机，必须安装防止儿童开启的安全锁。虽然技术并不复杂，但专利已被洋人垄断。实际上等于硬逼着中国人在购买专利许可证上花大价钱挨宰，迫使打火机成本加大，从而形成了阻止中国金属打火机进入欧洲市场的非关税壁垒。这样的技术壁垒之所以能够得逞，就是因为我们没有自主的知识产权。只要关键技术自主知识产权仍然攥在人家手里，巨额利润就只能被人家赚取。没有自主的知识产权，企业为此付出了沉重代价。

其次，具有知识产权保护的产品在国际竞争中数量不多。没有知识产权保护的产品在国际市场是没有竞争能力的产品。在“十五”规划的实施中，虽然我国自主创新能力有所提高，也加强了自主知识产权的保护，但局面仍未根本好转。例如，我国的发明专利少得很。众所周知，发明专利是最具有自主创新的专利，从1997年至2002年，在国内发明专利的总授权中，由国外申请授权的发明专利，都超过了国内申请授权的发明专利，分别占国内总授权的56.2%（1997年）、65.0%（1998年）、59.4%（1999年）、51.3%（2000年）、66.9%（2001年）、72.7%（2002年）。尤其是在2002年，在国内发明专利的总授权中，外国获得的授权超过了70%。2000年国外在中国获得的发明专利授权共6506件，其中日本2206件、美国1475件、德国707件、韩国390件、法国385件、瑞士275件、荷兰183件、瑞典125件、意大利114件。这9个国家都是超过了100件以上发明专利授权的国家，共获5860件授权，占国外获得授权总数的90%，占全国当年发明专利授权的55.5%，专利之战兵临城下，出路只有一条——走创新之路。目前，我国的专利年申请量只有日本的1/8、美国的1/5、韩国的1/2。IBM、日立等大公司拥有的专利数以万计，美国仅2000年一年出售的专利许可证的收入就达到1800亿美元。据上海知识产权局统计，2001年上海专利申请量达到12769件，其中发明专利申请量3260件；2001年上海专利授权量5370件，其中发明专利授权量241件。而世界知识产权组织公布的数字却显示，2001年

---

1. 数据来源：中国科技统计数据，http://www.sts.org.cn/fxyj/zcfx/index.htm.

中国台湾被授予6544项专利，其数量排在世界第三位，仅次于日本和德国。作为一个国际性大都市和中国的经济中心城市的上海，其企业自主知识产权的拥有量实在是太少了。[1]

第三，自主知识产权保护不力。由于我国知识产权保护工作起步较晚，立法基础薄弱，法制意识落后。我国1980年正式成为世界知识产权组织成员以来，才陆续颁布了一系列相关法律法规（如1982年颁布了《商标法》，1984年颁布了《专利法》，1990年颁布了《著作权法》）。企业对于发明、发现或者其他科技成果只有证书、奖金或奖励，许多创新技术也仅仅经过传统的科技成果鉴定，没有申请专利权，也没有限定他人实施使用的权利。直到近几年，政府才设立知识产权的专门行政管理部门，对企业自主创新的知识产权进行保护。目前，我国知识产权管理机构过于分散，如：专利管理在国家知识产权局，商标管理在国家工商总局，著作权管理在新闻出版署等等，使得我国缺乏一个较为整体的、可行的国家知识产权战略，而这一战略的缺失，很大程度上造成了整个国家对知识产权的实质漠视，同时也缺乏一套自上而下、统一、协调的知识产权发展机制。长期以来，由于知识产权缺乏有效的保护措施，即使是成功的自主创新也很难获得较好的效益，大大挫伤了企业自主创新的积极性。企业对自主知识产权的管理不力，没有建立和完善知识产权保护和管理制度。我国企业对技术创新成果的知识产权保护意识不强，对技术创新成果的价值认识不足，导致科技成果被严重低估甚至被无偿转让。企业也很少设立专门的知识产权管理部门，而且严重缺乏高素质的专业人员。据统计，目前，我国拥有自主知识产权核心技术的企业约占0.03%，99%的企业没有申请专利，60%的企业没有自己的商标。另外，我国的许多专利在境外被抢注，这点在传统中草药上表现得比较严重。同时，我国驰名商标在海外丧权的事件也多次出现，给企业造成了巨大损失。[2]

由此我们应该清醒地认识到，为了增强综合国力和核心竞争力，在国际经济舞台上占有一席之地，必须最大限度地、更多地形成自主知识产权，并同时加强对我国现有自主知识产权的保护。

(3) 在科技投入方面

科技投入是科技资源中具有举足轻重的部分。根据联合国教科文组织的定义，结合我国国情，科技活动的全部内容应包括：研究与开发（R&D）活动、科技成果的转化和应用活动、科技服务活动三大部分。其中研究和开发活动包括基础研究、应用研究和试验发展；科技成果转化与应用活动包括设计与试制、小批试制、工业性试验等；科技服务活动包括计量、标准、统计等。本书主要从研究与开发活动来分析我国与经济发达国家之间的差距。

首先，研发经费投入不足。研发经费占国内生产总值的比重是世界各国和国际组织评价科技实力或竞争力的首选核心指标。20世纪90年代至今，我国研发经费支出总量以及研发投入强度虽有较大增长，但与新兴工业化国家相比，我国研发经费支出占GDP的

1. 梁永丽.增强自主创新能力，建设创新型国家 [D] .厦门：厦门大学，2006.

2. 娄春辉.我国企业自主创新能力培育研究 [D] .长春：吉林大学，2008.

比例还很低（如图5-5）。[1]2006年我国研发经费支出占GDP的比例仅为1.32%，而同期美国为2.62%，日本为3.39%，德国为2.53%，法国为2.11%。截至2009年，我国R&D经费占GDP比例才升至1.49%，这与其他经济发达国家相比仍存在很大差距。

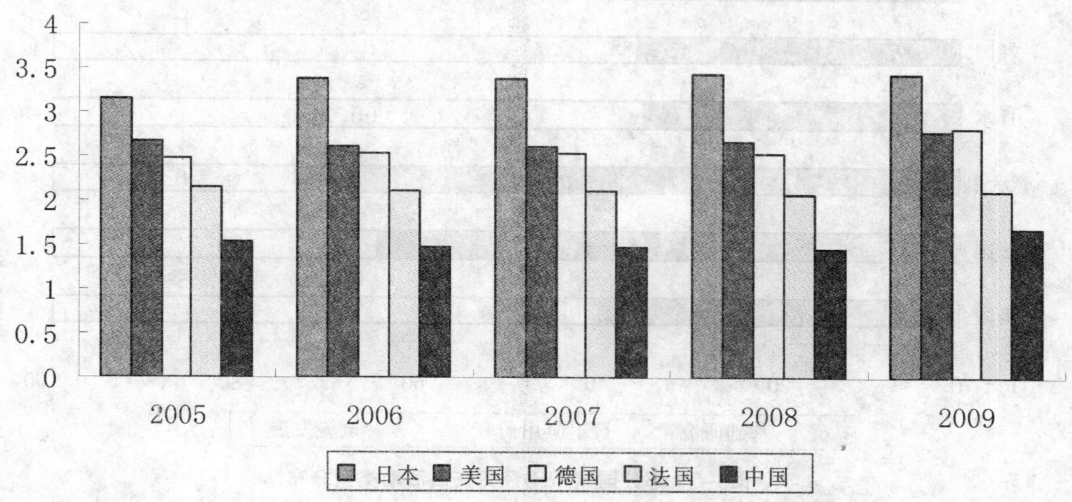

图5-5 五大国R&D经费占本国GDP比重（2005—2009）

其次，基础研究经费比重有所提升，但与发达国家相比，仍存在结构性差异。在全球研发投入经费持续增长的情况下，我国基础研究经费投入不足及其在整个研发经费投入中比重偏低的现象没有得到扭转，对我国未来原始性创新和自主创新能力的提高不利。长期以来，我国的基础研究投入一直不足，自2004年以来，我国基础研究投入占R&D经费支出的比重一直下降，到2007年，这一比重已降至4.7%，这与其他经济发达国家的差距越来越明显。如2006年美国基础研究占R&D经费支出的18.6%，韩国2006年为15.2%，俄罗斯2006年为15.4%，法国2005年为23.7%，意大利2005年为27.7%，日本2005年为12.7%。此外，2007年，政府在全面增加科技投入的同时，加大了对基础研究的投入力度。全国基础研究经费支出为174.5亿元，比上年增长了12%。但基础研究经费支出占R&D总支出的比重只为4.7%，比2006年下降了0.5个百分点。同年，应用研究经费支出为492.9亿元，与上年基本持平，占R&D经费总额的13.3%；试验发展经费支出为3042.8亿元，增长29%，占R&D经费总额的82.0%。从基础研究、应用研究和试验发展经费支出看，若以基础研究为1，2007年三者之间的比例关系为1:3:17。美国2006年这一比例为1:1:3，法国2005年为1:2:2，意大利2005年为1:2:1，日本2005年为1:2:5（如图5-6）。[2]与发达国家相比，我国基础研究、应用研究两类活动经费比例仍然偏低，且存在结构上的不合理现象。

---

1. 数据来源：中国科技统计数据（2005—2009年），http://www.sts.org.cn/fxyj/zcfx/index.htm.

2. 数据来源：中国科技统计数据（2008年），http://www.sts.org.cn/fxyj/zcfx/index.htm.

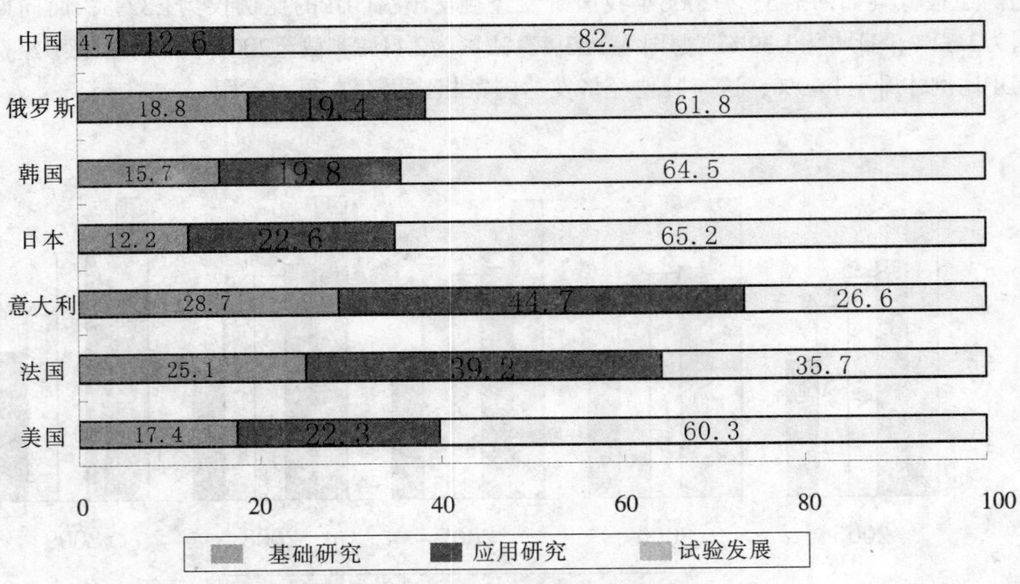

图5-6　部分国家R&D经费支出活动类型分布

第三，R&D的人力资源居世界前列，但每万名劳动力中R&D人数居世界落后地位。近年来我国政府加大了对科技和教育的投入力度，高等教育规模继续扩大，科技人力资源供给能力不断提升，科技人力投入保持快速增长。不断增加的科技人力资源已经成为促进我国社会经济发展的主要动力。科技人力资源总量是指已具有科学与工程技术领域的大专及以上学历或学位的人员数量，与实际从事科技活动但没有相应教育学历或学位的人员数量的总和。科技人力资源丰富是我国在科技竞争中的比较优势；与发达国家和新兴工业化国家相比，我国在R&D人员规模上也占有一定的优势。但是，由于人口基数大，按人均指标来衡量，我国劳动力的科技素质不仅大大低于发达国家，而且低于一些新兴工业化国家和某些发展中国家。例如，2006年，我国R&D人员总量为150.3万人年，远远超过日本（93.5万人年）、德国（48.9万人年）、法国（35.4万人年）、英国（33.5万人年）和俄罗斯（91.6万人年），除了美国（美国没有该指标数据）外，位居世界第一。但每万名劳动力中从事R&D活动的人员较少，2006年我国每万名劳动力中投入R&D活动的人员仅为19人年，约为日本、法国及俄罗斯的七分之一，德国、英国和加拿大的六分之一。而同期日本、德国、法国等发达国家该指标都在120人年左右（如图5-7）。[1]

最后，科技投入管理机制不够健全。一是表现在分散型的科技投入管理体制使科技投入缺乏有效的统筹规划、资源整合机制，不利于资金的有效使用和成果的有效管理。在国际科技投入资源管理更加强调“顶层设计、统筹规划”的趋势下，我国的科技投入管理体制却趋于分散，使政府投入效率降低，往往项目重复与支持不足同在，成果研发与成果应用脱节，投入不足与浪费低效并存，引导社会资金增加科技投入的功能也受到了限制。二是引导和激励全社会科技投入的机制还有待健全。比如目前我国还没有形成全社会参与的多元化的科技投融资体系。主要原因在于银行商业化以后，实行谨慎原则，增大了通过贷款获得成果转化和高新技术产业化所需要的资金的难度。风险投资体

1. 数据来源：中国科技统计数据（2008年），http://www.sts.org.cn/fxyj/zcfx/index.htm.

制还没有建立起来，尚未构建有利于自主创新的投融资环境。

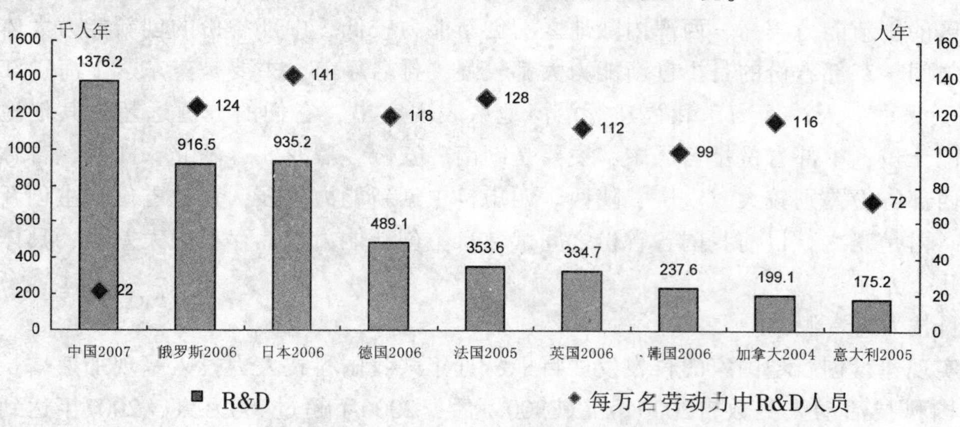

图5-7　部分国家R&D人员分布

2. 从国内视角的比较分析看，东部与中西部区域创新能力差距较明显

与国际比较，我国自主创新能力不强，与此同时，国内区域自主创新能力差别也比较大。由于企业自主创新能力是一个地区自主创新能力最重要的组成部分，所以，我们可以将各地区大中型企业自主创新能力综合评价排序等价于各区域自主创新能力综合评价排序。表5-5是2005年各地区大中型企业自主创新能力综合评价排序。

表5-5　2005年各地区大中型企业自主创新能力综合评价排序表

地区	分值	排序	地区	分值	排序	地区	分值	排序
广 东	83.68	1	湖 南	71.99	11	贵 州	67.53	21
上 海	79.72	2	四 川	71.18	12	河 北	67.31	22
重 庆	78.47	3	安 徽	71.07	13	宁 夏	66.03	23
江 苏	78.07	4	辽 宁	70.68	14	内蒙古	65.90	24
浙 江	77.72	5	黑龙江	70.37	15	甘 肃	65.83	25
北 京	76.46	6	湖 北	70.36	16	云 南	65.83	26
天 津	75.40	7	广 西	69.24	17	山 西	65.16	27
山 东	73.89	8	江 西	68.66	18	青 海	64.85	28
福 建	72.77	9	吉 林	68.12	19	新 疆	64.49	29
陕 西	72.47	10	河 南	67.77	20	海 南	61.65	30

注：①数据来源：徐田江.自主创新对中国经济增长方式转变的作用探讨［D］.北京：中共中央党校，2008.

从表5-5中我们可以看出，中国区域自主创新能力呈梯次分布的规律十分清晰，东部沿海地区的创新能力较高，西部内陆地区的创新能力较低，中部省份的创新能力大体处于两者之间。东部省份的自主创新能力大都较强，排名靠前，主要是广东、上海、江苏、浙江、北京、天津、山东和福建等沿海地区表现突出，它们的分值远超过其他地区，排在前十位；中部省份排名居中，主要是湖南、安徽、黑龙江、湖北、江西、吉林和河南；西部省份差别较大，重庆、陕西、四川自主创新能力较强，其他省份自主创新能力较弱。由是观之，目前我国各省份之间区域自主创新能力依然存在很大差距，具体表现以下几个方面：

(1) 科技人力资源

为了实现建设创新型国家的科技发展目标，近年来我国科技人力投入呈现加速增长态势。中国科技活动人员数自2000年突破300万后，2006年超过400万人，2007年达到454.4万人，比上年增加54.4万人，增长超过10.0%。2007年从事科技活动的科学家、工程师总数达到312.9万人，比上年增加33.1万人，增长11.8%。科学家、工程师占科技活动人员的比重达到68.9%。每万名劳动力中科学家、工程师数上升到39.8人。然而，科技人力资源的分布是十分不均匀的，北京、天津、上海、江苏、浙江和广东等省每万人科技活动人员都远远高于全国水平，尤其是北京每万人科技活动人员竟是贵州的24倍之多(如表5-6)。

(2) 研究与开发 (R&D) 经费支出

从表5-6可以看出，研究与开发（R&D）经费支出超过100亿元的有北京、江苏、广东、山东、上海、浙江、辽宁、四川、陕西、天津、湖北和河南共12个省（市），共支出2994.6亿元，占全国经费总支出的80.7%。研究与开发（R&D）经费投入强度（与地区生产总值之比）达到或超过全国水平的有北京、上海、天津、陕西、江苏、浙江和辽宁7个省（市），而其余的省（市、区）都低于全国水平，尤其是西部的一些省份R&D经费投入强度低于1%。

(3) 发明专利申请授权量

2006年我国专利申请与授权量大幅增加，共受理专利申请57.3万件，比上年增长20.3%，共授予专利权26.8万件，比上年增长25.2%。其中，技术含量相对较高的发明专利申请为21万余件，比上年增长21.4%；发明专利授权为57786件，比上年增长8.4%。北京、上海、广东、江苏、浙江、山东、辽宁、天津、湖北和四川位居全国发明专利授权量的前10位。因此，有关负责人表示，国内专利申请的持续快速增长，一方面表明了国内研究开发水平的不断提高；另一方面也说明我国社会公众专利意识明显提升。

(4) 国内中文期刊科技论文数

科技论文属学术论文的范畴，它是论述科技领域中具有创新意义的理论性、实验性、观测性的新成果、新见解和新知识；或者是总结某种已知原理应用于实践所取得的新方法、新技术和新产品的科技文献。科技论文是科学研究活动的重要产出形式，是反映科研成果、开展学术交流的重要手段，是促进全球范围科技交流与合作的有效途径。通过对论文和引文进行统计和分析，可从一个侧面反映科学研究工作的创新性和发展性，揭示该国（或地区）的科研优势领域、科技发展趋势，是宏观了解和把握科学技术发展现状与规律的重要工具。然而，我国各地区之间科技论文数相差较大，2007年，科技论文数超过一万篇的大多是东部沿海省（市），如北京（59375篇）、广东（31049篇）、浙江（24526篇）、上海（29141篇）和江苏（38987篇）等，而西部省份则是少之又少，如宁夏（1086篇）、青海（1132篇）和西藏（126篇）等。

表5-6　2007年各地区主要科技指标

地区	万人科技活动人员/人	R&D 经费支出/亿元	R&D 经费投入强度/%	发明专利申请授权量/件	国内中文期刊科技论文数/篇
北京	245.9	505.4	5.40	4824	59375
天津	101.1	114.7	2.27	1164	12332
河北	19.6	90.0	0.66	462	14589
山西	37.7	49.3	0.86	307	6034
内蒙古	17.5	24.2	0.40	120	2822
辽宁	43.9	165.4	1.50	1220	19126
吉林	34	50.9	0.96	454	8463
黑龙江	30.1	66.0	0.93	668	12253
上海	122.7	307.5	2.52	3259	29141
江苏	57.4	430.2	1.67	2220	38987
浙江	68.7	281.6	1.50	2213	24526
安徽	18.5	71.8	0.97	317	11691
福建	31.5	82.2	0.89	336	8214
江西	16.6	48.8	0.89	176	5778
山东	35.3	312.3	1.20	1435	25037
河南	20.5	101.1	0.67	563	18098
湖北	30.4	111.3	1.21	886	26768
湖南	21.5	73.6	0.80	735	19442
广东	47.5	404.3	1.30	3714	31049
广西	14	22.0	0.37	188	6755
海南	10.5	2.6	0.21	51	1722
重庆	29.8	47.0	1.14	354	11867
四川	25.7	139.1	1.32	825	19311
贵州	10.4	13.7	0.50	233	3849
云南	12.7	25.9	0.55	368	5617
西藏	12.7	0.7	0.20	4	126
陕西	39.7	121.7	2.23	755	24783
甘肃	20.4	25.7	0.95	180	6468
青海	20.3	3.8	0.49	28	1132
宁夏	23.8	7.5	0.84	32	1068
新疆	14.4	10.0	0.28	90	4368
全国	39.8	3710.2	1.49	28181	460791

数据来源：中国科技统计数据（2008年），http://www.sts.org.cn/fxyj/zcfx/index.htm.

四、增强我国自主创新能力的对策建议

创新是民族进步的灵魂，是国家兴旺发达的不竭动力。能否提高自主创新能力，事关国家的战略利益和安全，事关经济增长的质量和效益，事关可持续发展的能力和后劲。目前我国自主创新能力不强，严重制约着我国经济增长方式的转变及国际竞争力的提高。提高我国自主创新能力，已成为推进经济结构调整、转变经济增长方式的关键，成为走新型工业化道路、缓解资源供应紧张压力的关键，成为保持经济持续快速协调健康发展、提高国际竞争力的关键。必须从战略高度认识自主创新，集全党智慧谋划自主创新，举全国之力推动自主创新，尽快实现发展战略从资源依赖型向创新驱动型转变，从依靠国外技术为主向自主创新为主转变。

（一）创造有利于自主创新的体制机制和政策环境

1. 制定有利于自主创新的财政、金融政策

自主创新往往伴随着风险。自主创新不仅需要资金投入，更需要国家的优惠政策支持。例如，日本企业研发投入最高可享受20%的税收抵扣和100%的折旧率；美国企业每年用于技术开发新增投入的30%~50%可以抵扣企业所得税，大大提高了企业自主创新的积极性。因此，要借鉴国际经验，尽快建立健全我国鼓励自主创新的政策体系。

一是制定优惠的财税政策。各级财政要建立稳定的研发投入增长机制，集中用于共性、关键性和前沿性技术的研究开发。对企业研发投入允许以较大比例直接抵扣税收；对社会力量资助科研机构和高校的研发经费，也可享受一定的税收优惠。

二是实施金融扶持政策。金融机构要建立授权授信制度，增加信贷品种，扩大科技信贷投入。要完善中小型科技企业的贷款担保体系，包括降低商业银行担保比例、建立贷款风险担保准备金、加大财政贴息力度等。要建立风险投资机制，发展风险投资公司和风险投资基金等。

2. 通过政府采购促进自主创新

随着政府采购规模的不断扩大，许多国家都注重运用政府采购手段来促进自主创新，扶持本国产业发展。如《购买美国产品法》规定，凡是使用纳税人的钱采购商品，必须优先购买纳税人所办企业生产的产品，只有当本国企业不能满足需要时才允许进口。在日本，对社会公众有利害关系的招投标项目，一定要有行业协会的推荐，其用意在于支持和鼓励采购本国产品。但在我国，目前对使用进口设备实行减免税，而对购买国产设备缺乏激励政策，这是一种逆向调节，不利于国内自主品牌的发展，必须完善相关措施。

一是尽快出台《政府采购法实施条例》。我国《政府采购法》规定："政府采购应当采购本国货物、工程和服务。"目前，要尽快出台《政府采购法实施条例》，增加这一规定的可操作性。要有目的地增加技术创新的引导，给予自主品牌产品优先采购权，通

过前采购给企业的研发投入以宏观导向，通过后采购为企业研发成果创造稳定的市场空间。要以适当形式对积极购买和使用政府采购的重点产品及服务的单位给予一定的奖励。

二是加强对政府采购的监督管理。要建立健全政府采购信息发布和披露制度，加强对政府采购法律法规执行情况的监督检查，规范招投标行为，对应采购自主品牌而未采购的，要严厉处分相关责任人，并取消该单位一定期限的采购权。

3. 加强人力资本开发，为自主创新提供人才保障

提高自主创新能力，人才是关键。目前我国人才十分缺乏，必须树立“人才资源是第一资源”的思想，在全社会形成“尊重知识、尊重人才、尊重劳动、尊重创造”的良好风尚，加快形成有利于优秀人才脱颖而出、人尽其才的有效机制。

一是制定人才队伍建设的总体规划。“十年树木，百年树人”。要根据国家自主创新的总体需要制定人才队伍建设的总体战略和政策，明确人才队伍建设的目标及措施，尽快建成一支规模宏大、素质较高、结构合理的创新型人才队伍。

二是营造人才辈出、人尽其才的机制。实行优先投资于提高人的素质的战略，加大教育投入，调整国民教育体系，注重能力和素质教育，构建学习型社会，使我国尽快从人口大国变成人力资源强国。进一步深化人事制度改革，尽快建立市场主导、政府指导的人才资源配置机制；加大人力资本要素在分配中的比重，完善激励和竞争机制，充分调动各类人才的积极性、主动性和创造性。

三是以国家重大科技计划培养和凝聚高层次人才。国家重大科技计划不仅要出高质量的成果，更要出高水平的人才。要以培养战略型科学家、学术带头人和科学家团队为重点，将国家重大科技计划与人才培养计划有机结合起来，特别是要通过国家重大科技计划带动，为优秀科技人才提供施展才干的舞台。

四是大力吸引国际优秀人才。首先，要建立全球人才信息网和人才储备制度。及时收集全球人才信息，分析人才流动趋势及各国人才政策，在此基础上制定人才引进政策。其次，要采用多种形式引进人才。要以重要岗位公开招聘国际一流人才，以科技项目和人才计划吸引优秀人才。建立“海外咨询专家”制度，邀请他们参与我国重大项目、工程和课题的立项、评估。研究制定技术移民法，鼓励海外优秀人才来华创业或工作。

4. 把知识产权战略纳入国家创新体系建设

完善的知识产权制度是鼓励自主创新的重要保障。因此，要把知识产权战略纳入国家创新体系建设，以强化知识产权管理和保护。

一是完善知识产权制度。把完善知识产权制度提到科技、经济、文化工作的重要议事日程，综合运用法律的、经济的和行政的手段，引导企业、科研院所和高等学校采取有效措施，切实保护自己的知识产权，充分尊重他人的知识产权，增强全社会的创新精神和创造活力。

二是建立日常监督和重点检查相结合的机制。大力加强对知识产权法律实施的监督、检查工作，定期、不定期地组织各知识产权行政执法机关和科技、经济、文化、新闻出版、广播电影电视、公安等有关部门，对各地区、各部门贯彻实施知识产权法律的

情况进行联合大检查，重点查处一些重要的、有影响的知识产权侵权大案，督促解决一些地方存在的执法不严和对侵权行为处罚不力的现象，坚决查处和制裁各种侵权行为，及时有效地处理知识产权侵权和纠纷案件。

5. 通过重大工程建设带动重大技术创新

从国际经验看，国家重大工程是技术运用、技术集成和技术创新的主战场，是围绕国家需求、体现国家意志和实现国家目标的主战场。国家直接兴办重大工程不仅能够带动一批战略性产业发展，而且能够在关键领域实现重大技术创新。如美国，通过政府兴办曼哈顿工程，带动了核技术的发展；通过实施星球大战计划，实现了航天航空技术的重大突破；通过推动信息高速公路工程，带动了电子信息技术的不断创新；最近正在抓紧实施的TMD、NMD计划，对完善卫星定位、精确制导、快速反应系统将产生重要带动作用。我国要紧跟世界科技发展趋势，选准一批重大工程，集中全国主要的科技资源，有针对性地进行技术研发和系统集成，攻破和掌握关键技术和核心技术，进而提高我国的自主创新能力。

（二）充分发挥企业在自主创新中的主体地位

1. 确立企业自主创新的主体地位

从世界经验看，企业是自主创新的主体。100多年来，世界上对经济发展起决定作用的技术几乎全部源自企业。发达国家80%的科研工作是在大企业中完成的。而在我国，企业尚未成为自主创新的主体，没有把技术创新作为赢得竞争优势的重要手段。因此，要从战略上尽快确立企业自主创新的主体地位。

一是逐步使我国科技体制由政府研究机构主导型转变为企业研究机构主导型。在制定国家科技发展规划时，要充分考虑企业的需求，在科技投入、研究计划和人员配置上向企业倾斜，逐步使我国科技体制由政府研究机构主导型转变为企业研究机构主导型。将企业的重大技术课题列入国家科技计划，对课题所需的基础研究、开发性研究、共性技术、关键性技术等进行统筹安排，并给予政策、经费支持。

二是改进国家财政的科研投资方向。国家财政科研投资的方向，应从主要投向科研机构转为主要投向企业，促进企业成为科技创新的主体。除重大基础研究、战略研究外，凡是没有企业参与的科研项目，就认为其产业前景没有落实，国家就不资助科研经费，迫使科研机构和院校积极与企业结合，促进产学研一体化。

三是推进形成支持企业科技创新的多元化投融资机制。不同的企业可以根据项目的不同特点，从多元化、多渠道的社会资金市场上寻求创新支持。健全和完善风险资本与证券市场，实现企业科技与风险投资、企业科技与社会资金的良性结合。对技术创新的风险投资应给予信贷和税收优惠，引导风险资本和证券市场向科技开发产业增加投资。

四是创建和完善企业技术创新激励机制。政府要通过诱导性和鼓励性的财政、税收和信贷政策，激励企业加大科研投入，开展自主创新。对高新技术企业可实行一定的税收返还或税收减免政策，将科研经费全部计入成本。可建立科技成果转化基金，促进技术成果产业化。进一步实施火炬计划，推动高新技术企业发展。扩大国家科技型中小企业技术创新基金规模，支持中小企业开展自主创新。[1]

2. 建立有利于企业自主创新的体制机制

由于缺乏创新机制，目前我国企业创新动力严重不足。2003年，国有大中型企业建立技术研发机构的只占25%，开展研发活动的仅为30%；企业用于产品和技术研发的投入占销售收入的比重仅为0.75%，而发达国家的这个比例通常在3%以上。因此，要进一步深化企业改革，建立有利于企业自主创新的体制机制。

3. 建立高水平的企业研发机构

要加强企业研发机构建设，提高企业自主开发能力，切实把提高经济效益转到依靠技术进步的轨道上来。

一是加大资金支持。加大对技术创新的财力投入力度，是提升企业自主创新能力的关键。要加大财政科技投入稳定增长的幅度，尽快实现研发费用与GDP同步增长。加快培育科技创新的资金市场，调动和引导社会资金，多渠道、多方式增加对企业研发活动的投入。

二是完善相关制度。建立健全技术开发准备金制度、技术及人才开发费税金减免制度以及新技术推广投资税金减免制度等，鼓励企业建立研发机构，重点支持对行业科技进步贡献大的研发机构建设。加强对研发机构的运行机制、资金投入、人员结构及开发成果等方面的建设和管理。为增强自主创新能力，企业用于研发的投入占销售收入的比重一般不能低于3%，高新技术企业的这一比例要在8%以上。

三是鼓励联合研发。完善相关机制，加强不同企业研发机构的交流与合作，鼓励联合开发与创新，提高科技资源利用效率和运行效率。

（三）充分发挥科研院所和高等院校在自主创新中的中间作用[2]

1. 继续推进科研院所体制改革

1999年以来，我国对科研院所进行了市场化改革，有效解决了科技和经济“两张皮”的问题，也激发了科研人员的积极性。但也应该看到，这次改革对不同行业的特点要求考虑得不够充分，改革后的科研院所注重应用性技术的研发，而对产业共性技术重视不够。一些科研院所追求眼前的经济利益，忽视了长远的技术储备与社会效益。要区分不同情况，继续推进科研院所体制改革，提高它们从事创新活动的积极性。

2. 全面提升高等院校的自主创新能力

高等院校主要从事基础理论研究，是自主创新特别是原始性创新的重要源泉。要加强高等院校建设，全面提升高等院校的自主创新能力。

一是加强学科建设。高等院校尤其是研究型高等院校要根据比较优势，突出特点，选准主攻方向，有针对性地加强重点专业和重点学科建设，构建一批能够为经济增长和

1. 张昊一.我国企业自主创新政策机制研究 [D] .哈尔滨：哈尔滨工程大学，2007.

2. 刘新民.提高我国自主创新能力的对策建议 [J] .宏观经济研究，2005 (7).

社会进步提供重要知识和技术支撑的学科群。

二是加强重点实验室建设。加大对重点实验室建设的支持力度，鼓励多学科的交叉与综合，积极探索成立多学科交叉的科研中心，寻求多侧面、多角度的思考，产生创新性思维。

三是完善高等院校科研人员评价与奖励制度。尊重学科性质和工作性质的差异，尊重基础研究的自身发展规律，进一步改革高等院校科研人员评价与奖励制度，从根本上杜绝急于求成的短期行为。

3. 建立产学研合作机制

打破我国企业、科研院所和高等院校自我封闭的结构系统，建立以企业为主体，科研院所和高等院校优势互补、风险共担、利益共享、共同发展的产学研合作机制。

一是探索多种合作形式。通过共同研究、技术指导、技术培训、科研器材的共同使用、关键技术信息的服务、专利使用等兼职、培训形式，整合、优化现有资源，建立以实现共享为核心的合作机制。鼓励有条件的高等院校、科研院所和企业联合建立技术中心、中试基地，或通过联营、投资、参股等多种方式实现与企业的联合，增强企业的技术创新能力。

二是企业研发要注重和高等院校、科研院所有机结合。企业研发经费要有一定比例用于产学研合作，以强化技术引进与消化吸收的有效衔接，提高技术配套和自主开发能力。

（四）要把技术引进与提高自主创新能力进行有机结合

1. 增加对引进技术消化、吸收和再创新的投入

引进技术是实现技术进步的捷径。引进技术只有与消化、吸收和再创新相结合，才能很快形成自主创新能力，摆脱对技术引进的依赖。因此，一些国家都大幅度增加这方面的投入。如日本、韩国等国家引进技术和对引进技术消化、吸收、再创新的投入之比是1:8左右，因而能做到第一台设备引进，第二台自主制造，第三台即能出口。而我国的这一比例仅为1:0.07，这就造成引进再引进，重复引进，长期不能形成具有自主知识产权的产品。因此，要通过多种途径增加对引进技术消化、吸收和再创新的投入。国家应统一引进产业共性技术、关键技术，建立专门的消化、吸收、再创新基金，组织产学研进行联合消化、吸收与再创新，最后再转移到企业。要运用财税、信贷等经济杠杆引导和鼓励企业加强对引进技术的消化、吸收和再创新。

2. 充分利用产学研合作机制联合引进

在技术引进的主体上，要实现以国家为主体向以企业为主体、科研院所和高等院校联合开放引进转变。企业拥有技术引进的决策权、投资权、收益权，并承担相应风险。企业在引进技术时，必须联合科研院所和高等院校做好技术引进、消化吸收的可行性论证，并制定详细的消化吸收规划。对于国有企业，特别是对有技术引进的企业，要将引进技术的消化吸收和创新情况列入企业考核的指标体系。

3. 注重对软件技术、关键技术的引进

由于生产线、成套设备等硬件技术的引进能够迅速扩大企业的生产能力，占领国内

市场，因此，在技术引进过程中，我国许多企业更倾向于引进硬件技术而轻视软件技术，这不利于引进技术的消化、吸收和创新。因此，在引进技术时，要实现从重视引进硬件技术向主要引进软件、专利、图纸、工艺及关键技术转变。推广二滩电站和三峡电站的经验，在引进设备时实行国际招标，中标的外国企业必须承诺向我国企业转让核心技术；同时，支持国内企业接受技术转让并分包制造，逐步提高设备国产化率，真正实现以市场换技术。

4. 对各种引进技术进行集成创新

在现代科技发展中，相关技术的系统集成创新以及由此确立的竞争优势，远远超过单项技术突破带来的竞争优势。一段时期以来，我国注重单项技术引进，而对技术的集成创新重视不够，使得大量的引进技术缺乏优化组合而无法发挥其应有功能。因此，在引进技术时，要从集成创新的角度考虑，统筹安排，分散引进，突出重点。引进技术后要充分利用产学研合作机制，做好产业链上下游集成、单项技术系统集成、国外先进技术与国内技术系统集成、相关学科系统集成等，以有效消化、吸收引进技术、提高我国自主创新能力。

5. 采用国际并购方式引进创新

随着经济全球化迅速发展及国际竞争的日趋激烈，企业的国际重组步伐越来越快，这为我国通过国际并购方式引进国外先进技术提供了可能。要抓住这一有利时机，跟踪相关产业技术发展趋势及企业重组信息，敢于并善于逆向并购，用国内劳动密集型企业并购国际技术型企业，以获取核心技术。如浙江的万向集团收购美国公司、飞跃缝纫机收购日本公司、杭州华立集团收购设在美国的飞利浦下属的拥有手机芯片生产技术的企业等，都是比较成功的例子，值得总结和推广。

【思考题】

1. 我国自主创新的体制性障碍与对策是什么？
2. 全球化背景下我国企业自主创新的道路是什么？
3. 政府如何支持企业提高自主创新能力？
4. 如何通过科技创新来培育和发展我国战略性新型产业？
5. 如何发挥科研院所和高等院校在自主创新中的作用？

参考文献

[1] 聂俊.保护知识产权对我国自主创新的意义[J].科协论坛,2007(7).

[2] 陆风.走向自主创新,寻求中国力量的源泉[M].桂林:广西师范大学出版社,2006.

[3] 李建建,郑亚伍.我国自主创新的内涵及战略意义[J].科技与经济,2006(1).

[4] 易善策,洪群联.创新型国家建设与自主创新战略探索——“创新型国家与高技术产业发展”论坛综述.经济界,2008(5).

[5] 范福春. 大力发展资本市场，为建设创新型国家战略服务[N]. 证券市场导报，2007-08-04.

[6] 顾大钊.创新型国家战略及神华面临的机遇与挑战[J].中国煤炭,2009(2).

[7] 李云鹤,李湛.改革开放30年中国科技创新的演变与启示[J].中国科技论坛,2009(1).

[8] 李学勇.我国特色自主创新道路的探索和实践[J].中国科技投资,2009(2).

[9] 罗立,罗筑晴.自主创新的内涵、主要特征及贵州自主创新实例研究[J].科技成果纵横,2007(1).

[10] 段瑞春.自主创新:知识产权与品牌战略[J].知识产权战略,2006(6).

[11] 陆昊.自主创新要突出技术战略与品牌战略的结合[J].中国高校科技与产业化,2007(6).

[12] 赵远亮,周寄中,许治.高技术企业自主创新、知识产权与自主品牌的联动关系及启示[J].科学与科学技术管理,2008(1).

[13] 张帆.自主创新的理论渊源及现实意义探析[J].齐齐哈尔大学学报:哲学社会科学版,2008(5).

[14] 崔秀红,李婷.论自主创新对我国经济发展的意义[J].北方经贸,2008(2).

[15] 游光荣,柳卸林.自主创新的内涵与类型[J].国防科技,2007(3).

[16] 胡凤英,贾振宏.浅谈技术创新的类型[J].有色金属,2000(1).

[17] 柴丽俊.企业技术创新的研究与类型[J].内蒙古科技与经济,2000(6)

[18] 张芳洁,滕焕钦.企业组织创新是技术创新的实现条件[J].河北建筑科技学院学报:社科版,2002(3).

[19] 晓林.如何在市场经济条件下实现技术创新[J].党政干部学刊,2000(12).

[20] 王涛.自主创新的概念与内涵探析[J].理论研讨,2009(1).

[21] 杨志江,罗掌华.试析自主创新的内涵和特点[J].韶关学院学报:社会科学版,2008(8).

[22] 段瑞春.创新引领未来——关于知识产权与自主品牌的思考[J].中国科技产业,2009(2).

[23] 王国儒. 提高自主创新能力是建设创新型国家的重大战略任务 [J]. 安庆科技,2008(4).

[24] 席钰萍.自主创新能力推动社会经济发展[J].经济管理,2009(5).

[25] 李钢. 论构建我国科技创新体系的政策思路——以实施国家知识产权战略为导向,2009(3).

[26] 柳卸林,游光荣,王春法.自主创新公务员读本[M].北京:知识产权出版社,2006.

[27] 郑少甫.自主创新与我国经济发展[D].北京:首都师范大学.2008.

[28] 胡晓鹏.中国学界关于自主创新问题的观点论争与启示[J].财经问题研究,2006(6).

[29] 简新华,殷保胜.中国自主创新的动力和实现机制[J].江海学刊,2008(1).

[30] 徐田江.自主创新对中国经济增长方式转变的作用探讨[D].北京:中共中央党校,2008.

[31] 张昊一.我国企业自主创新政策机制研究[D].哈尔滨:哈尔滨工程大学,2007.
[32] 刘新民.提高我国自主创新能力的对策建议[J].宏观经济研究,2005(7).
[33] 梁永丽.增强自主创新能力,建设创新型国家[D].厦门:厦门大学,2006.
[34] 娄春辉.我国企业自主创新能力培育研究[D].长春:吉林大学,2008.

第六章 转变经济发展方式的重点是经济结构调整

导 言

国际金融危机的爆发虽然对世界经济发展带来了沉重的打击，对原有的世界格局产生了重大影响，但是，发达经济体核心竞争力依然领先的大格局没有发生根本性的改变，发达国家综合国力依然十分强盛的大格局没有发生根本性的改变，跨国公司领先全球的经济实力与占据国际竞争一流的主导地位的大格局也没有发生根本性的改变，反而集中显现了我国经济发展方式的缺陷。危机对我国社会经济的袭击后果从表面上看，导致经济发展速度的回落，本质上是对我国长期以来经济发展方式存在问题的倒逼反映。胡锦涛总书记在2010年2月3日的省部级主要领导干部以加快经济发展方式转变为主题的专题研讨班上讲话时强调："国际金融危机对我国经济的冲击，表面上是对经济增长速度的冲击，实质上是对经济发展方式的冲击。综合判断国际、国内经济形势，转变经济发展方式已刻不容缓。"

虽然欧洲主权债务危机又不断袭来，但是转变经济发展方式特别是调整经济结构是中国政府始终不变的方针与政策，这是做好自己分内的事情，决不能受其他国家的影响而改变。《中华人民共和国国民经济和社会发展第十二个五年规划纲要》强调"以加快转变经济发展方式为主线……为全面建设小康社会打下具有决定性意义的基础"。2010年10月18日，党的十七届五中全会提出了加快转变经济发展方式的基本路径：把经济结构战略性调整作为加快转变经济发展方式的主攻方向，把科技进步和创新作为加快转变经济发展方式的重要支撑，把保障和改善民生作为加快转变经济发展方式的根本出发点和落脚点，把建设资源节约型、环境友好型社会作为加快转变经济发展方式的重要着力点，把改革开放作为加快转变经济发展方式的强大动力。突出经济结构调整是"十二五"时期转变经济发展方式必须把握好的一个重点。调整经济结构涉及不同利益群体的关系协调，这种利益关系实质上又是社会财富剩余的重新分配问题。在巩固和扩大应对国际金融危机冲击已经取得的成果中，把握好调整经济结构的机遇是促进增长、扩大内需，特别是实现可持续发展的必由之路。实践证明，发展方式转变的任务不光能在发达地区完成，而且在经济欠发达地区也一样能够获得成功。

一、有关经济发展方式的转变

发展是一个包含经济的数量增长、质量增长以及社会的全面进步的统一体，各个方面都要实现协调发展、均衡发展、可持续发展。经济发展既包括经济增长，也包括技术进步、结构优化、制度变迁、福利改善、社会和谐等内容。经济发展模式的选择取决于各种因素在不同阶段对经济发展的作用、贡献。工业化初期，主要依靠增加要素投入数量，而到了工业化中期，主要依靠提高要素效率实现经济发展。

（一）党中央、国务院高度重视经济发展方式转变的五个标志

党中央、国务院一直高度重视经济发展方式的转变问题，从三十多年来对经济增长方式到发展方式转变的理论认识和实践探索的历程来看，主要有以下五个明显的标志：

第一，2005年前，初步形成要转变经济增长方式的共识

经济增长方式的转变发端于1982年党的十二大，十二大指出，“厉行节约，反对浪费，把全部经济工作转到以提高经济效益为中心的轨道上来”。“六五”计划的一个显著特点就是着重提高经济效益。经济增长方式的转变起步于1992年党的十四大，十四大指出“努力提高科技进步在经济增长中所占的分量，促进整个经济由粗放经营向集约经营转变”。把经济增长方式转变作为奋斗目标则是中共十四届五中全会于1995年9月28日通过的《关于国民经济和社会发展“九五”计划和2010年远景目标建议》中明确提出的两个“根本转变”：从计划经济体制向社会主义市场经济体制转变，经济增长方式从粗放型向集约型转变，这是实现今后十五年奋斗目标的关键所在。为此，党的十七大报告指出：“实现未来经济发展目标，关键在转变经济发展方式、完善社会主义市场经济体制方面取得重大进展。”对经济发展方式转变提出更加明确的要求是2002年9月党的十六大高度概括出的“新型工业化”道路，即坚持以信息化带动工业化，以工业化促进信息化，走出一条科技含量高、经济效益好、资源消耗低、环境污染少、人力资源优势得到充分发挥的新型工业化路子。

第二，2005年，以8个约束性指标为标志，必须转变经济增长方式提上了议事日程

中共中央十六届五中全会于2005年10月通过的《中华人民共和国国民经济和社会发展第十一个五年规划纲要》指出，当时国内面临的困难和问题之一就是：粗放型经济增长方式没有根本转变，经济结构不够合理，自主创新能力不强，经济社会发展与资源环境的矛盾日益突出。进而提出，必须加快转变经济增长方式。并首次提出8个约束性指标作为转变经济增长方式的硬性规定，即发展循环经济，加快资源节约型、环境友好型社会的建设，经济发展与人口、资源、环境的协调发展，走新型工业化道路，实现节约发展、清洁发展、安全发展，保护生态环境，推进经济和社会的信息化建设，推进可持

续发展等。

第三，2006年，“又好又快”代替“又快又好”，突出强调发展的效益和速度同等重要

“快”在“好”的前面，突出反映了我国经济快速发展的显著特点，但也出现了能源、资源、环境、生态等制约经济社会可持续发展的问题。2006年年底的中央经济工作会议上强调“好”字当头的“又好又快”，好的当中追求快，从而取代了过去的“又快又好”，引导经济增长方式转变为经济发展的质量和综合效益的多赢，突出强调要把效益和速度放在同等重要的位置上来。虽然只是“好”与“快”在顺序上的调整，却充分说明，党中央在发展的速度和效益关系问题认识上的重大变化。实现国民经济又好又快发展成为后来的经济发展方式转变的终极目标。

第四，2007年，“经济发展方式”代替“经济增长方式”，更加丰富了经济发展的内涵，形成了转变经济发展方式的基本思路

2007年，党的十七大报告第一次用“经济发展方式”代替了过去的“经济增长方式”，把人与物、人与自然、人与人的关系等方面的内容纳入经济发展方式内涵中来；第一次在转变经济发展方式的前面使用了“加快”二字，充分表达了我国现阶段转变经济发展方式的迫切性、现实性，重点强调“这是关系国民经济全局紧迫而又重大的战略任务”；为全面、高效、系统、集约化地实现经济发展方式的“三个转变”提供了新的思路：坚持走具有中国特色的新型工业化道路，推进信息化与工业化的有机融合；在需求结构方面，促进经济增长由主要依靠投资、出口拉动向依靠消费、投资、出口协调拉动的转变；在产业结构方面，由主要依靠第二产业带动向依靠第一、第二、第三产业协同带动转变，促进工业由大变强，提高服务业比重和水平；在要素投入方面，由主要依靠增加物质资源消耗向主要依靠科技进步、劳动者素质提高、管理创新转变，这为新时期转变经济发展方式指明了重点。

第五，2010年，《国民经济和社会发展第十二个五年规划纲要》提出了加快转变经济发展方式的基本路径

2010年10月18日党的十七届五中全会上，提出了加快转变经济发展方式的基本路径，即把经济结构战略性调整作为加快转变经济发展方式的主攻方向，把科技进步和创新作为加快转变经济发展方式的重要支撑，把保障和改善民生作为加快转变经济发展方式的根本出发点和落脚点，把建设资源节约型、环境友好型社会作为加快转变经济发展方式的重要着力点，把改革开放作为加快转变经济发展方式的强大动力。

（二）深刻把握转变经济发展方式的丰富内涵

从转变过去的“经济增长方式”到今天转变“经济发展方式”，虽然只是两个字的变化，但却更加丰富了经济发展广义上的内涵，表明了人类对社会经济发展规律的深刻认识程度，也表明了准确把握现实生活节奏的主动程度，为广大人民群众带来了福音，意义深远。

1. 经济增长与经济发展

改革开放三十多年来，我国在经济增长方面取得的成就与经济发展方面取得的成就

都发生了翻天覆地的变化。根据经济学中的木桶原理，经济增长的不协调缘于无效增长，如在本书第四章提到的“无效益的增长和破坏性的增长”，严重影响和制约了经济的良性发展。那么，究竟如何理解经济增长与经济发展呢？

在通常意义上，人们总是从联系的角度模糊了经济增长与经济发展的区别，而把二者等同起来，运用“发展”概念的地方也可以运用“增长”概念，如美国经济学家雷诺兹就把经济增长和经济发展当做“相互替代使用的两个名词”[1]，这种界定至今仍有沿用。在古典西方经济学中，则是模糊了经济增长与经济发展的联系而把二者人为地割裂开来，认为经济增长的含义是社会财富数量的变化即经济产出量的增加，如国内生产总值的增长（即GDP增长）、工农业总产值的增长以及人均产值的增加、人均国民生产总值的增加量等，重点关注的是物质方面数量的变化。这种界定对发达国家曾经走过的先污染后治理的老路发挥了重要影响，也对我国改革开放初期单纯追求GDP的增长、政绩工程、形象工程等发挥了重要影响。经济发展的含义是结构的调整，包括政治文化、社会制度、经济制度、生态环境、产业结构、意识形态等方面的协调、可持续发展，重点是经济结构的调整。

对经济增长与经济发展进行含义上的深层次区别还是美国经济学家查尔斯·金德尔伯格与布鲁斯·赫里克在《经济发展》一书中指出的：经济增长指更多的产出，而经济发展既包括更多的产出，同时也包括产品生产和分配所依赖的技术和体制安排的变革。经济增长不仅包括由于扩大投资而获得的增产，同时还包括由于更高的生产效率，即单位投入所生产的产品的增加。经济发展含义则不止这些，它还意味着产出结构的改变，以及各部门投入分布的改变。这说明，经济发展是包括经济增长在内的更长时期的、更广泛意义上的发展，把社会财富在社会成员之间的收入分配格局以及由于数量的变化带来的社会保障、生态保护、资源状况、发展动力、结构质量、消费水准、教育卫生、职业培训、城乡关系、区域经济等方面的情况都包括进来，涵盖了经济基础和上层建筑、生产力和生产关系的诸多方面，是一个动态的量变过程与质变过程相统一的概念，以经济社会这个大系统的协调性、均衡性、可持续性以及成果由全体人员共享为最终目标，从而推动社会全面进步，实现人人平等、机会均等基础上的增长。而经济增长仅仅是短期内物质数量的变化，非常容易造成两极分化、富人更富、穷人更穷的不平等增长。同时，查尔斯·金德尔伯格与布鲁斯·赫里克针对古典经济学把发达国家的研究课题确定在经济增长方面，把发展中国家的研究课题确定在经济发展方面的观点提出异议。他们指出，经济发展以其丰富的含义在其所有方面关联着所有国家，是世界各个国家共同面临的问题，并非只是穷国而已。意即所有国家都要研究经济发展问题，包括发达国家，而不仅仅是发展中国家。这对发达国家应对经济危机、解决两极分化、健全社会保障等起到了重要的指导作用，一定程度上纠正了经济增长与经济发展人为的割裂，显然，这才是更长远的对经济增长与经济发展含义上的深层次区别。

经济增长持续性的变化，必然会引起经济发展诸方面的变化。通常情况下，符合可持续发展的经济增长会促进经济发展的良性运转，反之，不可持续的经济增长或发展速

---

1. 雷诺兹.经济发展的理想与现实 [M].New Haven：耶鲁大学出版社，1977.

度的高低起伏不定或大起大落均容易导致经济发展各方面的不均衡、不稳定、不合理。改善经济增长与经济发展状况的途径各不相同。经济增长要达到数量的增长目标即花最少的投入获得最大的产出主要依靠提高经济效率、经济效益，通过改变资源配置方式、生产管理方式、商业模式以及激励约束机制等方面来实现。改善经济发展状况，目标是实现社会经济的可持续发展与社会再生产的良性运转，为当代人提供丰富的商品与服务，为后代人留下可供使用与保障生存的资源环境，主要依靠协调供给与消费的均衡关系、国际市场与国内市场的互动关系，包括投资与消费的关系调整，外需与内需的需求结构调整，协调利益分配格局，经济结构的优化升级，物化资源消耗量的减少，推动科学技术的进步，提高劳动力素质，创新体制机制，完善政策环境，加强企业科学管理等更加广泛的领域。因此，促进经济发展，是一个庞大的系统工程，需要倾全国人民的力量，从方方面面开展艰苦卓绝的工作，形成上下同欲的局面，长期推进。

经济增长与经济发展虽然在内涵方面有区别，但二者之间还是有内在联系的关系，经济增长是经济发展的物质基础的重要方面，也是实现经济发展目标的一种手段，而经济发展则是经济增长的直接结果与最终目的。现实中，经济增长问题与经济发展问题一直是紧密关联而不能分割的统一体，高增长下的无发展、无增长的不可持续发展或没有增长又没有发展的方式都是不可取的。处理好二者的关系，争取树立从发展中求得增长、发展为先增长为后的双赢思维有助于我国走出一条经济效益与发展速度均衡、协调、可持续的路子，实现真正意义上的新型工业化。

深刻理解和全面把握经济增长与经济发展的联系与区别，说明我国要建设全面小康社会仅仅依靠经济增长显然是片面的、单一的，必须把经济发展作为长期战略目标，不断优化经济社会发展的方方面面才是可持续的，才有助于构建社会主义和谐社会，也才有助于不断提高人民群众的物质文化生活水平。但同时也要清醒地认识到，我国正处在经济规模不断壮大、综合实力和国际竞争力日益增强的关键时期，工业化迅猛发展和城市化问题凸显的快速推进时期，客观上要求经济总量在较高基数基础上继续保持扩张态势，不保持较快的经济增长就不可能解决农村剩余劳动力转移、城乡差距、社会保障和资源环境问题，不可能实现经济、政治、文化和社会的全面进步，现代化建设也难以全方位推进。

2. 从转变经济增长方式到转变经济发展方式

不管是经济增长，还是经济发展，都是以一定的方式进行的，所以就有了经济增长方式和经济发展方式之分。

(1) 经济增长方式的转变

经济增长方式是通过改变推动经济增长的生产要素投入数量以及要素组合方式来实现经济增长的途径、手段或方法。包括人、财、物等要素投入数量的增加、生产质量的改进、要素优化组合等途径实现的经济增长，其本质上是说明依靠什么，借助什么来实现经济数量的持续增长。

经济增长方式依据不同标准可以划分为不同类型。首先，依据生产要素投入方式的不同，可以划分为粗放型和集约型的经济增长方式。粗放和集约这两个概念，源自农业生产方式，粗放意即广种薄收，集约意即精耕细作，后来延伸到整个经济系统后，其含义演变为，粗放是投入多产出少，集约是投入少产出多。一般将通过增加投入资本、人力劳动、土地占用、资源消耗等途径来实现的经济增长称为粗放型增长，其结果是高消耗、高投入、低效益、低利用、低质量；将通过提升生产要素质量、优化配置生产要素利用效率、加强管理、降低能耗物耗来实现的经济增长称为集约型增长，其结果是高效益、高质量、高利用、低消耗。粗放型增长和集约型增长又分别称为投入驱动型增长和效率驱动型增长，判断两种增长方式的标准主要是看经济增长比重中，是生产要素投入带来的经济增长比重高还是生产效率提高带来的经济增长比重高。实践证明，发展中国家的经济增长主要是粗放型增长，而发达国家的经济增长主要是集约型增长。也就是说，经济发展水平越高，经济的集约化程度也就越高；反之，经济发展水平越低，经济的集约化程度也就越低。我国从1982年党的十二大开始，转变经济增长方式的任务就是要把粗放型（投入驱动型）增长调整为集约型（效率驱动型）增长。

其次，依据社会再生产规模变化的不同，可以划分为外延型和内涵型的经济增长方式。对此，马克思在《资本论》中指出：如果生产场所扩大了就是在外延上扩大；如果生产资料效率提高了，就是内涵上扩大[1]。意即依靠生产要素投入数量的增加带来的经济增长是外延型增长，依靠提高生产效率和推进技术进步带来的经济增长是内涵型增长。外延型增长和内涵型增长又分别称为数量型增长和质量型增长。转变经济增长方式就是要把外延型增长（数量型）调整为内涵型增长（质量型）。

转变经济增长方式的理论研究已有二百多年的历史了，第一个进行系统研究的是亚当·斯密，他于1776年发表的著作《国民财富的性质和原因的研究》（简称《国富论》）为标志首开先河，在这本书中，斯密把经济增长的源泉归纳为社会分工的程度与效率、资本积累数量与劳动者人数，这是对经济增长方式内在机制的早期研究成果。在亚当·斯密研究的基础上，大卫·李嘉图则把研究的视角从生产领域转向分配领域，认为土地的地租、劳动者的工资、资本家的利润三者之间此消彼长的关系变化对经济增长方式产生了重大影响，实质是说明资本积累在国家的经济增长中发挥了重要作用，这是一种定性分析。对这一观点开展定量分析的则是哈罗德—多马经济增长模型，该模型得出的结论便是资本积累是决定经济增长的唯一源泉。

上述理论研究成果对实践发挥的重要指导作用就是粗放型经济增长方式对处于经济发展早期的各个国家，依靠投入资本数量、劳动数量等生产要素来推动经济增长发挥了巨大作用。传统经济增长方式忽视了科学技术、劳动者素质、经济结构等因素对经济增长的推动作用，现代经济增长理论则是充分强调技术进步、社会制度、人力资本、结构变化等因素对经济增长发挥的突出作用。其中，新古典经济增长模型突出论证了技术进步对经济增长发挥的重要贡献；钱纳里等经济学家论证了结构调整是经济增长的重要因素[2]；罗默和卢卡斯等经济学家论证了人力资本对经济增长的贡献；诺思、科斯等经济学家把制度创新作为经济增长的重要因素。上述理论研究成果对实践发挥的重要指导作用

1. 中共中央马克思恩格斯列宁斯大林著作编译局.马克思恩格斯全集（第24卷）[M].北京：人民出版社，1972.

2. 钱纳里.工业化和经济增长的比较研究［M].上海：三联书店，1989.

就是集约型经济增长方式对处于经济发展的中、后期特别是第二次、第三次产业革命以后的各个国家，依靠现代科技、制度改革、人力资本投入等因素对经济增长发挥了突出作用。由此可以看出，经济发展的早、中、后期经历的从粗放型经济增长方式向集约型经济增长方式的转变也是经济增长理论研究从粗放型经济增长方式向集约型经济增长方式的转变过程。

(2) 加快经济发展方式的转变

经济增长方式确实带来了高速的经济增长，但同时也存在着有增长无发展的问题，我国20世纪50、60年代的大跃进就是非常典型的案例。改革开放以后，我国的经济增长又是以浪费资源、破坏环境、人民群众没有共享增长成果、经济结构没有及时改善以至于国际金融危机后增速减缓的经济增长。我国经济增长方式存在的高投入、高排放、不协调、难循环、低效率以及资源化、单一型、粗放型等问题至今没有纠正过来[1]。所以，亟须通过经济发展方式的转变来解决。

经济发展方式的转变与经济增长方式的转变是一脉相承，同时又是与时俱进的现实命题。从转变经济增长方式到转变经济发展方式，其内涵发生了重要变化，经济发展方式转变不仅包含了经济增长方式转变的全部内容，还对发展的理念、视角、目的、路径、走向等提出了更高的要求，是在科学发展观的指导下，对影响经济发展的各种因素及其各个方面的配置形式与利用方法的统称。其发展理念是要树立起全面、协调、可持续的绿色发展观，着眼于发展的长时期的变化状况，属于战略性目标，从治本的角度通过知识型经济、服务型经济、循环型经济、集约型经济、节约型经济将经济发展方式的转变指向调整经济结构、保护生态环境、提高公众福利水平、改善社会保障、协调区域发展、缩小收入差距等。其内在要求是坚持以人为本，坚持“五个统筹”即统筹城乡发展、统筹区域发展、统筹经济社会发展、统筹人与自然和谐发展、统筹国内发展和对外开放，构建资源节约型、环境友好型社会，构建社会主义和谐社会等。其衡量标准除了经济增长方式的数量变化以外，还有社会发展综合指数、教育发展指数、社会公平与稳定指数、可持续发展指数、环境与生态保护指数。转变经济发展方式的主要内容体现在胡锦涛于2010年11月14日在日本横滨召开的亚太经合组织第十八次领导人非正式会议上的讲话中指出的五大方面，即平衡增长、包容性增长、可持续增长、绿色增长、创新增长、安全增长，其中，核心内容是绿色增长、创新增长。这也是今后推进经济发展方式转变工作的重要方面与着力点。转变经济发展方式的功能作用在于能够充分协调人与生态环境、自然界之间的关系，还能协调人与人之间的关系、人与自身以及当下与未来之间的各种关系，最终实现全面、协调、可持续的绿色发展。

西方理论界是在工业化进程中出现环境问题后研究经济发展方式的转变的。《寂静的春天》、《宇宙飞船经济观》、《只有一个地球》、《增长的极限》、《现代经济增长》等著作都是在传统经济模式下研究经济发展方式转变的早期代表。进入21世纪，在生态、气候等问题严峻的形势下，转变经济发展方式得到了更多国家的积极推进。美国著名绿色思想家、地球政策研究所所长莱斯特·R.布朗于2003年—2010年间，连续撰写了四

1. 马凯.科学的发展观与经济增长方式的根本转变［J］.求是，2004（8）.

本书：《B模式——拯救地球 延续文明 》、《B模式2.0——拯救地球 延续文明》、《B模式3.0——紧急动员 拯救文明》、《B模式4.0——起来 拯救文明》。他把过去传统的一切模式称作A模式，A模式是以化石能源为基础、以小汽车为中心、以一次性产品消费泛滥过度的经济，这种经济模式实践证明是不可持续的，在人口快速增长的同时造成资源日益短缺、森林不断萎缩、土壤长期流失、草场渐渐荒漠化、水质不断破坏、空气污染越来越严重，所以，他主张人类应当放弃A模式，选择B模式才能拯救文明。B模式是由可持续能源推动，拥有高度多元化的经济社会生活系统，任何一样物品都要求减量投入、重复应用、循环使用。他认为传统经济发展模式不仅不适用于发达国家，也不适应于包括中国在内的发展中国家，重新构建以能源结构调整为主的经济发展模式和创新稳定气候的技术研发迫在眉睫。他不断呼吁，拯救文明依赖于每一个人的充分参与、担任角色、积极行动。

布朗先生有关B模式的想法、措施和政策建议，对我国构建绿色发展战略具有重要的参考价值。我国一方面要转变布朗提出的A模式，另一方面也要根据国情，防止进入只有生态环境的保护而没有经济社会的快速发展。因此，我国学者诸大建在比较中外经济发展方式转变定位、体制安排等方面的不同，提出了适应中国发展的C模式，即在不超过世界人均生态足迹 (生态占用量) 的条件下提高中国人的经济社会发展水平，使中国这样的人口众多又处于发展中的国家实现资源节约、环境优良、生态保护与经济增长共赢的目标。

著名的绿色经济学家张兵生既是理论研究者，又是实践推动者，他在艰难地推进经济发展方式转变进程中，形成的基本观点是实现以下“三个必须转变”：

第一，经济理论假设前提必须转变，即由传统经济理论单一的“经济人”假设向绿色经济理论的“生态人”假设转变，牢固树立“生态人”理念。当人类追求经济利益、社会利益、生态利益发生矛盾时，必须服从生态利益优先原则。

第二，解决经济问题的基本思路必须转变，即资本结构由传统经济理论单一的物质资本向绿色经济理论以生态资本为基础的复合型资本结构转变，成本结构向内部性转变，把传统经济学理论排斥在经济系统之外的生态要素内化为经济要素，效益结构由单一的经济效益向综合效益转变。

第三，经济发展的推动机制必须转变，即由传统经济理论单一的市场推动机制向复合型推动机制转变，其中，绿色市场是资源配置的基本动力，政府的绿色管理是推动绿色经济发展的主导力量，非政府组织是主要社会力量，广大公众是最重要的基础力量，公众的参与程度决定着绿色经济发展的程度。

国家行政学院课题组通过在院的百名厅局长调查提出“转变发展方式重在创新”[1]的三项建议：一是转变经济发展方式必须转变发展目标，从“增长优先”的发展目标转变为“创新优先”、“民富优先”、资源节约、环境友好、人与自然和谐相处的发展目标；从资源依赖、投资驱动向创新驱动转变；把追求GDP的政府转向追求GNH（国民幸福）的政府。二是转变经济发展方式必须转变政府职能，把以政府为主的导向经济转变为以

1. 国家行政学院课题组.转变发展方式重在创新［N］.光明日报，2011-04-12.

市场为主的导向经济，把经济增长型政府转向公共经济治理型政府，把管制型政府转向服务型政府。三是转变经济发展方式必须转变体制激励，建立有助于科学发展的财税、金融、价格、利益补偿机制及干部考核体制等。

经济发展方式转变对经济落后地区而言，“十二五”期间，应力求把在发展中促转变、在转变中谋发展作为转变经济发展方式的重要理念，从而实现经济社会又好又快发展；适应国家经济增长正在由政策推动向自主增长转变的形势，力求在发展循环经济，建设资源节约型、环境友好型社会中加快转变经济发展方式，从增加物质资源消耗向提高资源利用率转变，尽快实现绿色发展、低碳发展、生态发展；力求在经济结构战略性调整中加快转变经济发展方式，推进经济发展转向第一、第二、第三产业相互带动的产业发展格局，使服务业增加值的比重提高至接近全国平均水平；力求在实施科教兴市和增强自主创新中加快转变经济发展方式，推进经济发展从增加人员数量向依靠提高人力资本的质量转变，向主要依靠科学技术和自主创新、管理创新转变，促进创新型城市建设；力求在改善投资经营环境中加快转变经济发展方式，推进经济发展向依靠广大中小企业转变，充分发挥市场在资源配置中的基础性作用，激发各类经济主体的发展潜能，这对后发展地区解决发展的长远问题具有深远意义；力求在推进对外开放、扩大内需中加快转变经济发展方式，促进经济发展向依靠区外市场转变，拓展经济发展的领域和机遇，逐步提升后发展地区在国内市场中的份额；力求在形成有利于基层人才研发、创新的环境机制和制度激励中加快转变经济发展方式，充分发挥网络传媒、教育、培训等的先导性、基础性、综合性作用，对区域经济发展注入新的活力；力求在加大改革力度，构建有利于科学发展和经济转型的体制机制中加快转变经济发展方式，形成有激励、有约束的制度安排，把经济发展方式转变落到实处；力求在保障和改善民生中加快转变经济发展方式，推进经济发展成果惠及广大公众，加快实现在教育、就业、社保、医疗、住房、环保等领域推进基本公共服务均等化的进程；力求在有效转变政府职能中加快转变经济发展方式，推进服务型政府建设，形成经济增长朝着市场导向的转变，把政府转变成公共产品和公共服务的重要提供者。

3.“包容性”增长是转变经济发展方式的重要内容

亚洲开发银行于2007年首次提出包容性增长的概念，他们主张经济转型期解决社会不公的路径是走包容性增长之路，倡导经济增长要建立在更公平、更平等的基础上，这是一个让国际组织经过了10年左右不断完善起来的新概念。同年，我国的经济学家林毅夫等人在《以共享式增长促进社会和谐》一书中，提出了成果共享式增长的概念，与包容性增长几乎是同义的，他们主张建立以权利公平、机会公平、规则公平、分配公平为主要内容的社会公平保障体系。从内涵上来看，包容性增长与传统经济增长相比较，基本含义是要让社会公众、各个地区公平地分享经济增长的成果，旨在倡导更加公平的增长。实现包容性增长，就是要包容更多的人群享受经济发展成果，包容更多的地区享受经济发展成果，让更多的普通老百姓的生活得到提高与改善。

2008年发生的世界金融危机成为各国推进包容性增长的助推器，以2009年亚太经合组织第十七次领导人非正式会议就包容性增长达成的共识为标志，会议提出要通过包容性增长，切实解决经济发展中出现的社会问题，以便更好地抓住经济全球化带来的机遇、更好地应对经济全球化带来的挑战，创造就业机会，造福广大民众。为推进贸易和投资自由化、实现经济长远发展奠定坚实社会基础，这是亚太经合组织各成员需要共同研究和着力解决的重大课题。

迄今为止，国家主席胡锦涛先后三次谈到包容性增长，不仅对包容性增长的内涵及其特点做了深刻的说明，还对未来中国经济发展的根本出发点做了重要指导。

2009年11月15日，胡锦涛在亚太经合组织第十七次领导人非正式会议上围绕如何促进世界经济持续增长的话题第一次提出用统筹兼顾的方法倡导包容性增长，重点是加强社会保障网络建设，着力解决教育、医疗、养老、住房等民生问题，实现发展为了人民、发展依靠人民、发展成果由人民共享的目标。

第二次是2010年9月16日，胡锦涛在第五届亚太经合组织人力资源开发部长级会议上做了《深化交流合作　实现包容性增长》的致辞，这一次对包容性增长做了更加全面的说明：

第一是从世界着眼，说明实现包容性增长的根本目的是让经济全球化和经济发展成果惠及所有国家和地区、惠及所有人群，在可持续发展中实现经济社会协调发展；

第二，说明实现包容性增长要建立的社会保障体系是以四个公平为主要内容，即权利公平、机会公平、规则公平、分配公平；

第三，说明实现包容性增长的基本途径和主要特点，基本途径有四个方面：一是优先开发人力资源；二是实施充分就业的发展战略；三是提高劳动者素质和能力；四是构建可持续发展的社会保障体系。包容性增长的主要特点是广覆盖、保基本、多层次、可持续。其中，优先开发人力资源对实现包容性增长具有基础性的重要意义。

第四，说明包容性增长的积极倡导者和积极实践者包括中国，我国坚持的科学发展观与构建社会主义和谐社会本身就具有包容性增长的含义。

第三次是2010年11月14日，胡锦涛在日本横滨召开的亚太经合组织第十八次领导人非正式会议上讲话时把包容性增长作为转变经济发展方式的五方面内容之一提出来，指明了判断形势变化的关键点和推进转变经济发展方式工作的着力点。

自此，“包容性增长”成为我国舆论媒体热议的一个词汇。

二、转变经济发展方式要突出经济结构调整这个重点

《中华人民共和国国民经济和社会发展第十二个五年规划纲要》把经济发展方式转变的重点放在了经济结构调整上，这是有理论研究成果和实践探索经验依据的。从理论渊源和实践进程以及国际和国内的形势来分析，现代意义上的经济发展方式是由经济结构主导的，也就是说是以经济结构的变化为中心的经济发展，经济发展方式的转变与经济结构调整之间存在密切的关系。通过经济结构调整，不断适应生产力发展的需要，不断实现结构的合理化、科学化、效益综合化的经济发展是大趋势，紧紧抓住经济结构调整，就抓住了经济发展方式转变的重要因素。

（一）经济增长与经济结构关系的理论探讨

世界经济演变过程也就是经济结构不断转换的过程。经济发展与经济结构的关系演变，对理论界而言，是先从经济增长开始的，经济增长作为经济发展的重要方面，与经济结构之间存在重要关系。经济结构状况代表一个国家的经济发展水平，是各国实现经济增长的重要因素之一。关于经济结构的含义，美国经济学家钱纳里认为，经济结构是各个经济部门中的资源能源、劳动力和资本等生产要素的供给以及使用状况。经济结构调整是通过改变经济结构诸方面要素后发生的经济增长变化。

1. 配第—克拉克定理论证产业结构演变、劳动力转移规律与经济增长的关联性

最早研究经济结构与经济增长关系的人是英国古典政治经济学创始人威廉·配第，他根据17世纪的英国经济状况发现，各个经济部门相比较而言存在收入差别，以及由此引发生产要素的变动问题。通常情况是工业部门的收益远远高于农业部门的收益，比工业部门收益更高的则是商业部门，这种差别就会促使生产要素由农业部门向工业部门转移，然后再由工业部门向商业部门转移，经济结构的转移过程就会引起经济增长的变化。

经济学历史上首次提出“三次产业”划分的人是英籍新西兰的经济学家、澳塔哥大学教授费希尔，他于1931年在著作《安全与进步》中，从经济历史这个角度把经济发展归结为是三次产业的发生、发展及其相互地位不断演化、变化的历史，尤其突出了产业结构在经济发展过程中的演化作用。他把人类经济活动的初始阶段从事满足人类最基本需要的农业、畜牧业称为第一产业，中级阶段从事满足其他更进一步需要的工业生产称为第二产业，高级阶段从事满足人类除物质以外的更高级需要的服务业称为第三产业。后来，英国经济学家克拉克于1940年在著作《经济进步的条件》中对费希尔的三次产业划分的范围做了补充与完善，并大量应用三次产业划分方法实证研究产业结构变化与经济发展之间存在的关联性。随后，三次产业划分法正式出现在澳大利亚和新西兰两国政府的统计表中，时间不长，这种划分方法就广泛流传开来，得到了世界各国的普遍认同并被以后的西方经济学家们一直沿用至今，成为截至目前论证经济结构调整的重要方法。费希尔和克拉克被尊称为三次产业法的共同创始人，永载史册。关于三次产业发展的趋势，法国经济学家福拉斯蒂埃与美国经济学家贝尔·富克斯等人在上述研究基础上，提出了只有第三产业达到快速发展后，才会使服务业相关的各部门在社会经济中占据优势地位，而超过工业部门和农业部门。

克拉克充分运用费希尔的三次产业划分法，在配第研究部门经济结构转移规律的基础上，继续深入研究和系统分析经济发展过程中产业结构演变、劳动力转移及其人均收入增长究竟发生哪些变化的规律性。他通过计算若干个发达国家的投人和产出的变化情况，发现劳动力转移呈现出明显的规律性特点，即劳动力在经济发展由低级阶段向高级阶段演化的过程中，先由第一产业向第二产业转移，再向第三产业转移；劳动力在三次产业间的分配比重有差别，第一产业的经济增长和劳动力的相对比重呈现出逐渐下降的趋势，第二产业的经济增长和劳动力的相对比重呈现出逐渐上升的趋势，经济发展到更高阶段，第三产业的经济增长和劳动力的相对比重又呈现出上升的趋势。发达国家的农

业劳动力比重低，而不发达国家的农业劳动力比重高就是这一规律作用的结果。后人把这种变化规律称作配第—克拉克定理。该定理成立的依据主要有两个：一是收入弹性方面的差距决定了产业转移的方向。农产品的需求弹性小，不会随着收入的增加同步增加，而工业产品、服务业产品的收入弹性高于农产品。二是技术进步方面的差距决定了产业转移的方向。农业部门的技术进步受到自然条件、生产周期等的影响会出现效益递减或效益受限的情形，而工业部门的技术进步比农业部门快得多，容易呈现效益递增的情形。这种情况，在印度经济学家巴格瓦蒂于1958年发表的《悲惨性的成长》中称为是农业的悲惨性成长，以水资源为例，生产1吨的粮食需要1000吨的水，但生产1吨的钢只需要14吨的水，相同的水量在工业部门产出的价值可以高出70倍，所以在水资源的争夺战中，农业不如工业，农民争不过城市化，农民争不过汽车。这一篇论文影响非常大，引发了后来的全球工农业关系的调整，美国、日本等国在这一场调整中受益非常大。

2. 著名经济学家钱纳里、库兹涅茨、罗斯托从经济发展阶段论证经济结构与经济增长之间存在的关联性

现代经济增长理论对经济增长与经济结构的关系研究显示，二者之间存在密切关系与本质关系。

认为经济增长与经济结构存在密切关系的经济学家如钱纳里主张，劳动力和资本等生产要素从生产效率比较低的部门转向生产效率比较高的部门的时候，本身就是经济增长方式的一种转变形式。[1]经济发展的三个阶段能够分别反映经济结构的差异对经济增长的影响是不一样的。在经济发展初级阶段，主要由基础产业如农业支撑经济发展，所以经济增长速度就非常缓慢；到了经济发展的中期阶段，经济发展主要由第二产业如工业支撑，经济发展速度就非常快，如亚洲新兴工业国家在20世纪70—80年代，就是依托工业化进入快速增长的时期。第三阶段是目前的欧美发达国家，由于工业的产品需求逐渐变小而趋于下降，代之而起的是第三产业如服务业，通过创新、知识、技术、信息等要素助推经济增长快速发展。钱纳里认为，任何国家的经济发展都要经历这些阶段，经济发展从低级阶段走向高级阶段，只能通过三次产业结构的变化与调整来实现。反过来，产业结构的转型升级可以作为划分经济发展阶段的依据之一。对于这三个阶段，美国经济学家库兹涅茨认为，第一阶段向第二阶段的转变即资源由农业向工业的转移是经济结构转变成功的基本标志[2]。库兹涅茨还从供给结构与需求结构之间的关联性说明经济增长与经济结构之间存在的密切关系，他认为，生产结构取决于需求结构的变化，当消费者的需求结构发生变化时，就引导生产结构随之发生变化，而消费者的需求结构发生的变化又与经济总量直接关联着，从而导致经济总量发生变化。所以，经济增长率的变化与供给结构、需求结构之间存在紧密联系。

库兹涅茨在《各国的经济增长》[3]一书中，论证了经济增长与经济结构之间是本质关系。他通过对57个国家的历史分析发现，19世纪至20世纪，主要发达国家实现的高经济

1. 钱纳里，鲁宾逊，赛尔奎因.工业化和经济增长的比较研究 [M].吴奇，王松宝译.上海：上海人民出版社，1989.

2. 库兹涅茨.现代经济增长[M].北京：北京经济学院出版社，1989.

3. 库兹涅茨.各国的经济增长 [M].常勋译.北京：商务印书馆，1999.

增长率与经济结构变动之间具有密切关联性，这种关联性使得经济增长的本质意义发生了变化。他认为，如果不去关注经济结构发生的变化，经济增长的变化就无法理解和认识清楚，意即不开展经济结构的分析，就不知道经济增长是怎么发生的、为什么发生了。所以，经济增长本质上是一个经济结构的问题。在经济增长与经济结构的关联性上，库兹涅茨认为，首先是经济增长引起人均收入水平的提高，这是需求结构变动的重要原因，然后引起经济结构的变化。

认为经济增长与经济结构之间存在本质关系的还有美国经济学家罗斯托。罗斯托从经济部门结构的变化引起经济增长的变化角度论证了二者之间的关系[1]。他认为，经济增长本质上是主导产业部门相互替换后的结果。罗斯托把经济部门划分为三种，即主导型部门、辅助型部门、派生型部门，各个部门在经济增长中发挥的作用不尽相同。一个以技术创新为基础的主导部门实现经济的快速增长是经济发展进程中的核心引擎，其通过各种扩散效应推动经济结构的变化，在这个过程中，旧的主导部门衰退的同时，就诞生了新的主导部门，经济部门结构的转换加速了经济增长的提高。罗斯托还联系政府职能转变揭示了政府财政支出结构变化的普遍规律，他认为，在经济发展的低级阶段，政府以发展经济为主，政府职能相应地也就以经济性服务为主，政府财政支出主要是提供促进经济发展的基础设施和物质方面的投资；经济发展进入高级阶段，政府职能就由经济性为主转向公共服务为主，政府财政支出相应地从对基础设施的投资转向对卫生、教育、社会保障、生态环境等社会方面的投资，从而引起政府财政支出结构的变化呈现为，经济性支出比重越来越低，社会性支出比重越来越高。政府财政支出结构反映了经济发展的不同阶段，其的科学化、合理化是一个国家优化经济结构的重要杠杆，有利于社会资源在各个部门之间的优化配置，从而实现公众福利的最大化。

钱纳里、库兹涅茨和罗斯托等人的研究成果是对配第—克拉克定理的进一步完善，不论是深度方面，还是广度方面，都不同程度地向前推进了经济结构对经济增长发挥的重要作用。他们关于经济结构调整后促进经济增长的结论与现实经济非常吻合，得到了更多人的赞同与实践进程中的推进，取得了较好的效果。

3. 国际金融危机爆发后，以再工业化为特征的国际经济结构调整是趋势

从世界经济的发展趋势来看，经济结构的递进和优化已经成为现代经济发展的显著标识并主导着经济的发展方向。国际金融危机爆发距今已有四年了，雪上加霜的欧洲国家主权债务危机加剧了脆弱的世界经济发展的不稳定性、艰难性、复杂性。在世界经济增长回落、下探的关键时期，虽然经济结构调整与短时期的应对目标呈现出了矛盾，致使开展结构性调整的变革实施难度加大了，但是，全球结构性的变化初露端倪，发达经济体在寻找金融危机根源的时候，发现危机前以金融创新为特点的去工业化经济增长模式引发了泡沫经济的自我膨胀和自我破灭，美国和欧洲各个发达经济体的服务业占国内生产总值的比重远远高于其他国家，其中，美国占比最高。世界主要国家的服务业占国内生产总值的比重见表6–1。[2]

1. 罗斯托.从起飞进入维持增长的经济学 [M].成都：四川人民出版社，1988.
2. 马建堂.关于加快转变经济发展方式的几个问题 [M].北京：国家行政学院出版社，2011.

既然去工业化的经济增长模式是金融危机的根源之一，所以，以“再工业化”为特征的经济结构调整之势正在确立，其本身所形成的“倒逼机制”促成了全球范围内调整经济结构的大环境。[1]下面，结合实践发展的进程，对工业化、去工业化、再工业化做一说明。

表6-1　世界主要国家的服务业占国内生产总值的比重

国家＼年份	2001	2002	2003	2004	2005	2006	2007	2008	2009
美国	75.8	76.6	76.8	76.5	76.3	76.5	—	—	—
日本	67.3	67.9	68.0	67.9	68.0	68.4	—	—	—
德国	69.0	69.7	70.2	69.7	70.2	69.8	69.0	—	—
英国	72.1	73.4	74.6	75.1	74.9	75.1	76.0	—	—
巴西	67.1	66.3	64.8	63.0	65.0	65.8	66.0	65.3	—
印度	51.5	52.7	52.8	52.6	52.2	52.4	52.4	53.4	—
俄罗斯	57.7	60.2	60.7	59.8	55.3	57.0	56.8	—	—
中国	40.5	41.5	41.2	40.4	40.5	40.9	41.9	41.8	43.4

（数据来源：马建堂.关于加快转变经济发展方式的几个问题.北京：国家行政学院出版社，2011.）

工业发展进程与经济结构转变紧密关联，从18世纪英国产业革命开始的工业化已经成为现代化国家或地区经济发展实力的象征，发达国家的经验证明，经济发展不可能超越工业化这个必经阶段。发展中国家同样也是如此。1943年，著名的英国发展经济学家罗森斯坦·罗丹在《东欧和东南欧国家的工业化问题》的论文中，明确阐述了一个基本观点，即发展中国家要从根本上解决贫穷与落后问题，关键在于实现本国的工业化。这一观点得到了正在迈向经济现代化之路的发展中国家的普遍认同。

世界权威的经济学大辞典《新帕尔格雷夫经济学大辞典》对工业化的内涵作了如下界定：工业化乃是机器大工业诞生以来经济结构的变动过程，其基本特征主要有三点：第一点是国民收入（或地区收入）中制造业活动和第二产业所占比例提高了，或许因经济周期造成的中断除外；第二点是在制造业和第二产业就业的劳动人口的比例也有增加的趋势；第三点是在前两种比率增加的同时，除了暂时的中断以外，整个人口的人均收入也增加了。这是对工业化较为权威的一种内涵界定。这个界定强调了工业化的根本特征是经济结构变动的过程，这个变化过程有两个比重可以作为判断标准：一个比重是制造业产值和第二产业在国民收入（或地区收入）中所占的比重；第二个比重是制造业和第二产业中就业的人数占总就业人数的比重。这两个比重中，第二个比重对认识工业化的内涵和特征起着非常重要的作用。因为，劳动力作为一种重要的生产要素，在国民经济中的配置情况能够直接反映出工业化水平的高低，现实中可以找到大量存在着第一个比重很高，而第二个比重很低的情况。定义中“除了暂时的中断以外，整个人口的人均收入也增加了”，这是工业化对国民经济发挥的重要作用和直接结果。

西蒙·库兹涅茨对工业化的定义很简要，他一方面从结构的角度来研究工业化，另

1. 马志刚.世界经济面临重大挑战［N］.经济日报，2011-11-14.

一方面从西方经济学中资源配置的角度来研究工业化，认为工业化过程就是“产品的来源和资源的去处从农业活动转向非农业生产的活动”。这句话虽然简明扼要，但是非常能够说明工业化的内涵。该定义从投入、产出两方面分析了工业化的特点，产品的来源从农业活动转向非农业生产的活动，说明了第二产业与第三产业创造了国民收入的增加值，这是从产出的方面说明工业化的特征。资源的去处从农业活动转向非农业生产的活动，是从投入的方面说明工业化的特征。这个定义不仅包含了《新帕尔格雷夫经济学大辞典》工业化定义的最主要的内容，而且把第三产业也包括了进去，是对工业化概念的进一步完善和补充。

“再工业化”是相对去工业化而言的，这个概念是早在20世纪70年代的时候，美国、欧洲、日本等为了改造、振兴传统老工业基地提出来的。那个时候，美国的东北部地区、德国的鲁尔地区、法国的洛林地区、日本的九州地区等传统工业基地的制造业出现停滞状态，工业产值增速下滑，就业人数减少并出现了由第二产业向第三产业的转移形态，转移到的服务业又是较为低端的，如建筑、交通运输、零售贸易、餐饮服务、休闲娱乐等服务行业，这些行业的进入条件与就业者的教育水平、文化素质低于制造业，形成了一方面工资水平低、另一方面经济增长缓慢的情况，这种状况被称作去工业化。2008年，金融危机爆发以前的美国又再一次出现了去工业化特征，美国的制造业严重衰落，不论是国内市场份额还是国际市场份额均在缩小，制造业的就业人数大幅度减少而转向服务业。制造业的就业人数占总就业人数的比重，从十年前的15%下降到了十年后的10%以下，在金融危机爆发、泡沫经济破裂，金融部门、房地产行业亏损加重以后，高失业率就严重地困扰了美国经济，并且还在不断地加剧，造成产品进口的对外依赖度非常高。2007年的统计数据显示，美国进口的产品中，约60%来自美国公司设在新兴市场国家的工厂，并且这一比例在继续上升。在国际金融危机后的大背景下，再工业化概念再次盛行，不是简单地把经济增长回归到工业部门中来，恢复到传统的制造业中来，不是增加工业特别是制造业在国民经济中的比重或提高其地位，也不是要把海外的公司转移回来，而是对传统经济结构调整的一种深刻反思，对虚拟经济与实体经济结构比例失调的调整，服务业的发展要适应工业发展的需要，工业发展是服务业的基础。再工业化战略实施的具体途径与措施主要包括两个方面：一方面是通过振兴传统工业部门促进经济增长，再次重视实体经济尤其是制造业的发展；另一方面还要通过构建新兴产业部门促进经济发展，其内涵要比比重的增加、地位的提升广泛得多。再工业化在本质上，还是要强化、固化发达国家在工业中的分工优势、技术优势、服务优势、产业优势，继续维持其在制造业中的世界领先地位不动摇。

（二）通过经济结构调整实现经济发展的成功案例

前面对经济结构调整与经济发展方式转变的相互关联性从理论上做了深入阐述，实践中，有诸多的国家或地区因地制宜地探索出了符合本国国情的创新之路，许多发达国家和发展中国家在经历一段时间的发展后都面临着经济发展方式的转变问题，这些国家中，有的转变成功了，经济发展方式转变后，经济社会发展依然能够保持平稳、上升的态势。有的转变失败了，导致一国经济陷入长时期的衰退之中。总结成功经验和失败教训，有助于今天的中国在加快转变经济发展方式方面借鉴。

纵观世界经济的格局状况，自从第二次世界大战以来，世界经济形成了美国经济影响甚至决定了全球经济基本格局的状况。一方面是世界经济对美国经济存在高度的依赖性。统计表明，美国经济每上升或下降一个百分点，世界经济就会有0.4%的上升或下降的变化，其关联度之高令人折服。美国是二战以后成为世界第一强国的，其GDP占到全世界的50%，持有的黄金量是世界的3/4。第二次世界大战对美国而言，居然毫发无损还好处多多，最重要的一件事情是让美元顺利地成为世界货币的霸主，这个地位在二战后的布雷顿森林会议上得以确立，从而把各个国家的经济合法地关联起来，谁也逃不脱。即使在20世纪70年代初，布雷顿森林体系崩溃了，但是美元成为最重要的国际货币的地位没有发生改变。发行美元的美联储，不但是美国的中央银行，同时也是世界的中央银行。美国向国际市场投放大量的美元，产生大量的财政赤字，却没有人监督，就是由美元的国际垄断地位决定的。后来出现的发达国家和新兴国家如日本、德国、亚洲四小龙，包括我国在内的出口战略的盛行，很大程度上是美元的功劳。同时，也让美国成为全球最大的市场，统计显示，美国人口袋里的美元买下来的世界范围内的商品占到了全世界商品的20%。这是与美元的霸主地位而不是普通货币分不开的。直至2008年，全球经济总量达到62万亿美元，美国占了23%，中国、俄罗斯、巴西、印度四国共计占到14.4%。用美元作为结算货币的国家占全球的80%，各国外汇储备的2/3是美元。1997年亚洲金融危机时，中国外汇储备只有1400亿美元，进出口贸易占全国的GDP只有三分之一；现在，中国的外汇储备高达2万亿美元，进出口贸易占GDP超过三分之二，与美国经济的关联更加紧密，受到影响的程度更加严重。虽然2008年发生的金融危机冲击了美元的垄断地位，但是，直到现在，美元占据国际货币主导的地位没有改变。日本发行的国债占GDP的160%，相当于7万亿美元，是一个高度泡沫化的经济体。

另一方面，美国经济又对世界经济发挥决定性的占有主导地位的影响。二战以后，美国帮助了战略同盟国家，让自己的朋友多起来。如用“马歇尔计划”帮助联邦德国实现了战后经济的恢复，也帮助了欧洲其他各个国家；还用“道奇计划”帮助日本战后经济实现了恢复。到了20世纪60年代末期的时候，美国在世界经济体系中占有的具有绝对意义的主导地位已经确立了。虽然之后的70、80年代，美国的主导地位受到了日本、德国的挑战，形成了美国、德国、日本三强的状况，甚至出现了“日本购买美国”的境况，但是，美国还是世界上经济实力最强的国家，其在全球经济中的主导地位在20世纪90年代及以后得到了持续性的巩固。美国在20世纪90年代是发达国家中经济增长水平最高的国家，年平均增长达到4.5%以上；同一时期，德国的年平均增长率是2%左右；日本经济衰退非常明显，基本上是零增长，高的时候不超过1.8%，低的时候还出现过负数。美国的高增长还实现了与高收益、高消费的同步。1999年的时候，美国家庭的证券资产价值超过了10.77万亿美元，同时，居民个人的购买能力极高，个人在消费方面的支出占到GDP的70%左右，由此形成了世界范围内最大的消费市场，把日本、欧盟等发达国家、地区远远地甩在了后面。由此就不难理解，美国纽约的“一只蝴蝶轻轻扇动一下翅膀造成的一个微妙变化”，就足以通过层层传导，形成全球市场巨大波动的“蝴蝶效应”。这种分析代表了国际人士的普遍看法，意即美国对全球经济的特殊作用是不容置疑的，任何怀疑和质疑或自信均会遭到致命的打击。世界银行2003年曾经公布过的分析数据显示，全球经济增长曲线变动的一个主要原因是美国经济的波动，美国经济状况发生衰退或繁荣，对全球经济态势起着主导性的影响。因为测算出的数字显示，1995年以来的全球经济增长总量的60%是由美国创造出来的。

次贷危机发生以后，美国虽然是灾区源头地，工业比重持续不断地下降，但是于2009年公布的联合国工业发展组织撰写的《工业发展报告》显示，在工业增加值比较大的全球122个国家和地区中，排名第一的还是美国，占到全球的25.4%；日本低于美国约10个百分点，占到全球的15.9%；德国低于美国17个百分点，占到全球的8.5%。

造成这种格局的原因是多方面的，但是，一个最主要的原因就是只有美国从真正意义上抓住了全球经济结构调整的重大战略机遇期，成功地开展了经济结构调整，并且是主导性的。这个调整，既包括国内经济结构的调整，还包括在全球范围内的经济结构调整。所以，下面，就选择以美国为例来加以说明其通过经济结构调整实现经济成功发展的经验，这对我国以后按照科学发展观实现又好又快以及全面、协调、可持续发展具有最好的借鉴价值。

1. 美国的基本国情

美国处在北美洲的中南方向，地理位置在北纬25度~45度之间，属于最适合于人类居住的暖温带和亚热带，其家底可称得上是得天独厚：国土肥沃，物质富裕，荒漠稀少，资源丰厚，平原广阔，气候湿润，降水量多（年平均降水量比我国高出30%以上）。国土面积是9372614平方千米[1]，由于平原广阔，耕地面积占国土面积的比例达到90%左右，名列全球第一；平原面积占到70%以上，人口密度是每平方千米居住28人，可谓地广人稀。2010年人口普查结果显示，截至2010年的4月1日，美国人口数量为3.087亿人，比2000年增加了2730万人，增长率是9.7%。目前，人口最多的州，排在第一位的是加利福尼亚州，有3730万人；排在第二位的是得克萨斯州，有2510万人；排在第三位的是纽约州，有1940万人。这3个州的人口数量加起来占到美国总人数的25%。美国是一个典型的移民国家，素有民族熔炉之称，白人人数占到总人口的64%，拉美裔人数占到总人口的16%。另外，美国的农民人数非常少，只占总人口的1.8%。所以，在美国就不存在与农业、农村、农民争夺资源的矛盾。植树节是美国人早在1872年就倡议成功的世界性的环保文化。中国的植树节是到了1915年，经孙中山先生倡议才有的，后来又修改为孙中山先生的逝世日即3月12日，相比之下晚了43年。

2. 美国历史上发生的两起极为严重的环境污染事件

发达国家在工业化阶段创造、积累雄厚的物质财富的同时，也付出了惨重的环境代价。在推进工业化一段时期后，随着经济规模的不断扩大，传统的经济发展方式带来的环境问题对人类的生存构成了威胁。愈来愈多的工厂肆意排放出来的废气、废水、废渣等污染源，让人类饱受痛苦。在上个世纪的30年代—60年代，震惊世界的环境污染事件不断发生，使众多人非正常死亡、残废或患重病的公害事件不断出现，这是一场没有枪炮、没有硝烟却残杀生灵的战争。其中最严重的有八起污染事件，人们称之为举世瞩目的“八大公害”事件，即1930年12月1日—5日发生在比利时马斯河谷的烟雾事件、1952

1. 庞伟，语心.世界我知道：美国.乌鲁木齐：新疆人民出版社，2009.

年12月5日—8日发生在英国伦敦的烟雾事件、1948年10月26日—30日发生在美国多诺拉镇的烟雾事件、1950年—1951年发生在美国洛杉矶的光化学烟雾事件、1953年—1956年发生在日本的水俣病事件、1953年—1956年发生在日本富山的骨痛病事件、1955年—1961年发生在日本四日市的哮喘病事件、1963年3月发生在日本的米糠油事件。这八大公害事件均发生在当时的发达国家，虽然事件发生的时间比较短，但是后果非常严重，数日内造成周围居民的病亡，少则几千人，多则上万人，根源或者起因都是某些地区的工厂在生产过程中向外排放了有毒的化学物质后污染了环境。下面介绍在美国发生的两起污染事件。

(1) 1948年10月26日—30日发生在美国多诺拉镇的烟雾事件

这是一起严重的大气污染事件，持续了五天时间。多诺拉镇属于美国的宾夕法尼亚州，在匹兹堡市南30千米，人口约1.4万，位于一条河湾的内侧，沿河是狭窄、长形的平原地，建有很多工厂，其中钢铁厂、硫酸厂、炼锌厂是最大的三个厂；镇的两边是坡度为10%、高约120米的山，由此形成了一个河谷形的工业区域。这种地形，非常不利于扩散工厂与汽车排放出来的污染物。

许多年来，工厂里不停地冒烟吐气的烟囱从来不知休息，以致于空气中掺杂了怪味，有风的时候，一般会将工厂里的污染物带入高空的大气层，这些受污染的空气便随风扩散到远处。数量不断增加的跑在马路上的小汽车以及日夜不停地跑运输的大货车排放的有害气体也增加了空气的污染程度，造成空气不清洁、不透明、能见度极低。这对长期居住此地的人民健康影响很大。呼吸入人体的空气带有数量很大的污染了的物质微粒，这些微粒，有的是固体形态，有的是液体形态，形状稍大一些的微粒，被人体的保护器官——鼻子或咽部阻挡住，但是小的微粒还是进入了人体，特别是进入肺部后残留在肺叶上面，时间长了，肺部的这些微粒物质数量不断增加，面积不断扩大，弱化了肺部功能的发挥，以致于罹患重病的可能性不断加大。时间长了，多诺拉镇的人民对空气中的污染物似乎变得越来越麻木。

时间到了1948年的10月26日，这一天，阴云布满了天空，气温寒冷，湿度较大，空气中一点风都没有，在较低的大气层内，风力极弱，大部分时间处于无风的状态。这种情况下工厂里还在继续排放的烟雾无法流出，只好停留在河谷上空，死死地封闭在山谷与逆温层之间。这样，空气中出现的逆温把整个山谷、平原全部覆盖住了，而距离地面的空气十分湿润，一到夜晚便形成了雾，在低洼处整天不散。连续不断的雾气把多诺拉镇弄得十分昏暗，大气中的污染物在接近地面处积聚成一个密闭不透的几乎是一个浓浓的烟雾室，就像是刚刚打过仗一样弥漫着硝烟，空气中充满了一股硫黄的气味。根据当时的测风专家以及气象报告资料，多诺拉镇上空的逆温层居然比300米还要低。据27日、28日的记载，"烟雾覆盖着多诺拉镇。气候潮湿寒冷，阴云密布，地面处于死风状态，这一天和第二天就这样笼罩在烟雾之中，而且烟雾越来越稠厚，几乎是凝结成一块。在午后视线也仅仅能看到街的对面，除了烟囱之外，工厂都消失在烟雾中。空气开始使人作呕，甚至有种怪味。这是二氧化硫的刺激性气味。那天，每个外出的人都明显感觉到

---

1. 自然之友.20世纪环境警示录［M］.北京：华夏出版社，2001.

这一点，但并没有引起警觉。二氧化硫的气味是在燃煤和熔炼矿物时放出的，在多诺拉镇的每次雾期中都有这种污染物，只是这一次看来比平常更为严重些”。[1]越来越浓厚的烟雾几乎凝结到一起了，能见度非常低，所有东西均在人们的视野里看不见了。有人出现呕吐症状。紧接着，镇子里的5900多人突然患病，病人数量占到全镇人口的43%，其中有近20人很快死亡，死者大都患有呼吸系统疾病或者是心脏病。事件情况与发生在20世纪最早记录下的大气污染惨案即1930年12月1日—5日发生在比利时马斯河谷的烟雾事件非常相似，这说明了多次发生的烟雾事件是有共同性的。

美国联邦公共卫生局与州卫生局调查的结果显示：5天之内，空气污染积累到了极为严重的程度。事件发生期间，多诺拉镇发病人数共5911人，初期症状是呼吸道、眼、鼻、喉感到不适。轻患者占居民总数的15.5%，症状是眼痛、喉痛、流鼻涕、干咳、头痛、肢体酸乏；中度患者占16.8%，症状是痰咳、胸闷、呕吐、腹泻；重患者占10.4%，症状是综合的，各种症状中咳嗽是最普遍的，占33.1%；其次是喉痛，占23.1%；胸闷占21.5%。调查证明，发病率和严重程度同性别、职业无关而同年龄有关。患者年龄在65岁以上的超过60%。死亡17人，年龄介于52岁和84岁之间，平均65岁。患者大都是在发病的第三天死亡的。死者有一个共同点，即原来都患有心脏病或呼吸系统疾患。尸体解剖记录证明死者肺部都有急剧刺激引起的变化，如血管扩张出血、水肿、支气管炎、含脓。慢性心血管病是一个突出的迹象，证明对促进心脏病患者死亡有重要影响。

事后调查的结果显示，多诺拉镇烟雾事件的元凶是工厂排放了含有二氧化硫等有毒有害的气体以及氧化作用产物与大气中的微小尘粒结合后聚集在河谷中无法扩散，严重污染大气造成居民患病与身亡。事件发生以后，严重影响了镇子里居民的生活，虽然历时五天，但却导致在以后长达十多年的时间里，多诺拉镇人的死亡率一直高于其他城镇。

（2）1943年—1970年发生在美国洛杉矶的光化学烟雾事件

光化学烟雾事件是于20世纪40年代在美国的洛杉矶首先出现的，这是一起死亡人数远远超过多诺拉镇烟雾事件、持续时间更长的又一起环境污染事件，属于最早的新型大气污染事件即光化学烟雾污染事件。光化学烟雾的元凶是汽车尾气、工业废气排放的碳氢化合物和氮氧化物，加上来自环境中的持续停留的逆温层叠加而成。

洛杉矶是美国西南方向太平洋沿岸的一个海滨城市，一面临海，三面靠山，属于较为典型的口袋形地势。以前曾经是一个风景宜人、阳光明媚、气候温和的地方。随着早期的金矿开发和运河开通，特别是1936年开发石油以来，洛杉矶的工业如飞机制造、军工制造等得到了迅猛发展，再加上其得天独厚的自然条件，很快便成为一个工业、商业、旅游业都很繁荣的海港城市，其工商业的繁荣程度排位于纽约和芝加哥之后，著名的电影中心好莱坞与“迪斯尼乐园”就设在这里。工业发展、城市繁荣的同时自然造成城市人口剧增、汽车数量猛增。市区内兴建的纵横交错的高速公路占了全市面积的30%，早在20世纪40年代初，洛杉矶就有了250万辆汽车，每天足以消耗掉1600万升汽油，这些汽油排出的碳氢化合物有1000多吨，排出的氮氧化合物有300多吨。到了20世纪70年代，汽车数量增加到400多万辆。大量的汽车尾气排放，再加上炼油厂、供油站等其他石油燃烧后的废气排放，使得城市上空形成了一个有毒的烟雾室。

还有一个不得不注意的条件是环境影响。洛杉矶市的气象条件比较特殊，城市上空形成的逆温层主要是两个方面的因素促成的，一个因素是洛杉矶位于太平洋高压区域的东端，由于这个区域的空气长年呈现下沉之势，结果造成空气长年变暖。然而，这些下沉的空气往往并不直接下降到地面，而是大约在600米高的空中就形成了逆温层。另一个因素来自加利福尼亚潮流，是加利福尼亚州海岸向南方和东方流来的大洋流，这些海水在整个春天和夏天初期比较寒冷，来自太平洋上空的暖空气向洛杉矶市移动时经过这些寒冷的海水水面上空就会变冷，以致于形成了距离地面较近的空气变冷了，而处于高空的空气受下沉移动又呈现变暖的趋势，这又形成了持续的逆温层。虽然大海上空有十分强劲的海风，但这些海风刮不到洛杉矶市区。在海岸线附近刮来的是西风或西南风，这股海风的风力十分弱，由于以上双重因素封闭并遮盖了洛杉矶地面上的空气，使得大气中的污染物无法升高扩散而停留不动，只好弥漫在城市上空形成污染，毒害了空气，洛杉矶因此成了“美国的烟雾城”。这些烟雾在阳光作用下会发生光化学反应，生成浅蓝色的烟雾，把整个城市上空的空气弄得肮脏不堪，故称作光化学烟雾，其产物是臭氧、氮氧化物、乙醛和其他氧化剂。

1943年，光化学烟雾致使大部分市民患病，出现了呼吸困难，咽部疼痛，眼睛红肿、流泪，头脑发昏、发痛等症状。自这以后，烟雾更加浓厚，居然连距离市区100千米以外的海拔2000米高的山上的成片的松林都枯死了，柑橘大幅度地减产。烟雾不仅影响农作物、植物的生长，还使得家禽家畜患病、橡胶制品及建筑物腐蚀老化而损坏；浑浊不清的空气大大降低了可见度，直接威胁到交通安全以致于交通事故、飞机坠毁事件不断增加。1950年—1951年，因大气污染造成的损失高达15亿美元。后来的1955年、1970年，洛杉矶又两次出现光化学烟雾事件，1955年9月的两天时间里，因呼吸衰竭、五官中毒而死亡的65岁以上的老人多达400人，比平时高出三倍多。1970年统计显示，大约75%以上的市民得了红眼睛疾病，远远高出其他城市的患病率。这期间，洛杉矶曾发出的烟雾一级警报高达80次，平均每年是5次，其中1970年高达9次。1979年9月17日，洛杉矶大气保护局发出的“烟雾紧急通告第二号”显示，空气中的臭氧含量几乎达到了“危险点”，而汽车数量还在增加。

对于洛杉矶20世纪40年代的光化学烟雾，当时的人们受条件所限并没有认识清楚。经过大量的调查研究，经过了八年的时间，直到1951年，哈根指出光化学烟雾中的主要危害物是氧化剂，比如臭氧、乙醛等醛类、氮氧化物、酮等其他氧化剂，这些氧化剂的毒性相当大，对人体产生严重的致病危害，如出现上呼吸道感染，呼吸不畅，视力减退，手脚抽动等症状。哈根的研究成果显示，光化学烟雾中的氧化剂又是以臭氧为主的，他研究出了臭氧的形成过程及作用机理，即臭氧是由氮氧化物、碳氢化合物与空气混合，在阳光的作用下发生化学反应后而生成的。这个研究成果非常重要，以至于后来的美国政府常常以臭氧浓度的高低作为光化学烟雾预报和警报的重要依据。可是，臭氧是从哪里来的呢？这个问题哈根没有找到答案。到了1958年的时候，温特在哈根研究认识臭氧的基础上，才第一次发现形成光化学烟雾的臭氧主要来源是汽车排放物，比如汽车上的汽油挥发物、汽油装置的渗漏、不完全燃烧排放以及汽车尾气排放等等。以至于连尼克松总统也应用这一研究成果，指出了烟雾的罪魁祸首：汽车是最大的大气污染源。

此后，在日本东京、英国、澳大利亚、欧洲部分地区、智利首都圣地亚哥等地方均出现过光化学烟雾。其中，日本环保部门调查后发现，1971年发生在东京的光化学烟雾事件中，市区内汽车排放的一氧化碳、氮氧化物、碳氢化合物三种污染物约占总排放量的80%。中国的工程院院士钟南山也发现，50岁以上的（广州）人哪怕没有肺部疾病，手术中打开的肺都是黑的。究其原因也是光化学烟雾污染。可见，光化学烟雾是国内外大城市中汽车数量日益增多的重大隐患。

以上美国历史上发生的两起极为严重的环境污染事件，实际上马克思早就警告过："文明如果是自发地发展，而不是自觉地发展，则留给自己的是荒漠。不以伟大的自然规律为依据的人类计划,只会带来灾难。"恩格斯也告诫过："我们不要过分陶醉于我们人类对自然界的胜利。对于每一次这样的胜利，自然界都对我们进行报复。每一次胜利，起初确实取得了我们预期的结果，但是往后和再往后却发生完全不同的、出乎预料的影响，常常把最初的结果又消除了。"[1]

3. 美国人对传统经济发展方式的反思与研究、著述与理论

传统生产方式给美国人带来的严重的环境污染问题，迫使人类开展理论研究与深入反思。许多理论工作者加入了研究者的队伍，尝试能否就环境问题展开论述以及寻找可供解决的方案。最早的研究始于1962年，美国生态学家蕾切尔·卡尔逊女士发表了《寂静的春天》，这是一本标志着人类首次关注环境问题而环境需要人类保护的著作。作者在开篇写道：是什么东西使得美国无以数计的城镇的春天之音沉寂下来了呢？这本书第一次尝试着给予解答[2]。该书第一次揭示了由于人类滥施农药对自然生态系统产生的影响。她用触目惊心、惨不忍睹的案例论述了由于杀虫剂的大量使用对人类造成的危害，使得美国原有的鸟语花香的生存环境潜存着极大的危险，以此敲响工业社会环境危机的警钟，这在某种程度上动摇了美国化工业的发展理念。虽然刚开始遭到了一些大企业集团的抵制，但时间长了，还是慢慢改变了企业发展模式。当时的美国副总统阿尔·戈尔在前言中写道："《寂静的春天》犹如旷野中的一声呐喊，用它深切的感受、全面的研究和雄辩的论点改变了历史的进程。"如果没有这本书，环境运动也许会被延误很长时间，或者现在还没有开始。戈尔评价《寂静的春天》一书的出版应该恰当地被看成是现代环境运动的肇始。同一年，美国经济学家肯尼斯·波尔丁发表了《宇宙飞船经济观》，从经济学的视角提出了一个新概念即循环经济，波尔丁把人类生活的地球比做太空中的宇宙飞船，指出如果人类不合理地开发自然资源，一旦超过地球所能够承载的能力就会走向灭亡。所以，人类只有反复地循环利用资源、废弃物资源化利用、源头上减量使用资源，才能持续性地生存下去。他主张用循环经济代替传统的单向线性经济来解决环境问题。然而，循环经济在当时并没有得到更多的关注与重视，既没有受到主流经济学家的注意，也没有得到环境学家和政府官员的注意。

直到1970年，美国掀起了人类历史上的第一次声势浩大的群众性环境保护活动，这次活动是于1969年由哈佛大学法学院的学生丹尼斯·海斯倡议起来的，并确定次年的4月

1. 中共中央马克思恩格斯列宁斯大林著作编译局.马克思恩格斯选集（第4卷）[M].北京：人民出版社，1995.

2. 蕾切尔·卡尔逊.寂静的春天.吕瑞兰，李长生译.长春：吉林人民出版社，1997.

22日作为“地球日”。首次“地球日”活动大约有2000万人参加，“地球日”活动的开展成为人类开始关注地球环境问题的标志，也是美国绿色文化占据主流地位的标志。这次活动的意义和价值在于促使美国政府加强环境污染的治理，显著成效是政府因此成立了国家环保局，并颁布了《清洁空气法》、《清洁水法》和《濒危动物保护法》。倡议人丹尼斯·海斯自此很快成为全球环境运动的领军人物。

1972年，美国麻省理工学院的经济学家丹尼斯·米都斯带领17人撰写出《增长的极限——罗马俱乐部关于人类困境的报告》，这是罗马俱乐部提交给国际社会的第一份报告，标志着人类对传统经济发展模式的首次反思。斯科特·斯洛康布评价该书是用模型方法看待全球环境资源问题的第一个重要尝试。米都斯的研究表明，增长的极限取决于地球的有限性，影响人类命运有决定意义的五个参数——人口、经济、粮食、环境和资源之间的因果关系在于，人口、经济是无限的，而粮食、资源和环境却是有限的，因此出现了后者对前者的限制与制约问题，所以人类必须自觉地抑制增长，否则将会导致人类社会不可控制的衰退或下降的困境。这一理论被后人称为“零增长”理论。在让全球实现均衡状态的综合对策中，米都斯强调了经过生态化调整的技术是必要的也是受欢迎的，如收集废料的新方法，以减少污染，并使被抛弃的物质可以用于再循环；更有效的循环技术，以降低资源消耗率；更好的产品设计，以延长产品寿命和便于修理，结果是资本的折旧率最小；利用最无污染的太阳能；在更完备地理解生态关系的基础上，使用控制害虫的天然方法；医学进步能降低死亡率；避孕手段的进展促进出生率与降低着的死亡率相等[1]。并主张人类宜实现“零增长”，这是第一次系统考察经济增长与人口、自然资源、生态环境之间关系的论述。它的论证为后来的环境保护与可持续发展奠定了理论基础。

同一年，美国经济学家芭芭拉·沃德与美国微生物学家和实验病理学家勒内·杜博斯向联合国人类环境会议提交的一份非正式报告《只有一个地球——对一个小小行星的关怀和维护》中，作者们从地球这个唯一的、美丽的、脆弱的行星的生态系统和社会经济的相互依赖性出发，从不同角度论述了经济发展、生态环境与人类选择对不同国家产生的影响。不仅展示人类已经造成的严重污染问题，而且强调要把人口增长、资源枯竭、工艺技术进步、经济发展的不均衡、城市化问题等相互联系，不要割裂开来，以便更加全面地认识生态环境问题。作者在结尾处呼吁：“如果我们能够对唯一的、美丽的、脆弱的行星——地球，培养出真挚的忠心的话，我们是有希望长期生存于丰富多彩的生活之中的。”[2]书中提出解决问题的许多办法与政策建议被联合国人类环境会议吸收、采纳并写入大会通过的《人类环境宣言》。所以，这本书是发挥了重大影响的世界级文献资料。

以上四部文献资料《寂静的春天》、《宇宙飞船经济观》、《增长的极限——罗马俱乐部关于人类困境的报告》和《只有一个地球——对一个小小行星的关怀和维护》，并称为环境保护、生态经济、循环经济等专业学科必读的基础教材而通用至今，其影响将

1. 丹尼斯·米都斯.增长的极限.李宝恒译.长春：吉林人民出版社，1997.

2. 芭芭拉·沃德，勒内·杜博斯.只有一个地球.长春：吉林人民出版社，1997.

是长远的而不是短期的，是战略的而不是战术的，是世界的而不是一国或地区性的。

回顾美国的污染治理、环境保护的发展历史，可以发现，其研究成果丰硕、学者人才辈出、能人数量居多是一个显著的特点，如创始人蕾切尔·卡尔逊女士、肯尼斯·波尔丁、丹尼斯·海斯、丹尼斯·米都斯、芭芭拉·沃德与勒内·杜博斯、罗伯特·福罗什、尼古拉斯·加罗布劳斯等人以及具有世界性文化意义的植树节、地球日等的创立与推进，为世界可持续发展作出了卓越贡献。在理论工作者的推动下，美国工业生产发生了两个方面的变化：一是注重企业开展清洁生产；二是逐步将污染严重的生产环节向国外转移，国内留下的是附加值高而污染极低的研发、设计、销售、服务等环节，以期摆脱工业化的负面效应。

4. 企业、园区以及汽车的环保型、生态化、减量化、循环化的有效实践

20世纪70年代初提出的零排放概念为企业指明了实现环境零污染、资源全利用的方向。世界上第一个实现废水零排放的企业是位于美国的佛罗里达州中北部盖恩斯维市的Deerhaven发电厂。美国环保的主力军杜邦化学公司是率先提出“零废物、零排放”承诺的企业，还是世界范围内循环经济的成功典范，该公司把循环经济视作“正确而且必要的事情”，把减量化、再利用、资源化三大原则运用于化学工业生产过程，仅5年时间就使废弃物的排放量减少70%，再生型能源和原材料的使用早在2003年就全面达到并超过了2010年的目标：25%的公司收入来自可再生资源；所消耗能源的10%来自可再生能源。到2015年，再以2004年为基准，将至少减少15%的温室气体排放量。如今，“杜邦模式”已经成为循环经济理论界倡导的成功模式之一。在美国，地方政府对市场广大、资源和环境效益都很突出的环保企业至少给予三项优惠：一是税收优惠；二是补贴优惠，企业每处理一条废旧轮胎，当地州政府给2美元左右的补贴；三是成本优惠，废旧轮胎是企业依法免费收集来的。这三项优惠加起来，就使企业的赢利空间增大了。显然，政府的扶持力度是非常大的。

生态工业园区是工业园区、高新技术开发区之后的第三代。美国是第一个提出生态工业园区概念的国家，1989年，美国通用汽车公司的研究部总裁罗伯特·福罗什和负责发动机研究的尼古拉斯·加罗布劳斯在《科学美国人》杂志上发表了题为《可持续工业发展战略》的文章，文中首次提出了新概念即生态工业园区。他们解释说，在这样的园区里，许多企业通过产业链使得一个企业排出的“废物”或副产品，转变为另一个企业需要的“营养物”或原料，从而形成一个与自然生态系统相似的工业生态系统，这个系统的特点通常使用横向耦合、纵向闭合、工业共生、生态产业链、区域整合、资源共享、信息互换、梯级利用、工业网络、闭路循环等来表达，充分发挥企业与生态环境之间协调共存的关系。这样，任何企业都能做到零排放。这个概念提出的意义和价值在于应用循环经济理念实现园区内企业相互之间实现共生关系层面上的物质循环与能源循环，以便从根源上解决工业化进程中对环境的高污染、对生态的高破坏以及对资源的低利用等问题，为生态工业园区建设和发展奠定了理论基础，极大地推动了生态工业园区在实践中的发展和提升。

美国不光是在生态工业园区的理论研究方面发挥引领作用，在生态工业园区的实践方面也是走在世界前列的，是园区数量最多并且建设最成功的国家之一，在全国各地建

立了各具特色的生态工业园区。1993年的时候，美国国内普遍关注生态工业园区的概念，并有了生态工业园区的试验基地和示范区，到1996年就已经成功建立了15个生态工业园区。纵观世界范围内的生态工业园区，截至目前，生态工业园区项目的规划与建设已有很多了，其中大部分都在美国[1]。美国推动生态工业园区发展需要的大量经费来自美国国家环保局，需要的企业信息、规划设想以及资源共享方面的服务来自于康奈尔等高校以及科研机构，美国总统可持续发展委员会是唯一承担政府主导力量和唯一主管推动、协调生态工业园区项目的专门机构，该机构还专门组建了以生态工业园区为研究议题的特别工作小组，并开展了示范以便进一步推广。与起步最早的丹麦卡伦堡（Kalundborg）工业园区是以企业为主导的全新型园区不一样的是，世界范围内具有典型代表的另外两种生态工业园区均是在美国创建的：第一种是以美国田纳西州的查塔努加（Chattanooga）园区为典型代表的应用循环技术改造而成的生态园区，这是世界上第一个决心治污到后来得以成功复兴并实现“零排放”目标的生态园区，园区内的主导企业是美国的杜邦化学公司。第二种是以美国得克萨斯州的布朗斯维尔（Brownsville）园区为典型代表的利用现代化信息技术系统建立起来的虚拟型生态园区，这种园区内的企业不同于前一种，企业在空间范围内处于地理层次上的分散布局，减少搬迁的麻烦却仍然是一个生态型的工业系统，包括吸收或招募新的企业参与园区废物交换。园区管理系统实行的是信息化、计算机化、网络化，园区管委会处于三化的中心位置，承担着信息的搜集、组织、集成、处理、调配等职责，保障了远距离企业之间稳定的、持续的物质交换关系。

实践证明，生态工业园区是美国转变经济发展方式，实现环境保护、生态良好、资源节约且经济发展成功的非常有效的途径，是促使经济增长与生态环境、资源能源相互协调发展的重要措施，是实施可持续发展战略的主要实现形式或载体。作为率先提出生态工业园区概念的国家，美国可以说是把生态工业园区建设从设计、规划落实到法制层面，并与社区管理相结合的生态文化层面上，所以，美国的生态工业园区建设的质量高、数量大、范围广、典型多、结果好，以至于全球范围内的生态工业园区建设项目的研究基本上是以美国经验为主。

需要注意的是，美国虽然是较早开展生态工业园区建设的国家，但他们还是抱着小心翼翼、始终不降低标准的态度，渐步渐趋地推进，所谓的数量多也不过是在近二十年的时间里建了几十个生态工业园区。不求数量但求高质量、高标准、高环保、高科技、低污染的发展模式经验是宝贵的。如同纳斯达克证券市场，多少年来其上市公司的总数量不但不增长，反而在小幅下降一样。

由于汽车是大气污染的罪魁祸首，美国为了降低汽车对环境资源、社会大众的损害，鼓励科技工作者研究和发明新型可再生能源汽车，如鼓励乙醇、氢电池等的研发，以便为车辆提供清洁能源，增强企业生产的动力与消费者的购买积极性。如法律规定，购买燃料电池等新型车辆的消费者可以享受抵税的优惠。实践证明，以小汽车为中心的交通是不可持续的，特别是要在完成碳减排目标的刚性任务中对小汽车说“不”将大有作为。

1. 鲍健强，黄海凤.循环经济概论［M］.北京：科学出版社，2009.

因为，小汽车人均油耗高达公交车的20倍，公路的单位能耗是铁路的18倍、是水路的22倍。1992年，加利福尼亚州政府颁布了一项规定，雇主应当向员工发放相当于停车补助的现金，让员工用来支付公交费用或者购买自行车。这项政策带来的效果颇丰，据统计，汽车使用率骤然下降了17%。从全美国来看，1998年颁布的《21世纪平等交通法案》规定，凡是乘用公共交通工具或拼车的人，可以享受相当于免费停车的税项减免。自这以后，美国人乘坐公交车出行的比率每年上升2.5%，这个数字说明人们正在自觉减少小汽车，而代之以公交车、地铁、轻轨等。汽油价格的上涨正是用市场信号鼓励更多的人加入到使用公共交通系统或者骑自行车的队伍中来[1]。虽然美国的小汽车普及率非常高，但是人们的出行还是倡导了有节制地使用。

美国还是引领设计以人为本的城市而不是以车为本城市的理论研究典范与实践典范。被誉为环境运动的宗师、美国的世界观察研究所所长、地球政策研究所所长莱斯特·R.布朗在著作《B模式4.0——起来，拯救文明》中指出，一个城市是否具有宜居性的最好标志是公园和停车场的比例，这个比例高低可以说明城市究竟是为人设计的，还是为汽车设计的[2]。为此，控制住汽车数量的增长是未来城市规划的重要方面。美国建筑设计师迈克尔·索金为首的“台尔峰建筑设计所”绘制出的2016年纽约城的蓝图方案中，提出了减少直至淘汰汽车，而将一半的城市街道改变成公园、农场或花园。照此设想，等到2038年的时候，60%的纽约人坚持步行上班，而纽约城将会变成一个“步行者的天堂”。

布朗先生充分肯定了理查德·雷杰斯特（Richard Register）在《生态城市：建设与自然和谐的城市》一书中描述了小城镇如何改造成适宜人居的生态系统建设方面的典型案例，即美国洛杉矶的圣刘易斯-奥比斯普小镇，人口约4.3万人，街道尽头处原来的小型停车场换成了公园，恢复了原有的一条小溪。改建后，人们可以坐在小溪边的饭馆里，耳边听着潺潺流水，而不是整天待在汽车噪音和尾气喷绕的郁闷环境里。[3]

5. 运用从源头预防污染的科学手段：美国总统绿色化学挑战奖

科学技术是一把双刃剑，没有科学技术的发明与科技工作者的辛苦努力，就没有现代化的工业。但同时伴随的问题也是不容忽视的，诸多的环境问题与生态问题追寻源头、查找根源时，无不与作为第一环节的科技研发成功、推广使用有关，而科研机构与发明人、引入人、推广人难辞其咎。传统经济发展方式使用的一边生产、污染一边治理，然后再生产、再污染、再治理的治标模式，在理查德·雷杰斯特的《头疼医头、脚疼医脚地解决环境问题，结果是失去整个世界》一文中给人们提供了新思路。早在20世纪下半叶，西方社会开展的绿色运动活动中的相当一部分人认为，环境问题的根源在于科学技术单一地追求产量增加、效率提升、利益驱动而不顾自然生态均衡、人体健康，科学家与政

1. 美国公共交通协会.千万人殊途同归——2009年公共交通全貌（第二部分：历史表格）[M].华盛顿，2009.

2. 莱斯特·R.布朗.B模式4.0——起来，拯救文明［M］.林自新，胡晓梅，李康民译.北京：人民出版社，2010.

3. 理查德·雷杰斯特.生态城市：建设与自然和谐的城市［M］.修订版.北京：中国社会出版社，2006.

府成为被告。治本而非治标的探索结果推动了绿色化学的诞生，时间是20世纪的90年代初期，试图用化学的方法在污染的源头重新设计研究没有污染、没有公害、没有毒性、生态环保的生产技术，把过去的治理污染改变成预防污染，追本溯源地查找污染的根源与本质究竟在哪里，核心是杜绝污染源，从源头、过程到末端均要达到零排放、零污染，是属于预防污染的科学手段。

美国的科学界是最早注意、关注并重视、倡导绿色化学的国家。1990年时，确立为国策的《污染防治法案》推动了绿色化学在美国的兴起与发展；1995年3月，政府宣布构建"绿色化学挑战计划"，同年3月16日，美国总统克林顿设立"总统绿色化学挑战奖"，该奖项是绿色化学诞生以来第一个在全球范围内设立的首次由一个国家的政府实施的奖项。由于是在总统这个级别上专门为化学设置的唯一一个奖项，所以，这也是截至目前世界级的规模最大、水平最高、影响最广的绿色化学奖，是科学界享有的崇高荣誉。其评选标准主要涉及对自然环境友好、对人体健康有益、科学创新以及应用价值等方面。已有16年光景的"总统绿色化学挑战奖"对全世界广泛接受和迅猛发展绿色化学发挥了重要而巨大的推动作用，对绿色化学教育活动的开展与促进，特别是树立绿色化学意识与观念，培养绿色化学的研究者队伍、科技工作者等也很重要。如1997年创设的绿色化学院是由实验机构、高等院校、相关企业组建的，绿色化学研究所是由美国化学会组建的。政府直接参与并引导技术研发的方向是绿色化学得到较快发展的主要因素。

6. 排污权交易理论的成功应用开辟了美国实现环境保护与经济发展双赢的新时代

1968年，加拿大多伦多大学教授戴尔斯在《污染、财富和价格》中提出了著名的排污权交易（pollution rights trading）理论，十年后即1978年，美国决定采纳排污权交易理论，在《空气清洁法案》中对排污权交易理论作出了立法性规定。该理论最先被美国联邦环境保护局（EPA）用在大气污染治理与河流污染治理两个方面，经过一段时间的探索，终于取得了较好的效果。

戴尔斯的排污权交易理论是在庇古的外部性理论（1920）和科斯的产权理论（1960）基础上首次提出来的。庇古的外部性理论从经济学视角论证了环境污染问题具有典型的外部性质，科斯的产权理论则指明了解决外部性问题的政策思路是产权界定法，戴尔斯将科斯的产权理论创新性地引进治理与控制环境污染，作为一种经济政策手段来运用。政府依法确立排污权交易制度是实现污染总量控制目标的有效手段。排污权交易是在特定区域范围内，在污染物排放总量不超标的前提下，区域内部各个污染源相互之间通过货币交换的方式调剂余缺。排污权是污染物排放权利的合法化，通常意义上这种权利通过排污许可证的方式表现出来，法律允许排污权像商品一样定价买卖。对卖出方的好处在于通过卖出排污权的剩余部分而获得经济收入，其实质是市场对企业超量减排行为的一种补偿。对买方而言，排污权在于因没有实现排污量而付出的费用，其实质是市场对企业污染环境行为的一种惩罚，这样就把污染治理与控制转变为企业自觉自发的市场行为，排污权交易由政府与企业之间的博弈改变成市场化的经济性交易，其交易成本低于技术手段治污、政府指令性手段治污，大大提高了企业治污的内在积极性，真正实现了污染总量控制目标。

美国在1978年—1990年的12年时间里的实验证明，排污权交易作为减排手段既是可行的，也是可靠的，存在的问题诸如非常小的交易量与人们观念认识不够到位、政府政策支持不够明确、交易市场信息不够透明、交易机制不够灵活、交易程序过于繁杂、交易成本过高、收益过低等等因素有关。

1990年10月—11月，美国《清洁空气法》修正案正式确立了排污权交易制度，法案提出的酸雨计划将排污权交易制度用于二氧化硫排放的总量控制，并采用多种方式科学设计排污权交易，如确定明晰的污染物总量目标是前提，交易污染物既定为二氧化硫，交易对象既定为电厂但不排除志愿减排企业，建立专门的交易市场，创新设计交易制度，包括许可证分配环节创新的三种形式：占97.2%的无偿分配是主渠道，占2.8%的拍卖分配和奖励、补贴等；交易主体呈现多元化，交易市场引入三类交易主体（电厂、投资者和环保主义者）参与排污权的交易；建立健全严密、严谨的二氧化硫信息报告和在线连续监测等配套制度，审核严格，执法严厉，使得排污权交易的各个环节均确保目标的实现。美国自此开辟了应用市场手段实现环境保护与经济发展、社会进步多赢的新时代。从成本的节约情况来看，美国联邦环保局于1990年估算出，如果不进行排污权交易，实现酸雨计划的年投资费用大约为50亿美元，而通过排污权交易，实现酸雨计划的年投资费用只有40亿美元。美国审计总局于1994年时又依据实际进展情况估算出的成本更少，他们认为只需要20亿美元就可以实现酸雨计划。2010年是酸雨计划的目标年，从美国总会计师事务所研究的结果来看，排污权交易制度取得了巨大成功，实现了经济、社会与环境的多赢目标。到2008年的时候，就已经超额完成减排计划，比原计划2010年的减排目标多出11万多吨，等于是提前完成了目标；全国的二氧化硫排放总量下降到1140万吨，是1980年的2600万吨的44%；而与此同时，增加了接近80%的发电量。另据测算，因酸雨计划的成功实施，社会与公众从中收获到的生态效益和健康收益年均高达1420亿美元。说明环境保护与经济增长、社会进步之间是可以协调、双赢的。

排污权交易制度在美国的成功运用发挥了典型的示范效应，国际上对其的借鉴在于将具作为《京都议定书》的三项减排机制之一，帮助更多的发达国家减排温室气体。欧盟借鉴美国经验，把世界上最大的减排交易市场建立了起来。

7. 美国成功实现的三次经济结构调整

美国在全球经济中的主导地位得以巩固和持续的一个主要原因是美国经济成功实施了三次经济结构调整：第一次是20世纪90年代的IT产业为代表的新兴产业的兴起；第二次是21世纪初IT产业形成的泡沫破裂后的金融创新；第三次是2008年金融危机爆发后的绿色能源战略的提出。

（1）20世纪90年代，美国以信息技术产业的绝对优势领先全球

美国之所以取得这一时期的高增长，主要是抓住了全球经济结构调整的重大战略机遇期，一方面，把刚刚露出苗头的新兴产业如IT产业列入国家战略，引导社会资本大量地投向IT产业，纳斯达克就产生在这样的背景下，比尔·盖茨这样的企业家也诞生在这个时候，他放弃哈佛大学的学习机会与成功抢抓机遇是分不开的，即使微软公司是在自己家的车库里面起步的，但这丝毫没有影响它做大、做强、做优的未来趋势。于是出现了企业家投入IT产业盈利丰厚，纳斯达克为其筹集到了足够的资本，投资者获得的投资收益方面的财富迅速上升，这三方面形成了相互关联、相互递进的良性循环，并实现了共

赢目标。在纰斯达克市场里，像微软公司、IBM公司、英特尔公司等都是排在前十名的企业，这些企业的股票收到了几十倍、最高是上百倍的回报率，结果造成市场不断吸引更多的企业家投入IT产业、吸引大笔资金进入IT产业，支持IT产业研制出核心技术，形成行业规范，形成市场绝对优势，成为世界级信息产业发展的第一领袖。这一时期的信息技术对经济增长的贡献份额在四分之一与三分之一之间。

另一方面，美国全面实施了传统产业特别是制造业的转型、转移，把传统产业大量地朝国外转移，成功实现双赢目标，既解决了新兴国家急切发展工业经济的难题，又满足了美国调整经济结构的需要。国内则实施了经济结构的优化升级与大企业的重组，经济增长的原动力转变为附加值极高的知识产权，而不是物质资源的生产。调整后的美国经济实现了较高的经济增长与低通胀率、低失业率、低赤字的并存。据美国商务部统计，2000年，美国的GDP增长率是5.2%，失业率是3.9%，通胀率维持在1.1%左右的低水平，财政盈余高达2370亿美元，史称美国的“新经济”时代实现的美国“奇迹”。

（2）21世纪初，以高效率、高效能为特征的金融创新领先全球

2001年，美国高科技企业泡沫破裂，之后经济结构调整的战略思路放在了能够支撑高增长的市场效率体制的变革与改造方面，重点是构建了能为美国保持经济持续性增长提供坚强后盾的金融市场和金融机制创新。金融创新是以高效率、高效能为特征的，力促世界市场上的金融资源源源不断地汇集于美国。美国量子基金总裁索罗斯评价美国与其他国家的差异时说过，任何发达工业化国家，日本、德国，甚至是法国，要在科技创新、产业发展、人力资本等方面超过美国，是件容易的而不是特别困难的事情，但要在金融机器的运转方面超过美国和替代美国，就非得进行一次革命才行，只要这种状况不变，美国第一的世界经济格局就会继续保持下去。这段话非常深刻地把美国打造出的世界唯一的高效率、高效能特点的金融市场说透了。这一点从上市公司在纳斯达克证券市场的数量变化也可以看出来。据统计，纳斯达克市场在1985年至2008年的23年间，新增加的上市公司是11820家，而期间退市的公司数量高达12965家，不增反降，平均每年的退市率高达8%左右[1]。市场的优胜劣汰机制维护了美国市场高效率支撑下的良性发展，促进了美国经济结构高效率调整的新陈代谢，这是推动美国经济持续健康发展的成功经验之一。

经过前两次的经济调整，美国的竞争力特别是国际竞争力已经连续多年位居世界经济的榜首，制造业效率与服务业效率得到了极大的改进与提升，远远超过了日本和德国。至今，美国制造业的效率比日本、德国高出10到20个百分点，服务业的效率更高，比日本、德国高出30到50个百分点[2]。扣除美元因素，其竞争力主要源于创新、科学研究和教育。

（3）2009年的绿色能源战略确保美国成为应对金融危机和全球气候变化的世界领导者

1. 齐平，王璐，谢慧.如何看待中国概念股在美国遭遇“寒流”［N］.经济日报，2011-08-23.

2. 厉无畏，王振.转变经济增长方式研究［M］.上海：学林出版社，2006.

现在的世界能源消费结构已经呈现出严重的不可持续性，2008年美国能源部能源情报署统计的情况说明了这一点。占比高达93%的不可再生能源的使用年限非常有限，最少的石油仅有40年了。见表6-2：

表6-2 2006年世界能源消费结构

种 类	不可再生能源				水电及其他可再生能源(风电、太阳热发电、太阳光发电、生物酒精、生物柴油、沼气等)	合计
	化石能源			核能发电(铀)		
	石油	煤	天然气			
能量/QUAD	170	122	108	27	33	460
使用年限/年	40	180	60		—	—
百分比	37%	27%	23%	6%	7%	100%
	93%					
注：1 QUAD = 1015 BTU						

(资料来源：2008 年美国能源部能源情报署)

其中，占比只有7%的可再生能源虽然是人类理想的能够实现多赢的能源，但在实施过程中还存在着相当大的困难，如可再生燃油包括生物酒精和生物柴油，可以替代汽油，但却存在与民争粮的问题；沼气使用起来清洁，好处多多，但存在产量非常有限的问题；寄希望于未来的新能源之一——人造太阳还存在两大不幸，首先是已经经过五十余年二十多个昂贵的人造太阳的研发，净发电量还是负的。换言之，发电时所消耗的能量仍然大于所生产的能量。更不幸的是，最长的成功操作时间只有几秒钟。

尽管可再生能源的开发与利用面临诸多困难，但是从英国非政府组织“新经济基金”2009年《幸福星球指数报告》的结果来看，在被调查的143个国家和地区中，位于拉美的哥斯达黎加是最幸福的国家！该国人口对生态环境的影响比发达国家小得多，原来，他们消耗的能源中99%为可再生能源，美国则远远地落到第114位。这说明，幸福与财富之间的关联度非常低。有报告指出，在过去的50年里，美国人拥有的物质财富越来越多，但幸福指数却没有什么变化。

美国决定在发展低碳经济与可再生能源方面有所作为是在金融危机爆发以后，美国积极应对的策略之一是奥巴马于2009年2月17日签署的《美国复兴与再投资法案》。该法案引人瞩目的一点是提出了长达40年的绿色能源新战略，如3年内在可再生能源如太阳能、风能、混合动力、智能电表、建筑节能、电动车等方面增加1倍产量，让200万家庭和联邦政府建筑的能效提高75%，以便保障到2012年时，新能源发电量占到能源消耗总量的10%，然后到2025年时再提高到25%。温室气体排放量到2050年时比1990年减少80%，保证美国是应对全球气候变化领导者的地位。奥巴马表示，美国要么继续做全球最大的石油进口国，要么成为世界上最大的清洁能源技术出口国。2011年，美国总统奥巴马在国情咨文中再次强调增加在生物医疗、信息技术，特别是清洁能源技术方面的投资，还为美国清洁能源发展提出了新的目标：即到2035年，美国80%的电力将来自清洁能源；到2015年，美国将成为全球第一个电动车数量过百万的国家。

美国实现上述目标主要依赖于以下三条途径：

首先是靠创新。美国是非常崇尚又善于创新的国家。奥巴马在2011年国情咨文中强调：“没有人能够预计下一个巨大产业是什么，或者新的工作岗位会来自哪里。30年前，我们不知道互联网会带来一场产业革命。我们能够做的是鼓励美国人的创新。”

其次是靠科学研究。世界领先技术在美国。据测算，二战以来美国三分之一的生产率增长归功于科学研究方面的成果，他们既重视培养大量的本地人才，又采用极为优厚的政策条件在世界范围内网络高精尖人才。美国的绿色能源战略承诺，基础研究经费将在未来10年中增加1倍，并指出要规划未来的科技重点，包括支持解决气候变化问题的新技术研究，用鼓励性的措施把生物医学成果迅速转化成治疗手段，为促进跨部门的技术合作，首次设立国家级的首席技术官等等保障措施。

第三条途径是靠教育。经济学家测算出的数字显示，美国三分之一的国民收入增长归功于教育。诺贝尔奖获得者、美国经济学家舒尔茨通过研究发现，美国教育投资的收益率大大高于物质投资的收益率。美国的绿色能源战略进一步加大了教育投入，政府从学校入手，为大部分学校配置了拥有21世纪新科技、新微机特点的教室、图书馆以及实验室，用新的培训模式提高教师队伍整体素质，打好学生参与全球科技竞争的基础。

三、经济结构理论与我国经济结构调整

（一）经济结构与“调结构”

经济结构的内涵比较丰富，但它的核心构成内容是产业结构、投资结构、消费结构、需求结构。经济结构的调整主要有两方面的内容：一方面是结构的合理化；另一方面是结构的优质化。我国经济结构调整的核心内容是结构的优化与升级，也就是经济结构从低水平向高水平演进的过程，即向高附加值、高技术、高集约化、高深加工演进，包括由第一产业占优势逐渐向第二产业、第三产业占优势演进；由以劳动密集型产业为主逐渐向以资本密集型、技术密集型产业为主演进；由以制造初级产品为主逐渐向研发、技术、销售、服务等领域占优势演进，从内部真正提升我国经济抵御外部经济危机的能力，增强可持续发展能力。

我国现阶段存在的能源短缺、资源枯竭、环境恶化、生态脆弱、人口增长等问题与所处的工业化阶段经济结构的特点相关。在工业化初期，经济结构以轻纺工业为主，原料主要是农产品，上述问题不严重，而到了工业化中期阶段，经济结构以重化工业为主，高污染、高耗能、高排放的企业比重就很大，同时又是经济发展的重要支柱，相应形成的上述问题就非常严重。近几年，我国单位GDP能耗上升趋势明显就和高能耗企业比重过高直接相关。

2008年的中央经济工作会议提出，2009年的经济工作要着力在保增长上下工夫，把扩大内需作为保增长的根本途径，把加快发展方式转变和结构调整作为保增长的主攻方向，把深化重点领域和关键环节改革、提高对外开放水平作为保增长的强大动力，把改善民生作为保增长的出发点和落脚点。这段话是对“保增长、扩内需、调结构”方针的全面阐释。其中，调结构是为了保增长、扩内需，“调结构”既是一项战略任务和长远

目标，也是实现“保增长”——特别是实现可持续发展的必由路径。在金融危机背景下抢抓机遇，不是大干快上的速度机遇、数量机遇，而应该是调整结构的机遇，把已经严重失衡的结构朝着比较平衡的结构方向调整。

2009年7月上旬，国务院总理温家宝在主持召开经济形势座谈会时讲到了“调结构”与“保增长”的相互关系，他说：“保增长和调结构是相辅相成、并行不悖的，经济平稳较快发展是结构调整的基本条件和重要保障，结构调整使增长更上层次、更有后劲、更可持续，并提高发展的质量和效益。”

归结起来，我国现阶段调整经济结构的含义主要呈现出以下三个方面的变化：

1. 从需求结构来看，调结构是要扩内需、稳外需，改变过去重外需、轻内需的结构

我国形成的以满足外需为主的出口依赖型经济表现为外贸依存度高达三分之二，2007年，国内出口总额占到GDP的37%，这与对外技术依存度高有直接关系。目前，世界公认的创新型国家掌握了全世界86%的研发收入，这些国家获得的专利数（获得美国、欧洲和日本授权的专利）占世界总量的97%。创新型国家用核心技术控制了世界市场，也控制了国际资源及流向，我国因为没有核心技术就只有靠引进。我国对外技术依存度高达50%，形成了对外技术的高度依赖，而技术引进和消化吸收的投入之比仅为1:0.08，说明我国在技术引进的过程当中对技术的消化吸收和再创新能力严重不足。过去，拿土地换技术、拿市场换技术的发展模式是许多地方政府发展经济的首选。但是这样选择的结果是，土地让出去了，技术没有换来；市场让出去了，技术也没有换来。最终使企业陷入了“引进—落后—再引进”的恶性循环中。现在，科技进步贡献率仅为39%，这样低的比例要在2020年达到翻两番的目标是不可能实现的，必须达到60%才行，也就是说，在目前的水平上，再增加20多个百分点，才能实现翻两番的目标。这种出口依赖型经济模式把诸多的环境、生态问题留在了国内，严重制约了中国经济社会的可持续发展。经济增长对出口的较高依赖，造成一旦国际上发生金融危机，就直接影响国内经济、政治形势。中国拥有全世界最大的内需市场，中国经济的根本出路还要靠内需。

2. 从国民收入分配结构来看，调结构是要调整投资与消费的比例，重投资，更要重消费

长期以来，我国的国民收入分配结构一直是“重投资，轻消费”，固定资产投资的增长一直快于社会消费品零售总额的增长，居民最终消费率持续下降。从2000年到2007年，固定资产投资率从35.3%增加到42.3%，最终消费则从62.3%减少到48.8%，特别是居民消费率在2007年竟然比改革开放初期还低了14个百分点；职工工资总额占GDP的比重从1980年的17%下降到2007年的11%。而投资需求是一种中间需求，其形成的生产能力不能进入最终消费，致使过剩的产能到海外寻找出路。过高的投资率与过低的消费率并存形成了大量的产能过剩，不得不依靠出口来消化。现在，扩内需的重点不是基础设施和工业项目，而是与民生问题直接或间接相关的住房工程、医疗卫生和教育培训、节能环保和生态恢复等等，扩大这方面的消费与过去的扩大投资一样重要，甚至更加重要。另外，扩内需还要提高居民收入在国民收入分配中的比例，以解决他们有消费需求但是却没有消费能力的问题；同时，也要提高政府提供公共产品、公共服务方面的消费支出，从而扩大最终消费需求。居民、政府消费能力的提高及消费品质的提升，反过来则

可以拉动投资，并对投资形成市场动力，驱使经济结构更加合理。

3. 从产业结构来看，调结构要突出生态化，从工资成本低、两高一资转向增高工资、无害化、绿色化的产品结构，发展绿色产业，引导和推动产业的转型升级

调结构还包括调整出口产品结构，改变工资成本低、资源消耗高和污染高的出口产品结构。传统经济中发展起来的高能耗、高污染、资源性产业造成的能源问题、资源问题、环境问题、生态问题已经难以为继。现在引导和推动产业的升级转型的方向已经明确，通过构建绿色产业体系发展绿色经济，完成节能减排任务，研发和生产高端产品，不断提高产品加工的深度和档次，政府、企业、银行合力发展技术含量高、附加值高的深加工产品。中央有关部门已在扩内需的财税、信贷政策等方面颁布了防范投资于“两高一资”的监管措施。2010年的《政府工作报告》特别强调政府投资“绝不能用于一般加工工业”，要“支持社会资本投向符合国家产业政策的领域”。调结构的产业领域既包括汽车、钢铁等十大传统产业，也涵盖新能源、生物、医药、节能环保、信息等高技术、新兴产业。

（二）经济增长过程中的结构变化

我国经济增长在2008年金融危机爆发之前，一直是以出口市场上的外需带动的。2008年金融危机发生后，外需萎缩，靠内需拉动经济增长的困难加大。这就需要我们思考一国经济增长不同时期发生了哪些结构变化，这些变化改变了哪些利益集团的处境。调整经济结构涉及不同利益群体的关系协调，这种利益关系实质上又是社会财富剩余的分配问题。社会财富剩余的分配在工业化的不同阶段具有不同的资源配置特征，因而选择实施的调结构的目标、任务、手段也就各不相同。认真考察和分析经济增长过程中的结构变化态势对探索调整经济结构的有效途径和政策选择具有重要意义。下面，以产业结构的变化为例来说明。

1. 工业化三阶段中的结构变化

纵观经济历史，工业化过程中的工农业关系演化依次经历了三个基本阶段。

第一阶段：农业支持工业发展阶段，或称以农养工、以农补工阶段，该阶段属于工业化的初始时期。政府调结构的主要任务是发展工业，首先面临的问题就是工业化的资本积累从哪里来。这一时期，农业在整个国民经济中居于重要的位置，农业产值占相当大的比重，国民收入的绝大部分来源于农业，大部分人在农业部门从事农产品生产，国内商业和出口商品的大宗是农产品及其初加工产品。这一阶段工业基础很薄弱，经济落后，生产力水平低下，工业品从国外进口。所以，为工业化提供资金积累的重担就责无旁贷地落在了农业的肩上，农业处于被征重税的地位以支持工业化进程，这一阶段也就是农业为工业化积累作出贡献的时候。于是，农业剩余便由农业部门无偿流入工业部门，成为工业化发展的资金积累，这就是工业化第一阶段工农关系的基本特征。

政府适应于这种发展格局，调结构是选择剥夺农业的政策或挤压农业的政策。纵观世界各个国家的实践，剥夺农业剩余的方式主要有两种类型：一种是财政积累机制，即国家动用政权的力量对农业课以高税或征收重租，强制农业生产者给工业纳贡，典型代表是日本；另一种是价格积累机制，主要通过工农产品的不等价交换即“剪刀差”实现农业剩余向工业的转移，典型代表是美国。我国属于第二种。

第二阶段：农业与工业平行发展阶段，或称农工自养、农工自补阶段，该阶段属于工业化的中期阶段。工业由于借助农业剩余的发展逐步具有了自我积累、自我发展的能力，对农业剩余的依赖度显著降低。另一方面，工农业技术进步出现巨大差异，工业劳动生产率提高速度比农业快得多。从资本效益来比较，工业高于农业，致使资本积累迅速流入工业，再加上农业剩余在第一阶段被抽取，农业耕地受到工业用地挤占越来越少，出现了农业收入与工业收入的巨大反差。如果农业再继续被剥夺下去，就会影响国民经济的整体发展。这时，农业不可能再为工业发展无偿地提供资金积累，工业的进一步发展则依靠其自身的积累。简言之，农业与工业各自利用自身的剩余发展，这就是工业化第二阶段工农关系的基本特征。我们对农业的比较优势迅速下降从以下三个方面能够看得更加清楚：

(1) 资源型产品价格的上涨趋势。资源型产品一经发现、开采或种植非农产品的更为廉价的发明，其价格的上涨均会降低农业的竞争力，同时也就加剧了农业部门的优势随着经济增长而自身下降的趋势。

(2) 初级农产品加工时的资本需求替代劳动。资本不光投资于制造业，也投资于初级农产品的加工业，区别于制造业，资本对土地、劳动具有可替代性，农业技术进步实现了资本替代劳动，则单位产品产出的劳动投入就会下降。

(3) 服务业的发展。服务需求的收入弹性具有不断增大的趋势，也就是说，随着收入的提高，人们会把收入的较大比例消费于服务行业，而服务业的产品供给是相对劳动集约的。随着经济增长的不断提高，劳动力最终将在提供服务的部门就业，这就加强了随着经济增长农业产值和就业份额都下降的倾向。

政府适应于这种发展格局，调结构的任务是及时地放弃剥夺和挤压农业的做法，选择农业与工业平行发展的政策。曾经在工业化第一阶段采取财政积累机制的国家，大力削减农业税收，以实现工农业收入均等化；采取价格积累机制的国家，则尽力缩小“剪刀差”实行农产品平价政策。其实质是使工业品和农产品各自取得市场均衡价格，投入到农业中的资本与工业资本一样，都可以获得平均利润。

第三阶段：工业支持农业发展阶段，或称以工养农、工业反哺农业阶段。工业化进入这一阶段以后，随着时间的推移，工业日趋成熟和发达起来，工业部门的生产率提高后在拓展国外市场过程中具有了国际竞争力，而农产品在出口贸易中所占的比重逐渐下降，国民经济结构中以工业为主体，农业相对地位已经大大下降，农业部门的劳动力不断地被吸引到工业部门，城市人口比重上升的同时，农村就业人数急剧下降。这样，工业就有了能够支持农业的经济基础。于是，工业剩余回流农业，农业由依靠自身剩余积累的发展转向依靠工业剩余积累的大发展。这就是工业化第三阶段工农关系的基本特征。

政府适应于这种发展格局，调结构的任务是选择实施反哺农业的政策，保证把工业中的一部分剩余有效地导入农业，以支持农业的发展，提高农民的收入。该阶段，政府所采取的基本措施是价格保护，以保证农民的收入水平不发生大幅度的下降，尽力缩减农民与非农业就业者的收入差距，并保证消费者得到合理的价格和稳定的供应。

2. 结构变化的结果

从以上工业化的三阶段分析中，可以看出结构变化的结果是在一个开放经济增长体系里，工业和服务业部门的扩大比较快，而农业产值的增长比较慢，以至于农业在经济增长中的比重越来越小，农业中就业人数的绝对数量不断下降。还有一个结果表现为，家庭消费的支出在收入低的时候大部分是花在吃的上面，因此，农产品的价格是居民收入中生活费用的重要决定因素。然而，随着工业化进程的加快，农产品市场的供求弹性较小，市场风险较大。从供给方面看，农产品生产的耕地面积是既定的，因而大批的农产品供给首先受到土地面积的限制。其次，农产品的生产周期长，季节性强，不能像工业那样及时根据市场的需求作出非常灵敏的反应。从需求方面看，农产品是人们的生活必需品，价格的变化对生活必需品需求的影响是比较低的，所以，农产品的需求弹性较小。从市场容量看，农产品市场又是有限的，按照恩格尔法则，食物的支出在家庭全部支出中所占的比重会随着人们生活水平和收入水平的提高越来越小。因此，市场对食物的需求到了一定程度便不会扩大，容易产生饱和。农产品供求的这些特点，增大了农业在市场竞争中的风险性。这时候，政府在处理各产业间的关系时就要对农业这个基础产业部门在政策上给予扶持和保护，协调各产业之间的利益关系，实现农业和非农产业间的平衡增长，从而达到资源最优配置的目的。

（三）经济结构的二元性

经济结构的二元性是发展中国家普遍存在的一个共有特征，中国作为发展中国家的一员，同样也有二元性。

1. 二元经济结构的由来

二元经济结构的概念和理论是20世纪50年代以来，各国经济学家们在研究经济增长模式特别是发展中国家或地区的经济增长模式和现代化道路中逐步形成、发展和完善起来的。

经济史上最早提出二元结构概念的人是荷兰经济学家J.H.伯克，他在调查研究了印度尼西亚的社会经济状况后，于1953年发表了专著《二元社会的经济学和经济政策》，书中指出摆脱荷兰殖民统治的印度尼西亚社会具有典型的特征，这个特征他表述为二元结构，即一方面，广大农村依然是工业革命以前的落后的传统社会，农业部门仍然依赖土地生存；另一方面，城市又是较为发达的工业化的现代社会，工业部门主要依赖资本、使用机器和技术生产。现代城市和现代工业部门同传统农村和传统农业部门，在经济制度和社会文化等各个方面，都存在着巨大的差别。这些差别直接或间接地导致了城市和农村、工业和农业中的资源配置方式的迥然不同。

现在，最常用的二元经济结构指的是发展中国家有两大部门同时并存：一大部门是依赖土地生产的传统农业部门；另一部门是使用资本生产的现代工业部门。

二元经济结构理论提出的一个基本观点是，发展中国家促进经济发展的本质在于经济资源在传统部门和现代部门之间进行的重新分配，这一分配过程主要包括两方面的转移过程，一方面是资本的转移过程，即农业剩余资本从传统部门向现代部门的转移过程；另一方面，还包括劳动力的转移过程，即现代工业部门的大发展具有大规模的劳动力需求，满足这一需求的供给在于农业部门的过剩劳动力向现代部门的转移过程，经济结构发生的变化表现在第二、三产业部门的产值、就业比例不断上升，而农业部门的产值、就业比例不断下降。

度量二元经济结构程度的单位是二元结构的强度，二元经济结构的强度指的是农业与非农产业之间的相对国民收入差距，这个差距根据美国经济学家库茨涅兹的统计结果显示，发展中国家最大的是4.09倍。我国于1979年时最高达到6.08倍，是世界上差距最大的国家，堪称是绝无仅有。

大多数国家的二元经济结构是在工业化推进过程中自然形成的。我国的二元经济结构的形成除了自然因素外，还有特殊的国情因素在里面。新中国成立之初，摆在中国人面前的一个重要任务是尽快发展工业，而要在一穷二白基础上建立工业体系，首先必须解决工业化资金的积累问题，显然在当时的国际国内环境下，既不可能依靠自身孱弱的轻工业，更不可能依靠国际援助，只能由农业来解决。自此，我国步入了工业化进程的第一阶段即以农养工阶段。为了从农业中提取积累，政府主要采取了价格积累机制，即工农业产品的价格剪刀差政策：国家以低价收购农产品，然后以低价供应给轻工业部门，降低了工业原材料成本；同时，又以较低的价格把农副产品供应给城市居民，降低了工业品的成本，筹集了工业化的资金，使重工业部门得以建立和发展起来。这就是我国工业化资金积累的流程。据估算，从1952年至1990年，农业为工业化建设提供了总量约为11600亿元的资金积累，资金净贡献达到1万亿元，占国民收入全部积累额的22%以上。同时，为了保证工业化的顺利进行，我国还建立了工业化相关的配套制度，通过农产品的统购统销政策、城乡分割的户籍管理制度等促进了工业的快速扩张，但也固化了我国的二元经济结构特点，形成了城乡严重分割的两大区域，并把农业劳动力人为地牢牢地束缚在土地上搞饭吃，以至于数以亿计的农村剩余劳动力滞留在农村；再加上农业支持工业，而自身补给不足，加剧了农业的落后，又进一步强化了二元经济结构特点。

现阶段，我国在金融危机背景下，外需下降而内需不足，农民整体消费水平低下、缺乏养老和医疗保障，农村基础设施落后，农民工待遇明显偏低等问题均与二元经济结构有相当大的关系。

2. 农业向现代化转型的两种模式及其理论基础

伯克的二元结构描述的是一国一定时期的经济特征，说明的是落后国家的落后性，缺陷在于没有找到建立传统部门和现代部门之间的正常联系，也就是没有寻到实现经济发展的条件和途径。伯克提出二元结构概念以后，各国的经济学家在他的基础上不断系统地丰富、深化、完善了二元经济结构理论，其基本观点主要有三方面：首先，发展中国家经济结构演化的主要趋势是实现从二元经济向一元经济的转变。这一转变过程中，由于传统农业部门的过剩劳动力向现代工业部门转移，将会出现两部门对劳动力的竞争，竞争的结果导致劳动者的工资率逐渐上升，农业部门遵循市场经济规律生产加工农产品，最终实现农业部门的市场化。其次，各国实践证明，没有农业的现代化，就无法实现二元经济的转化。发展中国家特别是我国在二元经济转化过程中的成功经验在于“以农业为基础、以工业为主导”，这是颠扑不破的真理。最后，还构建了农业向现代化转型的两种模式及其理论基础，分别是依靠工业化带动的模式与传统农业自身改造的模式，前一种模式的理论基础是以刘易斯为代表的二元经济发展理论；后一种模式是以舒尔茨、速水佑次郎与弗农·拉坦为代表共同建立的诱导技术变革理论。

(1) 依靠工业化带动模式的理论基础：以刘易斯为代表的二元经济发展理论

依靠工业化带动模式指的是通过采用工业化的生产方式能够推动和促进传统农业社会向现代工业社会的转变。也就是说，通过发展机器大工业生产方式，把农民转变为工人，也就同时发展了现代工业社会。

这一观点的主要代表人物是美国经济学家、诺贝尔经济学奖获得者威廉·阿瑟·刘易斯。刘易斯在1954年发表的著名论文《劳动力无限供给条件下的经济发展》一文中，把发展中国家的经济结构也分为两大经济部门，资本主义部门和维持生计部门，前者又称为现代工业部门，后者又称为传统农业部门。这两大部门的主要差异表现在以下五个方面：一是资本运用方式不同。现代部门使用再生产性资本，而传统部门使用劳动力和土地。二是生产方式不同。现代部门靠利润的积累采用机器大工业的生产方式，而传统部门采用手工劳动。三是生产规模不同。现代部门生产规模较大，而传统部门是属于生产规模较小的农业生产。四是生产率高低不同。现代部门因为生产规模较大，又使用再生产性资本，遵循规模报酬递增规律，生产率较高；而传统部门因为生产规模较小，又不使用再生产性资本，受土地规模报酬递减规律的约束和自然环境的影响较大，生产效率极其低下。五是收入水平不同。现代部门生产率较高，因此收入水平较高，其中产出的一部分可以月于积累和扩大再生产，而传统部门生产率较低，没有剩余提供积累，仅仅能够维持当年的生计，因此收入水平较低。

在刘易斯看来，二元经济发展的核心是传统部门的剩余劳动力向现代工业部门和其他部门转移。发展中国家从传统农业经济向现代工业经济转化的过程中，经济发展主要是通过提供就业机会、分享物质设施、传播现代思想和制度、相互贸易等途径，既可以使得传统部门剩余劳动力得到转移，又可以使得传统部门得到收益并且得以改造更新而转化为现代部门，也可以使得现代部门促进再生产性资本的进一步增长、生产规模的进一步扩大、生产率和收入水平的进一步提高，这样，现代部门和传统部门互联互动并且循环往复，不仅推动和促进了二元经济转变为一元经济，而且推动和促进了不发达经济转变为发达经济，也就相应地实现了传统经济转化为现代经济的发展过程。

以刘易斯为代表的二元经济发展理论不是完美的，也有一些缺陷，主要表现在两方面：一方面，该理论由于是以西方发达国家的实践经验为根据，分析方法又是以西方古典经济学为基础，所以其理论假设存在与发展中国家的实际情况不相符合的地方；另一方面，该理论只是重点描述了现代工业部门得以不断扩张的进程，却忽略了农业部门发挥的重要作用，仅仅把农业部门作为工业部门扩张时对劳动力需求供给的提供者而已。

(2) 传统农业自身改造模式的理论基础：舒尔茨的人力资本理论、速水佑次郎与弗农·拉坦为代表的诱导技术变革理论

①舒尔茨的人力资本理论观点：农业现代化取决于农业人力资本的投入

美国著名经济学家、诺贝尔经济学奖获得者西奥多·W.舒尔茨运用其人力资本理论探讨了农业现代化的基本途径。他在人力资本理论中提到的基本观点是人力资本的收益高于其他物质资本的收益，人力资本是投资形成的，对人力资本进行投资是回报率最高的；发展中国家要实现现代化，便捷快速的道路就是加大对人力资本的投资。人力资本投资包括四个方面：教育与培训；医疗与保健；鼓励劳动力流动；引进高素质移民等。其中，教育和培训是最重要的途径。基于此，舒尔茨在比较、研究了发达国家和发展中

国家的农业经济问题及其进程后认为，二元经济结构的转变，关键在于传统农业的现代化。通过计算，舒尔茨发现，在美国经济发展过程中，自然资源的贡献率仅为5%，物质资本的贡献率为20%，而人力资本的贡献率高达75%。从20世纪初叶到20世纪50年代，促使美国农业生产率提高的主要原因不是土地、资本、人的数量的增加，而是农民的能力、素质和技术水平的提高。对农民开展科学技术知识培训，不仅可以提高农业生产率，还可以为乡镇企业提供参与国内、国际竞争的人才支持，更能为二元经济结构转换和城乡经济协调发展起到重要的、无可替代的推动力。从最重要的投资渠道来看，农村教育是非常有利的农业人力资本投资渠道。在美国南部农村，追加教育投资10%，增加产出高达30%。

②速水佑次郎与弗农·拉坦的诱导技术变革理论：一国农业资源的禀赋状况决定该国选择农业技术进步模式的类型

速水佑次郎是国际上非常有名的农业发展经济学家，他一心一意地做学术研究，从不承担任何行政职务，深受学术界的尊重。他与弗农·拉坦在探讨农业技术进步的路径时，打破传统的农业发展理论限制，于20世纪70年代初提出了著名的“诱导技术变革”理论。编者在《美日农业技术进步的经验与我国农业发展模式的选择》一文中阐释了该理论的基本内容。

a. 机械性技术进步和生物性技术进步是农业技术进步模式的两大分类

“诱导技术变革”理论是建立在自由竞争的市场经济体制基础上的，假定市场价格能够正确、有效地反映产品和要素的供需变化。在这一前提下，他们依据开发对象的不同，把农业技术进步分成了两大类：机械性技术进步和生物性技术进步。机械性技术进步又称替代劳动型技术，是指对农业机械、农业生产设施等固定生产资料的开发改良，其显著效果是缩短生产单位产品的劳动时间，大幅度地提高劳动生产率。生物性技术进步又称替代土地型技术，是指对种子改良、化肥、农药等流动性生产资料的开发，改善栽培、饲养方法，其明显效果是提高土地生产率，稳定生产水平。这两类模式可以相辅相成。在土地较为稀缺、劳动相对价格较为便宜时，可采用生物性技术进步为主、机械性技术进步为辅模式；而在土地较为宽裕、劳动价格较为昂贵时，可采用机械性技术进步为主、生物性技术进步为辅模式。

b. 一国农业技术进步模式的选择主要取决于该国农业资源的禀赋状况

速水佑次郎和弗农·拉坦认为，一个国家选择哪一种农业技术进步模式主要取决于该国农业资源的禀赋状况。对于劳动较为稀缺的国家，相对较高的劳动价格将会诱导农民选择农业机械性技术进步模式；对于土地较为稀缺的国家，相对较高的土地价格将会诱导农民选择生物性技术进步模式。此外，政府在推动农业体制创新过程中，应该以如何消除缺乏供给弹性的生产要素对农业增长的制约为基本出发点，利用市场价格信号，诱导农民选择能够节约日益稀缺的生产要素的技术方法。在这一过程中，政府对农业技术变革的引导起着重要的作用。

以美国、日本、中国为例来说明诱导技术模式的选择和应用。美国的资源禀赋条件是土地供给相对丰裕而劳动力供给较为稀缺。因此，市场价格表现出来的情况就是土地和机械的价格相对于劳动工资而言有长期下降的趋势，这种市场价格信号就会诱导并驱动农民高度关注围绕生产工具开展改革。所以，美国农业技术革命是从机械技术改革发展开始的，走的是以节约劳动为特征的机械技术进步道路。

与美国相比，日本的资源禀赋条件是土地供给十分稀缺而劳动力供给相对丰富。因此，市场价格表现出来的情况就是土地的价格相对高于劳动力，这种市场价格信号就会诱导并驱动农民更多地选择多用劳动型的技术和替代土地型的技术，农民对这种技术的选择结果，必然就是替代土地型的劳动力技术得到较快发展。所以，日本农业技术革命是从发展以节约土地为主的生物技术开始的，走的是生物技术进步的道路。

我国农业技术进步模式的选择不同于美国和日本，不能选择某种单一的模式，应当依据国情选择以生物技术进步模式为主，实行生物技术和机械技术的有机结合。这是从诱导技术变革理论分析和美日两国农业技术进步模式的实证考察，结合我国农业发展的经验教训、现实状况所得出的结论。地大物博的时代已经过去了，人多地少并且资源枯竭、能源短缺、生态脆弱的情形越来越严峻，土地资源严重不足带来了诸多的城市问题、发展问题，人均土地面积规模非常狭小，不足1.5亩，只相当于美国的12%，而相对应的劳动力供给非常富足，农村剩余劳动力基数非常庞大，这就意味着试图用土地和农业机械替代劳动几乎是不可能的，回顾我国的历史，我们已经饱尝了这方面的教训。因而，选择生物技术进步模式对我国具有特殊而又重要的意义。当然，选择生物技术进步模式并不意味着对农业机械技术的排斥，实行农业集约经营若没有机械化来解放生产力，仍然是有障碍和制约因素的。因此，在优先发展生物技术的同时，也不能忽略机械技术的应用，实现二者的有机结合和创新运用是需要在实践中不断探索的。

四、我国经济结构调整存在的问题

改革开放以来，我国的经济结构发生了重大变化，在完善家庭联产承包责任制、取消农产品的统购统销政策、发展乡镇企业、缩小剪刀差、取消农业税、修订社会保障制度等等的变革中，整体上朝着科学化、合理化的方向发展。但是目前，我国经济结构还存在很多问题，在经济领域中长期积累起来的经济结构的各种问题在金融危机背景下充分暴露出来，成为阻碍我国经济发展的严重障碍。主要表现在以下几个方面：

（一）人的结构调整滞后于经济发展的需要

美国著名经济学家、诺贝尔经济学奖获得者西奥多·W.舒尔茨认为，发展中国家要实现现代化，便捷快速的道路就是加大对人力资本的投资。现在，许多国家的政府都相继建立起了较为完善的公民培训制度，为愿意参加再就业和继续教育的公民提供免费的职业技能培训。我国自改革开放以来，也陆续建立起了党政干部培训制度、市民再就业培训工程等长效机制，但是，却没有把大量的农民与农民工纳入制度化的培训工作范围中来，以至于传统农业的改革创新具有较大的难度，也给企业招工、用工、培训带来较大的负担，更对发展现代化农业形成人才供给不足的强大制约。目前，我国尚未建立为农民提供职业培训的财政保障机制，有些地方政府虽然也在做为农民的职业培训工作，但数量有限，资金缺乏，有些地方还仅仅停留在口头上、文件上，且没有形成长效机制。农民及农民工教育培训基地建设严重滞后于经济发展的需要。造成这种结果的一个根本原因与长期以来固化了的投资结构有关，以物质资本投资为重点，而轻视甚至忽视了对人力资本的投资，再加上城乡二元分割，使得城乡居民在公共资源占有，特别是教育培训机会上存在很大差距。2010年，我国城镇人口不到50%，却占有87%左右的固定资产，超过50%的农村人口享受到的投资仅仅只是13%左右。已经流入城镇的2.2亿农民工，无法享受城镇居民在教育培训方面的福利资源。[1]

（二）就业结构调整滞后于产业结构调整

二元经济结构理论研究的成果表明，经济发展对劳动吸收速度必须大于人口增长速度才有助于解决二元经济问题。我国的情况是人口基数很大，劳动力原来主要分布在农业部门，后来随着工业化进程的加快，陆陆续续地向工业、服务业转移，使得我国的三次产业结构和就业结构发生了很大变化。从2000年到2006年，第一、二、三产业结构比例由15.1:45.9:39.0调整为11.7:48.9:39.4，就业结构相应地由50.0:22.5:27.5调整为42.6:25.2:32.2，这两组数据表明，第一产业就业人数比产出高30.9个百分点，而第三产业就业人数比产出低7.2个百分点，说明我国就业结构调整严重滞后于产业结构调整。究其原因既有传统农业对农民增加收入的约束愈来愈大，也有第三产业发展缓慢削弱了吸收农业剩余劳动力的能力，使农民就业范围难以扩展，还有大部分的劳动力素质不能适应新岗位的工作要求，出现了劳动者数量过剩与质量短缺并存的矛盾，现代化经济大发展需要的人力资本的严重短缺成为制约我国经济可持续发展的重要因素之一。

（三）城市化水平滞后于工业化发展的水平

我国的城市化水平在1996年至2003年间走过了一段加速发展的时期，年城镇化率在1.43%~1.44%间，但这之后出现了下滑，由2004年的1.23%下滑到2006年的0.91%。2008年末，城镇登记失业率为4.2%，若城镇化率按年均增长1个百分点计算，2020年将达到57%，城镇总人口将增至8.28亿。即从现在到2020年，将有2.31亿农村人口向城镇人口转化，年均增加城镇人口1811万人，再加上城镇每年新增的1300万就业劳动力，形成了严峻的就业压力。这些数字说明，我国的城市化水平严重滞后于工业化发展的水平，城市经济力量非常薄弱，严重制约着城市吸纳劳动力的能力。1990年以来，非农产业吸纳的劳动力平均每年仅增长2.7%，低于城市化发展水平，其中吸纳的农村剩余劳动力只占39.7%，再加上工业的资本密集度越来越高，单位资本所能吸纳的劳动就业量日趋减少，而第三产业比重偏低，内部结构不合理，影响了现代工业经济聚集优势的发挥，同时也阻碍了农业产业化的发展。与世界大部分国家相比，中国第三产业增加值在GDP中所占比重偏低。目前，绝大部分发达国家的这一比重在60%~80%，大部分发展中国家也超过35%，而中国2003年这一比重仅为32%。从结构看，发达国家的第三产业主要以信息、咨询、科技、金融等新兴产业为主，而中国仍以传统的商业、服务业为主，一些基础性的、新兴的第三产业仍然发育不足。这些问题，直接影响GDP的增长，制约了经济发展

1. 万建民，杨忠阳.城乡“一体化”是区域协调发展的关键［N］.经济日报，2011-09-01.

质量和效益的提高，也就制约了城市化的进程。同时，还存在区域城市化率差距偏大、发展水平极不均衡的问题。

（四）农村消费增速低于城市消费增速

与前几次扩内需不同，2011年扩内需的重要内容是要提高农民消费水平，这是由农村消费增速长期以来远远低于城市消费增速的现实决定的。据统计，在1978至2007年间，我国农民人均消费年增长率在5.9%左右，与全国居民消费年均增速8.7%比较低了2.8个百分点，与城市居民消费年均增速11.1%比较低了5.2个百分点。农民消费增速落后的同时，也是农民消费比例长期下降的过程，从1978年到2007年，农民消费占全国居民消费的比例由62%下降为25.6%，占GDP的比例由30.3%下降为9.1%，这是我国消费率水平下降的重点部分。《中国农村经济绿皮书（2009）》指出，中国农村居民生活消费水平至少落后城镇居民十年，并且城乡居民生活消费水平差距一直处于扩大状态。该书显示，城乡居民生活消费支出从1978年的2.68:1扩大到了2008年的3.07:1。2008年，农村居民人均生活消费支出为3661元，城镇居民该项支出则为11243元。形成这种结果的原因主要有两方面：一方面是长期以来的城乡收入差距扩大趋势一直没有得到遏制，城乡居民收入从1978年的2.6:1扩大到2007年的3.33:1；另一方面，农民人均消费倾向（人均生活消费支出/人均纯收入）由1978年的0.87下降为2007年的0.78。所以，如何促进农民消费水平的增长是调结构的重点。

（五）市场供给结构调整滞后于市场需求结构变化

从市场供给结构来看，我国的很多产品还不能快速适应需求结构发生的变化，以至于产生过剩问题，一旦遇上危机马上就暴露出来。从市场需求来看，国内需求包括投资需求和消费需求。近年来，我国投资需求上升快，而消费需求不仅没有上升反而出现了下降趋势，其中，居民消费率从2000年的46.4%下降为2007年的35.4%，政府消费从2000年的15.9%下降为2007年的13.4%。造成消费下降的原因很多，一个重要原因就在于市场供给结构调整滞后于市场需求结构变化。随着人们收入水平的提高，我国的消费市场呈现出消费档次逐渐提高、消费偏好逐渐多样化的特点。城市消费升级换代趋势非常明显，广大农村消费物美价廉的产品需求非常旺盛。上述消费变化需要品种多、花样新、档次高、功能全而专的商品供给结构相适应。但是长期以来，由于技术落后、资金不足、人才缺乏等原因形成低档次、功能差的产品供过于求的局面难以改善，降低了竞争力，阻碍了经济持续增长，也造成我国贸易条件面临恶化的挑战，贸易摩擦增多，出口增长后劲乏力。金融危机发生后，我国企业在购买力下降、需求萎缩、商品价格下跌的多重压力打击下，劳动密集型产品出口的继续增长困难加大，最终通过增长速度下滑、失业率上升、物价下跌、银行惜贷等项指标反映出来。这说明当前的供给结构带来的经济增长能力和增长空间非常有限，已经到了非调不可的时候了。

（六）新的国际分工格局决定了经济结构的粗放性、低质化

经济结构的粗放性、低附加值是在开放条件下由我国与发达国家之间的新的国际分工格局决定了的。这一分工格局使得我国在国际贸易中，用大量的劳动密集型产品向发达国

家换取技术相对密集的产品。在国内市场上，重点开展基础设施建设、土木水利工程以及与此相关的能源、原材料、化工等高耗能产业、劳动密集型产业，而把技术密集、附加值高的加工产业的需求市场让给财力雄厚的跨国公司来做。即使是一些技术相对密集的产业内部，国内企业也只是被分在劳动密集的组装等工序，而零部件、工艺设备、高端产品的生产制造以及产品研发、设计等技术密集的工序由国外的企业在做。用经济学上的微笑曲线来分析，商品价值链中间凹下去的部分——生产加工环节是中国企业在做，而两端附加值高的部分——研发、设计与销售、服务是发达国家的企业在做。如此产业分工的结果，是国外需求的增长、国内生产的扩张带动了国内高耗能、高污染、资源化产业的大发展，而把对技术密集型产业的带动作用发挥到国外去了，因此决定了我国的经济增长是靠高消耗、低收益、慢运转来维持。在这样一个大格局下，西部一些省份作为资源大省，更是被定位在资源产品的初级开发上，虽然有些地方曾经探索过深度加工业，但是“两高一资”的基本格局始终没有发生改变，高能耗、高污染、资源性企业占比较高。

五、我国经济结构调整的基本途径

发展中国家尤其是我国实现二元经济结构转换的实践经验归结起来就是“农业为基础，工业为主导”，并且只有实现农业自身的现代化，才能真正推进二元经济向一元经济的转换。党的十七大报告对实现我国农业现代化提出的思路和措施是：用现代物质条件装备农业，用现代科学技术改造农业，用现代产业体系提升农业，用现代经营形式推进农业，用现代发展理念引领农业，用培育新型农民发展农业，提高农业水利化、机械化和信息化水平，提高土地产出率、资源利用率和农业劳动生产率，提高农业素质、效益和竞争力。2009年一季度，党中央、国务院在解决经济结构的转型升级问题上先后推出了十大产业调整振兴规划，产业调整振兴规划的作用时间既不是短期的计划，也不是长期的政策，而是侧重于中期效应的产业发展规划，其领域覆盖消费结构、产品结构、企业规模结构和技术结构等方面，力求把调结构与保增长结合起来，从而实现经济的长期稳定增长。《“十二五”节能减排综合性工作方案》还要求提高服务业和战略性新兴产业在国民经济中的比重，到2015年分别达到47%和8%左右。

（一）优先重视人的结构调整

经济发展方式的转变是通过技术水平的提高得以实施的，而提升技术水平的背后是人的作用使然的结果。依据舒尔茨关于二元经济结构转变的基本点，传统农业的现代化，关键在于让农民必须学习新的有用知识和新的有用技能，正是这种学习才有助于形成现代农业生产率提高的基础。而让农民学习知识、掌握技能本质上就是对农民的一种投资，农民通过教育、培训、健康、迁移、信息获得等方面的投资，形成使用现代农业生产要素的能力是农业经济增长的主要源泉。现阶段，增加农民的收入对消化过剩产能、拉动内需、保障经济增长发挥着至关重要的作用。所以，经济结构的调整首先要重视人的结构调整，在物化资本、人力资本的投资比例上，要优先加大人力资本的投资。在加强人力资本提升的前提下，再促使劳动力从第一产业、第二产业向第三产业流动。从我国目前的情况来看，人的结构调整在完善党政干部、市民培训、再就业工程的基础上，今后应当把重点放在对农民以及农民工的教育培训上来。适应经济结构调整的需要以及现代化农业发展的需要，健全农民的职业教育和技能培训制度，开展农民及农民工教育培训基地建设，提高技术型农民工的比例，尽快实现农民工向产业工人的转换，以满足产业升级的需要。同时，也要对农民进行生态技术培训，满足农业生态化、绿色化发展的需要。建立为农民提供职业培训的财政保障机制并形成长效机制。2008年，河南省成为全国劳务输出总量和劳务收入双第一的省份，他们在劳务经济方面的成功经验就是培养、造就了一大批技能型农民工，这与河南省对培训农民工充分重视、措施得力是分不开的，这一经验和做法值得其他地方政府借鉴。

通过培训，树立农民的开放意识、竞争意识、规则意识、投资意识、市场意识，真正打造出一支有文化、懂技术、会经营、善管理的新型农民队伍，鼓励他们积极参与到经济发展现代化的进程中来。

（二）坚持市场调节与政府引导相结合，大力发展绿色节能环保产业

在调结构中培育新的经济增长点时，发挥市场力量是促进经济增长和发展的根本。在应对金融危机中调结构一定要坚持市场调节与政府引导相结合，发挥市场对资源配置的基础作用，在市场调节作用下把那些不符合科学发展观要求、不符合新型工业化要求、不符合可持续发展要求的落后产能和“两高一资”的生产能力淘汰，通过深化企业制度改革和完善法律法规体系，适时矫正企业的真实成本和不正当的竞争规则，消除落后产能退出市场的障碍，同时为进入新兴产业提供有效的指导，鼓励优势企业对既有产能进行整合，大力发展绿色节能环保产业，拓展就业空间，以尽可能减轻企业破产带来的就业压力。通过扩大政府投资中技术改造资金的比重，帮助企业对设备、产品进行改造升级，从而把社会资源配置到符合科学发展观的方面。在此次金融危机中受冲击最严重、影响最大的正是那些技术落后、管理松散、品质低端的行业和企业。因此，政府在调结构过程中，一定要推动产业的转型升级，切不能为了保增长而帮助落后。在经济萧条阶段，发达国家的政府作用主要是减税，提供社会保障、教育培训、医疗卫生补助等，即使在投资领域中，也是集中在基础设施建设方面，对已经形成的产能过剩主要作用力应当放在消化而不是继续过剩上面，这些做法是值得我国借鉴的。

（三）在科学发展观指导下走内涵发展、清洁发展、节约发展、可持续发展的转型之路

现在应对金融危机与1998年不同的是，我党确立了科学发展观的新理念。“以人为本，全面、协调、可持续”的科学发展观的一个重要着眼点，就是要改变以“高耗能、高污染、资源型”为特征、以牺牲生态环境为代价的粗放型、低水平的增长方式。在调结构过程中选择走内涵发展、清洁发展、节约发展、可持续发展的转型之路，大力推广企业清洁生产技术，实行产品的生态设计，适应资源节约型、环境友好型社会建设的技术系统、生产系统、服务体系、消费方式、管理方式以及与之相配套的政策措施，加快调整出口商品贸易结构、进口商品贸易结构，提高资本利用效率与质量水平，促使需求

结构和供给结构绿色化、循环化、无害化、无毒化，最终实现经济、社会的可持续发展。对于已经取得的成就，特别是“三自三高”（自有创新技术、自有知识产权、自有品牌；技术含量高、附加值高、产业化程度高）产品出口的竞争优势[1]要继续保持。我国规模以上电子信息制造业收入在2001年到2010年间增长近4.6倍，软件业收入增长17倍，电信业务总量增长近7.6倍。产业增值链条在原有的基础上有所延伸，正在朝着深加工和核心技术方面进军。我国的加工贸易虽然在2001年到2010年间占全部对外贸易的比重有所下降，即从47.4%下降到38.9%，但与此同时，其增值率从56.9%提升到了77.4%，这是质量效益提升的一个重要表现。

（四）大力发展循环经济，努力培育新的经济增长点和新的竞争优势

我国当前经济发展面临的人口、资源、环境、能源压力不断增强，解决这些压力的有效途径是大力发展循环经济。当前，政府应运用循环经济的理念指导区域经济发展，加快运用高新技术和先进适用技术改造传统产业，加速淘汰落后的技术、工艺和设备，严格限制高耗能、高耗水、高污染的项目。根据各个地区的自然资源和经济结构的特点，合理调整我国经济的区域布局，建立区域循环经济。把节约资源作为基本国策，保护生态环境，提高城市综合承载能力；按照循序渐进、节约土地、集约发展、合理布局的原则，抓紧研究建立适合我国城镇发展的循环经济规划体系；尽快制定能源、资源和环境市场化的价格形成机制，建立资源节约激励机制；重点开发研究和推广循环经济相关技术，如减量化技术、替代技术、再利用技术、资源化技术、系统化技术，依托这些技术达到循环经济目标，建成资源节约型、环境友好型社会。与此同时，鼓励产业结构朝两个方向调整：一是朝自主创新的方向发展；另外一个是朝服务业的方向发展。自主创新是增加制造业的利润空间，服务业的发展是降低制造业的交易成本。与工业相比，服务业能源、材料消耗低，占用土地少，环境污染少，有利于增强可持续发展能力。

在推进社会主义新农村建设中同样也有农村循环经济这一重要内容。首先，建立“资源—产品—再生资源”的循环经济发展模式，从生产的各方面减少污染物的排放，切实改善村民的居住环境；扩大沼气、太阳能等能源使用普及率，形成农民家庭内部能流和物流的良性循环；完善村居规划，使种植区、养殖区、产业区、商业区、居住区布局合理，避免重建、拆建等浪费现象的发生。其次，加强秸秆综合利用，加快建立生活垃圾、各种废弃物分类回收系统和生活污水处理回用系统，努力使畜禽粪便资源化，充分开发利用各种再生资源，变“三废”（畜禽粪便、农作物秸秆、生活垃圾和污水）为“三料”（肥料、燃料、饲料），实现经济效益、生态效益和社会效益最大化。最后，结合农村的特点，将提升农民的循环经济意识与环保意识、卫生意识融合起来，广泛开展循环经济知识的普及与教育，创建整洁优美的村容、村貌，引导和教育农民走科学文明的生活道路。

（五）突出发展以生产性服务业为重点的现代服务业，大力发展文化创意、研发设计、物流、金融、保险等产业

发展生产性服务业是调结构的重要途径之一。生产性服务业提供的主要是面向生产

1. 李予阳，亢舒.我国在全球分工体系中的地位正发生深刻变化［N］.经济日报，2011-09-19.

者的服务，是1975年美国经济学家布朗宁和辛格曼在对服务业进行分类时提出的新概念，主要是为工业生产提供促进技术进步、产业升级和提高效率保障服务的行业。我国《国民经济和社会发展第十一个五年规划纲要》提出大力发展六种生产性服务业，即现代物流业、国际贸易业、信息服务业、金融保险业、现代会展业、中介服务业。这些服务既要面向工业生产，也要面向农业生产。当前，应对金融危机正是大力发展生产性服务业的大好时机。通过发展文化创意产业，满足人民群众日益增长的精神文化需要，提升文化产业对国民经济增长的贡献；通过发展交通运输业，提升物流的专业化、社会化服务水平；通过发展信息服务业，发展互联网业务，推进电子商务和电子政务；通过发展金融业，加快金融产品、服务和管理的创新；通过开展研发设计和法律咨询、会计审计、工程咨询、认证认可、信用评估、广告会展等商业服务业，实现创新型国家目标；通过发展面向农业生产的服务业，向农民提供销售、科技、信息和金融服务，降低农产品成本，提高农民收入水平。

总之，要在我国第一、二产业吸纳劳动力就业十分有限的情况下，充分发挥生产性服务业在吸纳劳动力就业方面的独特优势。

（六）加大农业经济结构调整的力度，着力发展生态农业，促进农民增收

我国农业经济结构的调整要与食品消费结构的多元化、高级化、生态化趋势相适应。政府极力倡导绿色消费，鼓励民众购买绿色食品和环保产品，这种消费需求与统筹城乡结合起来，为生态农业的发展开辟了广阔的市场。郑州的花园街道从帮助兰考农民卖健康大米，进一步发展为与南马庄村形成城乡社区结队互动；大学生志愿者们深入社区，发动城市居民组建消费者合作社，帮助农民生产合作社与城市的居民消费合作社直接谈判，把农民生产出来的健康食品以合理的价格销售给居民放心食用；北京梁漱溟乡村建设中心的志愿者们已经组建了绿色合作联盟。一部分学者和官员如温铁军、许嘉璐、张洽以及2006绿色中国年度人物获奖者廖晓义等人联名签署了《文明消费倡议书》。这些实践说明，以生态农业作为循环经济的实现方式，通过城乡良性互动的合作销售，最终是能够实现农业可持续发展的。

这里值得一提的是三农专家温铁军在河北省定州市的翟城村晏阳初乡村建设学院搞的“新乡村试验”，这个试验新在生态农业的实践，与农民种地不一样的内容主要有两方面：一是选择生物技术施肥、杀虫。生态农业倡导生物防治办法，生物防治是利用有机物质消灭病虫害的杀虫方式，如用烟叶泡水，用大蒜、辣椒、醋等各种各样的有刺激性的东西泡水，浸出汁儿来以后喷。这种方式环保安全，无残留，不杀伤害虫的天敌和有益生物，能保护生态环境。如此长久坚持下去会慢慢恢复生态。这是生态农业的优点，但这种方法的缺点是费时费力，所以，生态食品的价格高是其中一个缺点。从政府高层到普通老百姓都越来越关注生态环境的今天，能否切实解决农药化肥残留问题成为农业生态文明建设的关键。生物农药具有强烈的时代意义和发展潜力，它将成为引领农业生态文明发展的主力军。二是修建生态建筑。2003年，生态建筑试验的第一个项目是建生态厕所。在水资源日益紧缺的今天，水冲式厕所显然是不符合资源节约型、环境友好型社会要求的。所以，他们把生态厕所做成了粪尿分离式的干式厕所，粪尿分离分别采集，采集以后送进发酵池，送进沼气池，继而还可以变成有机肥。学院里的生态建筑

试验还有生态住宅、生态办公室、生态礼堂等。上述试验成效显著，所以温铁军打算把学院建成中国生态农业的第一个样板，为新农村建设发挥重要的示范作用。

（七）有效引导和积极支持企业、商会开拓新兴市场

根据国际货币基金组织的统计，1990—2007年，发展中国家占世界经济的比重由34.4%提高到43.7%，占世界贸易的比重由20.3%提高到33.8%。美国次贷危机发生以来，新兴市场国家与发展中国家增长势头没有改变，亚洲仍为全球最好。据统计，截至2008年12月3日，金融危机造成的全球损失是9650亿美元，其中美国损失6641亿美元，欧洲损失2709亿美元，亚洲仅为300亿美元。2005年—2009年，新兴市场国家与发展中国家对世界经济增长的贡献率高达75%，经济增长率虽然从2007年的8%降低到2009年的6.6%和2010年的5.1%，但仍高于过去30年4.5%的平均值。因为这些国家的经济增长率仍高于以往历次衰退期，如2001年的4.3%、1998年的2.5%、1991年的1.5%、1982年的2.2%。但是新兴市场与发展中国家占我国总出口的比重还相当小，虽然在出口萎缩的情况下，有些企业与商会开辟了向巴西、印度、韩国等国家的出口，但规模还是不大。所以，在争取不丢掉欧美等传统市场的同时，选择实施市场多元化策略，积极地开辟向发展中国家与新兴市场国家的出口，政府部门应广泛了解、搜集和掌握国际市场相关信息，利用区域经济合作、双边经贸合作等手段加强与新兴市场国家的经贸联系，同时协调商会、协会、学会等中介组织，及时、迅速地为企业开拓新兴市场提供良好服务，从而扩大与新兴市场国家的贸易往来。中国社科院工业经济研究所所长金碚认为：“要引导‘中国制造’的企业向日本、德国、瑞士等国家学习，学习他们的精工制造、高端制造，从而真正为中国经济打下扎实的实业基础。”[1]

（八）在改善城乡经济关系中调整经济结构

1. 创新体制机制，构建开放协调的城乡关系新格局

要从根本上改变中国城乡二元社会结构，必须调整社会经济结构，加快城镇化进程，缩小农村与城市的差距，在我国建立起一种更加开放、更加协调的城乡关系新格局：深化城乡户籍制度改革，建立全国统一的以身份证管理为主的一元户籍制度；逐步取消城市居民的特殊待遇，改革城乡劳动就业、教育、住房和福利保障制度，培育城乡统一的劳动力市场，为城乡人口和劳动力合理流动创造条件；深化农村产权制度改革，在稳定家庭联产承包责任制的基础上，按照明确所有权、稳定承包权、搞活使用权的原则，建立土地使用权流转机制，使农民“失地不失权，失地不失利，失地不失业”，让土地真正成为农民的财富；深化城乡流通体制改革，遵循市场经济规律，建立相对稳定的城乡流通环节和流通渠道，按照城乡一体化的要求，保证城乡物资交流渠道的畅通。

2. 创新城乡经济共同体的产业结构与实现途经和有效载体，增强凝聚力和辐射力

（1）以工业化、城市化和农业产业化作为城乡一体化的产业支撑，促进城乡经济全面发展

1. 齐东向.实体经济不可弱化［N］.经济日报，2011-11-14.

在工业化快速推进的过程中，资本有机构成的提高和技术进步速度的加快，已经成为经济全球化背景下提升市场竞争力的必然选择，这种选择必然造成对劳动排斥的结果。换言之，工业化过程对农业剩余劳动力转移的吸纳是有限的，所以对城乡一体化的产业支撑，一方面要靠工业化和城市化；另一方面还要靠农业的产业化。特别是工业化和城市化水平普遍偏低的西部地区，更要依靠资源禀赋的比较优势，以农业产业化的长足发展来吸纳大量的农村剩余劳动力。反过来，农业的产业化还会通过税源的扩大来支持城乡一体化，通过农业生产方式转变、农民收入来源转变、农民生活方式转变有效地解决三农难题。这就是说，城乡一体化的产业支撑不仅仅是工业，还包括农业。政府可以通过制度、政策资源的配置和再安排，夯实、扩大产业支撑的平台。这其中，还可以把乡镇企业作为城乡一体化的联结点发挥桥梁和纽带作用，利用乡镇企业在工业、交通运输业、建筑业、商业、饮食业以及各种服务业上的发展，更多地容纳农村剩余劳动力，更大地促进城乡经济的全面发展。

(2) 以小城镇建设作为城乡一体化的载体

城镇化是统筹城乡发展的途径和载体，也是检验城乡一体化水平的重要标志。而加快城镇化的关键是解决城乡分割问题，打破城乡界限，缩小城乡差别。从区域经济发展的角度看，要统筹考虑城乡空间布局，形成分工明确、梯度有序、开放互通的城乡空间格局，促进农村各种要素向城市聚集，城市设施向农村延伸，增强城市的聚集与辐射功能。在城市化建设方面，要围绕城中村改造、农民安置房建设及村庄整治做好工作。一是改造城中村，提高城市品位。随着城市化建设步伐的加快，城郊区域经济得到了快速发展，特别是一些城中村，集体资产已有相当程度的积累，但其居住环境脏、乱、差现象十分突出，还没有与新城区环境融为一体，这无疑与城市化要求不相适应，所以，应当把城中村着力改造成为理想的人居环境。二是建设农民安置点，解决拆迁安置与农民建房的实际问题，促进人口集聚。三是实施村庄整治，优化农居环境。

(3) 以资本转移渗透作为城乡一体化的推动力

以城市资本转移渗透来激活农业生产力，发展农村经济，推动城乡一体化。农业不再为工业发展无偿提供积累，农业的剩余留在农业内部作为农业发展的资金积累。

3. 创新农村公共物品供给体制，形成权责统一、职责分明的财政保障体制，有效促进城乡协调发展

农村公共物品短缺问题，根源并不在于没有提供的经济能力，而在于缺乏合理的公共物品供给的制度安排。要解决这个问题，并非只增加财政投入总量就可以了，还必须构建和完善公共物品供给体制，减少资金转移支付过程中的漏洞和提高资金使用的效率，形成权责统一、职责分明的财力保障体制，使资金供给与公共物品供给能力的提高同步增长。

(1) 合理划分财权和事权，明确界定中央和地方政府提供公共产品的责任和范围

政府间事权和财权不对称是农村公共服务体制矛盾的症结所在，所以必须清楚界定中央财政和地方财政之间的职责范围。这里的关键是实现中央和地方各级政府在公共产品供给上事权和财权的统一。尤其是全面取消农业税以后，如何保证地方政府有充足财力满足农村公共需求是今后必须解决的重大课题。

(2) 创新农村公共产品供给体制，有效促进城乡协调发展

改变城乡二元经济发展模式，建立中央、省、县、乡村四位一体的农村公共产品供给体制，变农村公共产品制度外供给为制度内供给。同时，大力开拓资金渠道，用减免税、加速折旧、延期纳税等优惠政策吸引城市资本参与农村公共产品的提供，并针对不同地区供求水平不平衡的情况，提供不同的公共产品，以保证农村公共产品供给的有效性，真正起到减轻农民负担、促进城乡协调发展的作用。

(3) 从国情出发，满足农民最基本、最紧迫的公共需求

第一，尽快建立农村最低生活保障制度。这是满足农民需求中最基本的公共产品，是维护农民作为公民应当享有的生存权利最起码的要求。

第二，建立和完善农村基本的公共卫生保障制度。当前，我国农村公共卫生保障系统十分脆弱。因此，要改革农村现行的卫生管理体制，探索农村新型合作医疗制度，在农村建立大病、重病社会统筹机制。

第三，建立和完善农村基本救济制度，改革落后的救济方式，建立新的与市场经济相适应的救济系统，把农村基本救济制度纳入法制轨道。

第四，完善农村义务教育制度，从软件、硬件多方面为农民提供免费的、强制的和无差异的义务教育。

第五，切实保障农民对土地的长期使用权，消除农民与土地之间的模糊关系，特别是保护失地农民的合法权益。

(4) 从转变供给程序建立公共产品的供给机制

改变领导者的个人偏好，建立由农村内部需求决定公共产品的供给机制，实现供给程序由“自上而下”到“自下而上”的转变。一方面，推进农村基层民主制度建设，改善农村治理结构，完善村民自治制度，建立农村正常的公共产品需求表达机制，使多数人的基本公共需求得到满足；另一方面，要稳妥地发展各类农村专业经济合作组织，充分发挥农民组织在表达农民意愿、维护农民利益、提供公共产品方面的积极作用。

4. 创新教育制度，促进农村剩余劳动力有质量、有技术、有内涵、有提升地转移

(1) 调整现行农村教育投资机构。除了财政投资外，可继续探索向农村学生开展农村职业教育助学活动；促进个人、团体、基金向教育投资；鼓励社会力量举办高等职业教育。

(2) 调整农村教育目标，大力推行教育教学改革，推进能力和技术教育。要实现农村剩余劳动力的转移，必须加大教育改革，加强现代化农业生产能力与技术的教育，也要重视非农业专业的能力与技术的教育以适应城市的第二、三产业的迫切需要。

(3) 优化教育结构，改革教学内容，发展农村职业教育和成人教育，提高农村剩余劳动力的整体素质，提高劳动力就业率。首先，在专业设置上，要积极开展与新兴产业和现代服务行业相关联的专业；在教材上要积极推进课程和教材改革；在教学内容上要传授职业知识、培养职业技能；在培训方式上要多种多样，讲究实效。

(4) 做好进城务工就业农民子女的义务教育工作。

【思考题】

1. 转变经济发展方式的基本含义是什么?
2. 党的十七届五中全会提出的转变经济发展方式的基本路径有哪些?
3. 我国实现二元经济向现代化转型的理论基础是什么?
4. “十二五”期间,我国经济结构调整出现了哪些变化?
5. 现阶段,如何顺应调结构的三个转向,有效推进我国的经济结构调整?

参考文献

[1] 陈享光.当代中国经济[M].北京:当代世界出版社,2007.
[2] 王东京.聚焦时政——献给中国官员[M].南宁:广西人民出版社,2002.
[3] 王东京,赵建军.与官员谈经济学名著[M].北京:中国青年出版社,2002.
[4] 基姆·安德森,速水佑次郎.农业保护的政治经济学[M].天津:天津人民出版社,1996.
[5] 杨大明.与时俱进　理论创新[M].兰州:甘肃人民出版社,2002.
[6] 曹闻民.公共管理通论[M].北京:国家行政学院出版社,2006.
[7] 中共甘肃省委宣传部.发展县域经济手册[M].兰州:甘肃文化出版社,2006.
[8] 樊怀玉,鲜力群.2009甘肃发展报告[M].兰州:甘肃人民出版社,2009.
[9] 中国社会科学院农村发展研究所,国家统计局农村社会经济调查司.农村经济绿皮书中国农村经济形势分析与预测(2008—2009)[M].北京:社会科学文献出版社,2009.
[10] 本书编写组. 加快经济发展方式转变辅导读本——学习十七届五中全会重要精神[M].北京:人民出版社,2010.
[11] 厉无畏,王振.转变经济发展方式研究[M].北京:学林出版社,2006.
[12] 查尔斯·金德尔伯格,布鲁斯·赫里克.经济发展[M].上海:上海译文出版社,1986.
[13] 周叔莲,刘戒骄.从转变经济增长方式到转变经济发展方式[N].光明日报,2007-12-25.
[14] 韩康.中国市场经济模式重新思考——韩康经济文选[M].北京:经济科学出版社,2010.

第七章　城乡一体化的历史必然与推进策略

导　言

城乡一体化是指通过统筹城乡空间布局、生产力布局，通过协调城乡经济、社会、政治、文化、生态关系，促进城乡资源和生产要素自由流动、相互协作、优势互补，以城带乡，以乡促城，消除城乡二元格局和对立关系，实现城乡经济、社会、政治、文化、生态持续、协调发展的过程。党的十七大报告提出了“建立以工促农、以城带乡长效机制，形成城乡经济社会发展一体化新格局”的论断，党的十七届三中全会认为我国总体上已经进入形成城乡经济社会发展一体化新格局的重要时期。形成城乡经济社会发展一体化新格局，是党和政府对新形势下推动农村综合改革、实现城乡均衡发展提出的根本要求，是具有重大创新价值的发展战略。推动城乡一体化，对于改善城乡对立关系，弥补城乡之间、地区之间的发展差距，具有十分重要的现实意义。

一、城乡一体化是历史必然

（一）城乡关系的演变

1. 城、乡的产生

城市和乡村是构成社会两个密不可分的组成部分，是人类最基本的生产、生活聚落。最初，“城”是供交换的地方，“城”就是“市”，中国有“市井”之称；“乡”是指农业劳动者所居住的地方。从发展历史来看，“村”是在人类历史上“农业革命”后出现的；“城”是在人类历史上“城市革命”后出现的。在距今1万年以前，在新石器时代的中期，原始人发明了种植，学会了播种，使农业、畜牧饲养与狩猎、采集分开，产生了人类历史上的第一次社会大分工，史称“农业革命”，在距今1万年至5000年的时间里，农业区和农村居民点在尼罗河、幼发拉底河、印度河、长江和黄河等冲积平原上出现。在距今5000年以上，人类从使用石器进化到使用金属工具，随后，又改进了金属冶炼和金属工具制造技术工艺，大大推动了手工业的发展。手工业的发展导致了以交换为目的的生产，于是商品和货币流通一起来到世间，这被称为人类历史上的第三次社会大分工，由此导致了“城市革命”。“城市革命”是指城市作为人类生产生活的另外一个基本聚落出现了。城市革命发生在约3000年前，首先发生在美索不达米亚，稍后发生在埃及，印度河流域，中国的华北地区、黄河流域[1]。

2. 城乡关系的基本演变

可以说，城市和乡村作为人类的两大基本聚落出现以后，城乡关系便产生了，城乡关系是社会生产力发展和社会大分工的产物。城乡关系是广泛存在于城市和乡村之间的相互作用、相互影响、相互制约的普遍联系与互动关系，是一定社会条件下政治关系、经济关系、阶级关系等诸多因素在城市和乡村两者关系的集中反映[2]。城乡关系包含相当广泛的内容，如城乡经济关系、城乡文化关系、城乡社会关系、城乡生态关系等。从属性和根本特征来看，城乡关系的演变经历了乡育城市、城乡分离、城乡对立、城乡融合(城乡一体）四个基本演变过程。

乡育城市是城乡关系的萌芽和最初形态，城市是在乡村已经形成并且为城市孕育了一定条件的基础上形成的。从产生时间来看，乡村出现在先，城市出现在后，乡村和城市的出现虽然都是社会生产力不断发展的结果，但是乡村的出现为城市的出现客观上提供了可能性。首先，相对于原始狩猎和采集而言，农业生产的发展提供了比较充裕的食物来源，使一部分劳动力能够从寻找食物中解放出来而从事诸如生产生活用具方面的专门劳动，从而为专门的商品交换场所——城市形成提供了可能性。其次，乡村作为人类生产生活聚落，相对于穴居而言，已经有固定的居住场所——村舍，有固定的食物生产场所——田地和草场，实现了适度集中居住和生产，这种组织方式为人类最高程度的集中场所——城市提供了很多方面的借鉴。

城乡分离关系是在乡村和城市作为人类的两大基本生产生活聚落真正出现后产生的。城乡分离关系是指城市和乡村同时成为人类生产生活的两大聚落，城市和乡村在经济基础、组织关系、职业分工等方面有着比较明显的区别。美国人类学家亚当斯认为：城市出现的过程，就意味着最本质的转变是社会组织领域内的变化，政治上和宗教上都有新的机构出现；居民点扩大，社会规模、社会关系复杂性增加。从考古得到的资料表明，城市产生初期已明显区别于乡村，有大型的公共场所、公共建筑等公共设施，有从事商业和手工制作的人员，有专门从事宗教、文化的脑力劳动者[3]。“物质劳动和精神劳动的

1. 蔡云辉.城乡关系与近代中国的城市化问题 [J] .西南师范大学学报：人文社会科学版，2003(5)：117-122.

2. 傅崇兰.城乡统筹发展研究 [M] .北京：新华出版社，2005.

3. 中共中央马克思恩格斯列宁斯大林著作编译局.马克思恩格斯全集（第三卷）[M] .北京：人民出版社，1974.

最大一次分工，就是城市和乡村的分离”。[1]可见，真正的城市从一开始便区别于乡村，城乡分离关系应该说从城市出现以后就产生了。

城乡对立关系是指城市的发展过多地建立在对农村掠夺的基础上，农村在现代文明、科学技术等方面的发展都严重滞后于城市，进而使城市与乡村相互制约，最终延缓了经济社会的全面发展。城乡对立关系应该是人类在走向工业文明和不断城市化的过程中产生的。工业革命与资本主义经济制度的联合，推动了生产力以前所未有的速度向前飞奔，此时的城市几经脱胎换骨，不仅有了量的增长，而且有了质的飞跃，在国家生活中扮演着越来越重要的角色，城乡空间关系比较清晰，城乡差别不断扩大，城市与城市之间的联系不断加强，而乡村的作用却几乎还停留在提供土地、劳动力、资源等方面，生产活动更加趋于单一化。这样，城市越是发展，对乡村的统治就越是加强，城乡间的矛盾也不断加强，城乡关系从分离走向对立。辩证地看，城乡对立关系的形成，既有工业革命等客观因素的带动，也有制度倾斜等主观因素的影响。就我国来说，即使到了近代，中国社会依旧以自然经济为主，城乡关系还只是一种简单的分离关系，新中国成立以后，在国内外复杂背景因素下，配合工业化赶超战略，我国推行了城乡区别的发展政策、体制和制度，城乡二元发展和对立关系日趋突出。这种对立主要表现在以下三个方面：

第一，城乡实行不同的所有制体制。城市与全民所有制相联系，城市掌握了大量先进的工具和生产资料，城市中市民可以享受国家财政提供的各项福利；农村与集体所有制相联系，自给自足，农民很少享受国家财政提供的各项福利。

第二，城乡实行不同的经济社会发展政策。就城乡地位关系来讲，农村是城市的附庸，为城市提供人力、物力支持；就发展政策来讲，在经济方面实行工农产品价格剪刀差交换机制和城乡有别的投资机制，在社会方面实行城乡差异的教育、医疗、卫生、文化发展政策，在城乡互动方面实行严格的户籍身份，限制了现代文明向农村的渗入。

第三，城乡实行不同的产业布局。城市主要以第二、第三产业为主，乡村主要以传统的第一产业为主，由于第二、三产业聚集规模大且又属劳动密集型产业，劳动就业率比农村高，而农业的先天劣势使农村缺乏后发优势，农村积累严重不足。实践证明，城乡对立是一种不科学、不和谐的城乡发展状态。在西方国家，在城乡对立关系的形成和治理过程中，它们经历了一个先集中后分散、先剥夺后反哺、先污染后治理的城乡对立发展历程，这个历程不但给自身和全人类带来了诸如环境污染等社会问题，而且二战后一些遵循这一路径的发展中国家也先后遭遇了城乡双重贫困、环境污染、生态破坏等发展问题。

由于城乡对立关系存在诸多弊端，使得推动城乡关系走向融合、走向一体化成为一种客观必然。

---

1. 中共中央马克思恩格斯列宁斯大林著作编译局.马克思恩格斯全集（第46卷）[M].北京：人民出版社，1979.

（二）城乡一体化是历史必然

1. 城乡一体化的基本内涵

（1）城乡一体化的含义

关于什么是城乡一体化，还没有比较统一的认识，可以说众说纷纭。但是，从近些年来的研究成果来看，以学科为载体来展开定义这个特征还是比较明显的。总结起来看，社会学学者主要从城乡关系的角度出发，认为城乡一体化是指相对发达的城市和相对落后的农村，打破相互分割的壁垒，逐步实现生产要素的合理流动和优化组合，促使生产力在城市和乡村之间合理分布，形成城乡经济和社会生活协调发展的一种状态；经济学学者则从经济发展规律和生产力合理布局角度出发，强调统一城乡经济布局，使城乡生产力布局优化，经济发展协调；生态学学者主要是从生态环境的角度，认为城乡一体化应体现城乡环境的有机结合，农村是城市生态的沃野，城市是农村生态的景观；规划学学者认为城乡一体化应体现城乡建设规划的整体性和空间布局的合理性。

城乡一体化是一个国家和地区在生产力水平或城市化水平发展到一定程度的必然选择。根据发达国家的现代化和城市化发展经验，当城市化水平低于30%时，城市文明基本上固定在城市里，农村远离城市文明；当城市化水平超过30%时，城市文明开始向农村渗透和传播，城市文明普及率呈加速增长趋势；当城市化水平达到50%时，城市文明普及率可能达到70%左右；当城市化水平达到70%以上时，城市文明普及率将接近或达到100%。可见，城乡一体、统筹发展是城市化进程中的必然选择。

然而，城乡一体化涉及社会经济、生态环境、文化生活、空间景观等各个方面，是一项综合工程，所以，单纯从哪个学科进行定义都是不科学的。综合以上观点并结合城乡一体化的内涵特点，在此可以将城乡一体化作如下定义：城乡一体化是指通过统筹城乡空间布局、生产力布局，通过协调城乡经济、社会、文化、生态关系，促进城乡资源和生产要素自由流动，相互协作，优势互补，以城带乡，以乡促城，消除城乡二元格局和对立关系，实现城乡经济、社会、文化、生态持续协调发展的一种关系状态。

城乡一体化的目标可以概括为三个方面，即城乡经济一体化、城乡社会一体化、城乡政治一体化。城乡经济一体化是指通过统筹城乡经济发展，使城乡生产力发展水平基本一致，城乡经济和产业实现有效互动；城乡社会一体化是指通过统筹城乡社会事业，使城乡在就业、教育、卫生、社会保障等社会事业发展方面实现均等化；城乡政治一体化是指通过打破城乡制度壁垒，使城乡居民有平等的社会地位和政治权力。

（2）城乡一体化的本质与特征

就本质来说，城乡一体化在于把城乡视为人类经济社会全面科学发展的联动体，强调城乡一体协调，强调城乡互动发展。一方面，城乡是人类生产生活的两大基本载体，单纯地强调城市发展，或者单纯地强调农村发展，都会产生对另一方的制约，最终的结果是两者都发展不好，所以，必须强调城乡一体协调；另一方面，城乡具有各自不同的自然功能和特征，在人类发展过程中，城乡都将永远存在，城乡一体化并不是城乡的自动消失，而是要实现城乡资源自由流动、优势互补、互相促进，形成你中有我、我中有你的一种互动格局。

对于城乡一体化，可以从三个方面去把握它的特征：

第一，城乡一体化是一种关系状态。从城乡的相互关系视角看，城乡一体化描述的是一种关系状态，是指城乡互为一体，平等和谐，在平等享受各种政策、制度的过程中发挥各自的优势和功能，共同推动人类社会的发展。

第二，城乡一体化是一种发展模式。从发挥城乡各自功能作用视角看，城乡一体化描述的是一种发展模式，是指城市和乡村同时作为人类生产生活的基本聚落，是相互作用、相互补充的，具有同等重要的地位和作用，两者只有协同发展，以城带乡、以乡促城，才能推动经济社会全面持续和谐发展。

第三，城乡一体化是一种发展结果。从经济社会运行的效果视角看，城乡一体化是指城乡在科学、协调的发展路径下，实现的城乡共同发展、共同繁荣的良好局面和结果。

从整体来看，城乡一体化的三个特征是辩证统一的。一方面，这三个特征都是相对城乡对立的关系状态而言的，都是对城乡对立关系否定基础上的升华；另一方面，这三个特征具有目标一致性，即维护城乡平等的发展地位和实现城乡的协调有序发展。

2. 城乡一体化是历史必然

(1) 打破城乡二元发展结构的需要

产业革命以前，城市与乡村的经济性质并未彻底改变；机器大工业的产生，撕裂了“农业和工场手工业的原始的家庭纽带”[1]，出现严重的城乡二元分化。从历史上看，各国在发展初期都经历了城乡关系失衡的非良性互动状态。不过，在发达国家，由于城市化过程在较长时间内消化了一部分流入城市的农村人口，使得城乡对立的矛盾得到缓解。而在广大发展中国家，一边是现代化的大城市，另一边却是贫困、落后、分散的广大乡村；原有城市缺乏对农村人口的吸收能力，新城市缺乏发展壮大的动力，加之政府“城市偏向”与城市居民的“乡村歧视”，城乡之间的二元结构十分突出。发展中国家二元结构的突出性与当时的理论诱导不无关系。

1954年，刘易斯在其论文《劳动力无限供给下的经济发展》中提出的“二元经济”模型与城乡关系研究表明，传统部门劳动力无限供给构成了二元经济的内在特征，二元经济发展的核心问题是传统部门的剩余劳动力向现代部门转移的问题。也就是说，通过现代大工业的发展，取得资本的积累，使农村剩余劳动力得到充分的转移，诱发产业结构的演变，使城市化水平得以提高，最后经济由二元变成一元。他的这种理论模式主要是强调要优先发展工业和城市。在同一阶段，普雷维什的贸易条件恶化论和赫尔希曼的不平衡发展论也为“重工轻农”提供了理论依据。在这些模式和理论的影响之下，20世纪50年代至60年代，许多发展中国家采取了重工轻农的政策，把大量的资金和人力投入工业，对农业部门则不予重视。其结果是工业产值每年以10%以上的速度增长，而农业产值的增长速度长期在1%以下，发展中国家普遍出现了“农业危机”，只是在“绿色革命”促进之下，到70年代才恢复到50年代的水平。

我国的二元结构主要表现为二元经济结构和二元社会结构，其中，二元社会结构是

1. 谭崇台.发展经济学的新发展 [M] .武汉：武汉大学出版社，1999.

在二元经济结构基础上形成的。二元经济结构是片面发展城市工业的结果，我国二元经济结构的形成根源在于推行城市工业化，而城市工业化是建立在农业工具价值的基础上。一方面，城市工业化需要大量农产品的供应；另一方面，工业化的原始积累来自农业。1953年11月，国务院颁布了粮食计划收购供应以及粮食市场管理暂行办法，从此，为了工业化的需要，城乡之间一条重要的商品交换渠道被国家统管起来。1958年，全国人大常委会第19次会议通过了《中华人民共和国户口登记条例》，对农村人口流入城市做了严格限制，这标志着我国当代城乡隔离制度和二元经济结构的正式形成。在二元经济结构的长期影响下，我国二元社会结构相继形成。现代城市与传统乡村并存，城市享有丰富的物质文明和精神文明，而农村的物质文明与精神文明处于落后状态，城市和乡村享有不公正的政策和制度待遇，城乡在政治、经济、生态、社会发展等各个方面都存在明显的差距。

据统计，我国存在严重的城乡劳动率二元格局，传统的农业部门中较大劳动力份额创造出较小的产出份额，而以工业为代表的现代部门，用较小的劳动力份额却创造出较大的产出份额，农业的劳动生产率仅相当于工业的12%~13%、其他非农产业的16%~26%。同时，在城乡居民收入和消费方面也存在明显的二元结构。

二元发展结构的长期存在，对城乡经济社会的全面发展产生了极大的负面影响，而且由于城乡发展差距的日益明显，既限制了农村的发展，也制约了城市的发展。一是城乡不平等交换的长期存在，造成了农业的停滞和农村的贫困，反过来又制约了工业和城市的发展；二是城乡分离状态造成了工业化同城市化的脱轨，最终造成城市的萎缩；三是农村社会事业发展的严重滞后，使占人口绝大多数的农民不但未能很好地享受改革开放以来的发展成果，而且其在文化、人力资本、生产力等方面发展的滞后性阻碍了整个经济社会的全面发展。因此，必须通过推行城乡一体化发展战略，打破城乡二元发展格局，实现城乡经济、社会、生态良性发展。

(2) 整体推进现代化的需要

根据马格纳雷拉的定义，现代化是发展中的社会为了获得发达的工业社会所具有的一些特点，而经历的文化与社会变迁的、包容一切的全球性过程。现代化可以理解为四个亚过程：技术的发展、农业的发展、工业化、都市化。都市化是现代化发展的高级阶段。城市是现代文明的标志，是经济、政治、科技、文化、教育的中心，集中体现了国家的综合国力、政府管理能力和国际竞争力。对我国来说，健康推动城市化发展具有十分重要的意义。

第一，是破解“三农”问题的需要。“三农”问题一直是困扰经济发展、社会公平、实现国家现代化的核心问题之一。虽然，在近些年来，国家投入了巨大的力量，从政策到资金，对解决“三农”问题做出了实质性的努力，但就其整体性解决的目标而言，目前仍有很大的距离。解决“三农”问题的根本出路，客观地看，在于减少农民的数量。根据国际经验，当农村人口数量下降到总人口的25%以下时，农村土地的价值才能达到市场化要求的成本，农业生产基本走向现代农业的发展模式，农民的收入水平和整体素质才会有明显的提高。而当前大量减少农民的数量，大量吸纳农村的剩余劳动力，主要途径之一就是通过城市化战略，所以，构筑开放、流动、有序、互补的中国城市体系，是当务之急。

第二，是带动经济社会全面发展的需要。总体来看，我国的城市化发展水平滞后于经济社会发展水平与工业化发展水平这种局面，已经成为严重制约我国综合实力提高与国家竞争力增强的重大障碍。所以，大力推进城市化，既是实现现代化的历史要求，又是有效解除我国经济社会约束“瓶颈”，保障我国经济社会快速、持续和健康发展的重大战略举措。2001年诺贝尔经济学奖获得者斯蒂格列茨认为，新世纪对于中国有三大挑战，居于首位的就是中国的城市化，他认为中国的城市化将是区域经济增长的火车头，并产生最重要的经济利益。

然而，城乡关系的发展演变与社会生产力发展的程度、发展的水平紧密相关。城乡分离和对立问题的最终解决，并不取决于人们的主观意志和良好愿望，归根到底要靠社会生产力发展来实现。实施城市化战略，推动现代化进程，关键还是要解放城乡社会生产力，促进城乡资源的自由流动，建立平等、有序的城乡相互支持、相互促进的协调发展关系。这就需要打破城乡对立发展关系，建立城乡一体的经济社会发展关系。

(3) 维护社会和谐和稳定的需要

发展和稳定是高度关联的，发展不上去，会带来一系列影响稳定的经济社会问题；稳定问题处理不好，会影响经济社会发展。

从国际发展经验来看，人均GDP1000~3000美元，是一个经济起飞国家发展的关键阶段。在这个阶段，既充满新的机遇，又面临各种社会风险，往往是产业结构快速转型、社会利益格局剧烈变化、政治体制不断应对新的挑战的时期。

第一，世界多国的长周期发展经验表明，向现代社会转变的产业结构、城乡结构、就业结构等三大基本结构转型都发生在这个关键阶段。产业结构中的农业产值比重将降到10%左右，工业产值达到40%左右，服务业产值上升到50%左右；城乡结构中的城市人口比重将上升到50%左右；就业结构的非农从业人员比重将上升到70%左右。

第二，消费结构快速升级。汽车工业、电子通信制造业、房地产业、金融保险业、旅游业等将加速增长，成为推动经济高速增长的新型主导产业。而且人们在文化教育、医疗卫生、养老保障、环境保护以及生活质量等方面都会提出更高的要求。

第三，社会保障水平的刚性增长和经济增长的周期性波动，形成社会保障越来越大的压力。

第四，人们对经济问题的关注将逐步让位于各种社会问题，如贫富差距问题、就业问题、福利和保障问题、环境问题、腐败问题、健康问题、犯罪问题等等。

一些拉美和东亚国家及地区在20世纪70年代人均GDP达到1000美元之后，走上了不同的道路：如东亚一些国家及地区走上快速发展道路，香港和新加坡人均GDP都超过了2万美元，中国台湾和韩国均超过了1万美元；而拉美一些国家却出现经济衰退，如巴西、阿根廷至今人均GDP仍不足3000美元。东亚一些国家在关键发展阶段继续高速成长的经验是，加速现代社会的三大结构性转型，形成一批具有国际竞争力的主导产业，让多数人分享高成长的收益，保持了较高的就业率和较小的收入差距。而一些拉美国家发展衰退的教训是，产业发展高度依赖发达国家，外债高筑，缺少有国际竞争力的自主产业，城乡差距和收入差距悬殊，收入差距基尼系数高达0.6左右，缺少促进社会稳定的庞大中产阶级，既得利益集团的垄断地位使社会民主化和社会改革难以进行，导致社会腐败问题严重。同时，在人均GDP1000~3000美元的关键发展阶段，也要特别注意政治的稳定。

新加坡、韩国在20世纪70年代人均GDP达到1000美元后，面对公众民主意识快速增强的趋势和一些事件，政府采取了一系列强化领导能力的措施，大力反腐倡廉，保证了社会秩序和政治环境的稳定。而一些拉美国家，一直没有能够解决好社会矛盾激化的问题，政局长期不稳，对经济发展造成重大影响。[1] 20世纪末在印度出现的“黑夜政治”现象也充分说明了社会和谐和稳定的重要性。因此必须高度重视这个阶段的稳定发展问题。

2003年，我国人均GDP达到1090美元，2020年，我国经济的发展目标是达到人均GDP3000美元。但是，我国的经济社会发展虽然呈现出良好发展态势，但也暴露出一些特殊情况和问题。农民数量以及农业从业人员还很多，比重很大，这给中国完成向现代社会结构的转型带来困难；收入差距没有按照应有的规律向缩小的方向发展，而是继续加速扩大，城乡居民收入差距尤为突出；中国没有出现劳动力短缺，而是具有劳动力在一个较长时期供大于求的趋势，就业问题一时难以根本缓解，解决好就业问题，通过大力发展教育变人口大国为人力资源大国，是保持经济高速成长推动力的重要一环；中国的农村社会事业发展比较滞后，尤其是农村社会保障问题。在以上问题中，比较突出的还是农村和农民的发展问题，而处理这些问题最终还是要通过推动农村发展、农民致富来解决。所以，当前必须打破城乡二元发展格局，通过城乡互促、优势互补，实现经济社会良好发展，降低社会矛盾和冲突，维护社会和谐和稳定。

二、国外城乡一体化实践及启示

（一）国外城乡一体化的实践

工业革命早期，在资本主义经济最发达的英国和西欧国家，出现了工农分裂、城乡差别加剧、阶级矛盾尖锐、城乡对立严重，在这种背景下，很多思想家提出了城乡经济一体化的主张，以此作为推进城乡对立走向城乡融合的方式。从19世纪中叶起，随着主要资本主义国家工业革命的相继完成，整个社会经济、技术等方面发生了巨大变化。

一是随着农村生产经营的产业化发展以及现代农业的发展，农业劳动生产率得到很大提高，农民的经济地位和社会地位得到很大改善。

二是随着产业结构的演进和工业化的进展，城市和乡村之间的联系日益加强。加之各国政府对农业保护性政策的实施，农业生产和农村生活条件大大改善。到20世纪70年代，主要资本主义国家完成了工业化、城市化和农业现代化，城乡之间的差别明显缩小，城乡一体化的格局已经形成，它们的工业化、城市化以及农业现代化为世界其他国家的城乡一体化发展提供了思路和借鉴。

1. 美国的城乡一体化

美国的城乡一体化从19世纪中期开始，经历了城市化、郊区化和一体化三个发展阶

1. 李培林.和谐社会十讲 [M] .北京：社会科学出版社，2006.

段。早期通过发展制造业使工业占据经济的主导地位，带动农村人口不断向城市集中。随着城市化的快速发展和交通网络的日趋完善，大量工厂、商业中心和居民住宅区向城市周边地区分散，形成了优势互补的众多中、小城市群。科学技术发展带来交通、通讯的革命，进一步促进了美国的城市分散化和城乡的一体化，城市郊区人口在总人口中的比例越来越大。二战以后，美国工业、交通和服务业的迅速发展吸收了大批农村剩余劳动力，为农业推进高度机械化提供了便利条件。20 世纪30年代末，美国农业从业人口的比重为25%，农民年人均农业产值约6000美元。到1950年，农业人口已降至17%，农民年人均农业产值近1万美元，到21世纪初达到2.3万美元。与此同时，家庭农场的经营规模逐步扩大，家庭农场数目逐步减少。1935年，美国有680万个家庭农场，到20世纪90年代初减至200万个左右。[1]当前10万以下人口的小城镇占美国城市总数的绝大多数，美国的农村已不再向传统的城市发展，进入了城乡一体、统筹协调的良性循环。

从美国城乡一体化的发展过程来看，加快城乡一体化建设，首先是经济发展的一体化，正是制造业的转移和商业、住宅区的迁移加速了美国郊区化的发展，产业的均衡分布和城乡互补，为美国的城乡一体化奠定了经济基础。其次是生活水平的一体化，在美国很难严格划分农民和市民，能够区别的只是有无职业、有无保障，就业和社会保障的一体化基本消除了城乡收入的差距，为城乡一体化发展提供了重要前提。再次是基础设施的一体化，发达的交通路网，便利的交通工具，先进的通讯设备，完善的水电气等配套设施，基础设施的科学规划和建设，为美国平衡城乡格局、协调城乡发展发挥了关键作用。第四是公众服务的一体化，美国普通民众的生活比较简单，休闲方式不是很多，但是教育、就医、健身、购物以及社区服务等较为健全和均等，极大地消除了城乡生活方式的差别。第五是社会文化的一体化，不少社区都有非营利组织为本地居民提供文化服务，甚至专门有组织为外来移民以及弱势群体提供咨询和服务，文化的融合加快破除了城与乡的思想差别，成为推进城乡一体化发展的重要动力。[2]

2. 法国的城乡一体化[3]

法国是个经济高度发达的国家，其经济发展已呈明显的后工业化特征，1993年人均国民生产总值已达22490美元，其中第一产业占3%，第二产业占29%，第三产业占68%，工农业在国民经济发展中都已退至次要位置，而各种服务性行业则在国民经济中占据主导地位。法国的城乡一体化发展的最主要特征是发展与环境保护的高度协调。

人类对环境的利用—破坏—保护的认识，是随着人类社会经济的发展和环境对人类的反作用而不断提高的。在城市化的初期，人们只注意到聚集给人类社会发展带来了巨大的经济效益，而忽略了城市化给环境带来的负面影响。由此而带来的环境破坏，反过来又使人类深受其害。随着城市化进展到高级阶段，社会公众较低层次的物质需求得到一定程度的满足，同时又饱受环境破坏之苦以后，较高层次的环境需求会上升到主导地

1. 龙薇.国外城乡统筹的经验［J］.山西农业，2008（25）：52.

2. 张忠.感受美国的城乡一体化［EB/OL］.江阴市干部教育网.www.jygj.gov.cn/eduroot.

3. 赵树枫.世界乡村城市化与城乡一体化［M］.北京：社会科学文献出版社，2003.

位，并产生社会性的环境保护需求，形成全社会的环境保护意识。法国作为一个发达国家，经济发展水平和城市化水平都很高，已走过了城市化发展由低级阶段到高级阶段的道路，达到了上述产生社会性环境保护需求的阶段。因此，法国在改善城市环境、促使城乡协调发展方面，进行了许多探索，并取得了很大成效，他们的主要措施有：

(1) 通过严格规划制度来协调城乡布局

法国通过制定规范、科学的规划制度，用城市总体规划和土地利用计划来控制城乡土地的使用，土地使用计划一直订到村镇的每一块土地，其用途不得随意更改，使城乡发展相互衔接，这样就从根本上防止了城市无限制地占有土地，保护了农业的发展，从而尽可能地避免了城市过度膨胀所带来的城市病。

(2) 城市引入农业景观

法国在建设新城时引入农业景观，把农田作为绿地引入城内及城市周围，使城区的绿地、水面达到40%，并用农田作为城市与城市之间的隔离带，他们称之为“建设没有郊区的新城”。这种新城的建设思想，本身就体现了城乡一体、协调发展的思想，是法国在经济高度发达以后对回归自然、向往更为舒适的生活的体现。

(3) 建立自然保护区

20世纪60年代中期，法国巴黎确定了“保护旧市区，重建副中心，发展新城镇，爱护自然村”的方针。由农业区、林业区、自然保护区和中小城镇组成乡村绿化带。法国的自然保护区分为两种：一种是国家级自然保护区，建在人烟稀少的地区或岛屿上，主要目的是保护自然遗产；另一种是大区级自然保护区，分布在全国各地，主要目的除保护自然遗产外，还要保护村落这一人类的文化遗产，并在保护中发展村镇经济，为城里人度假提供方便，避免城市化引起的人口向大城市集中，造成乡村的衰落。

(4) 保护农业

从保护环境的观点出发，法国把农业的发展与城市的隔离带、自然景观的保护联系在一起，从政府到农业工作者都在为保护农业而努力。从政府方面讲，对从事农业的人员给予多方面的支持。例如，巴黎大区政府为了保护农业，调整种植结构，出资购买土地，修建基础设施，然后分成两公顷一块的地块以较低的价格卖给农业工作者种植花卉或蔬菜，同时，农业工作者还可以在这两公顷土地上建造住房，因此吸引了众多的农业工作者来此经营。从农业工作者方面来讲，他们自发地组织起各种各样的协会，把集体的智慧用于农业发展，既可抗御天灾，又可使分散的个体农业工作者联合起来抵制城市无限制扩展占用他们的土地，在客观上对保护农业、保护环境起了很重要的作用。

（二）国外城乡一体化实践的启示

1. 做好城乡一体化的认识定位是非常关键的

(1) 城乡一体化首先是过程论

从国外的实践模式看，他们具有很高的发展层次，他们在强调城乡经济社会协调发展的同时把对生态环境的享受需求上升到一个较高层面，这种发展模式对广大发展中国家来说还有一定困难。所以，对于城乡一体化，应该说没有统一的标准，没有统一的模式，我们应当客观地认识它，定位它，分阶段地去实现它。笔者认为，与其把城乡一体化看成是城乡关系演变的一种理想状态，不如看成城乡关系良性发展的一种趋势和过程。城乡一体化战略的要义在于形成城乡间优势互补、协调发展的格局。推动城乡一体发展，不是简单地消除城乡对立过程中人为形成的对立和差别，而是从更高层次去形成“以城带乡、以乡促城”的城乡互动态势，要做到“破”、“立”结合。所以，形成城乡经济社会一体化新格局，既要回头看，也要向前看；既要消除对立，也要保留区别；既要注重农村发展，也要兼顾城市发展。所以，我们首先可以从消除人为的制度差别做起，从建立城乡联动机制做起，等城乡形成一定基础的经济社会积累后，可以再发展较高层次的城乡一体化。

(2) 城乡一体化不是城乡一样化

城乡一体化的发展战略是在城乡对立的背景下提出来的，“城乡一体化”既是城市现代化的最高阶段，也是乡村现代化的最高境界，是城乡经济社会协调持续发展、人与自然和谐发展、城乡居民共同富裕和共享现代文明的现代社会结构。但是，城乡一体化不是城乡一样化。城市和乡村作为人类生产生活的两大基本聚落，具有各自无法代替的功能和优势，城乡一体化的发展再高，也不能把两大聚落融为一个聚落。推进城乡一体化，主要是消除城乡间人为形成的不平等的制度和政策，但并不是消除城乡在景观、信仰、生活习俗等方面的自然差别，也就是城乡一体化并不是城乡一样化。国外的发展实践也充分说明了这一点。

2. 解决好“三农”问题是实现城乡一体化的根本前提

从国外的城乡一体化发展实践来看，解决好农业、农村的发展问题，解决好农民的致富问题，是实现城乡一体化发展的根本前提。第一，城乡一体化是在城乡对立的背景下发展来的，农业、农村发展相对滞后于城市，农民的经济社会地位相对低于市民，这是国内外的一个普遍现象，所以，实现城乡一体化的关系状态，必须解决好“三农”问题。第二，在城乡一体化的推进过程中，随着城市化、工业化的不断推进，农业在城乡经济发展中处于相对劣势，如果不加以保护，就会出现缺乏活力甚至萎缩的状况，农村发展和农民致富也会因农业而受到一定影响。因此，发展城乡一体化，尤其是对广大发展中国家来说，应当科学地解决好“三农”问题，科学地处理好城市化、“三农”、生态等协调发展问题。

3. 加强城乡之间的产业衔接是基础

产业是经济发展的血液，没有产业的发展将是一潭死水。在推进城乡一体化发展的过程中，一定要培育起富有特色、结构优化、城乡互补的产业结构体系，尤其是建立城乡间的产业联动体系是至为关键的。国外的城乡一体化实践表明，城乡一体化首先是城乡产业的一体化，这是城乡一体化发展的平台和基础。对我国来说，当前关键是要进一步调整城乡各自的产业结构，在实现城乡产业互补上下工夫，彻底打破城市是城市、农村是农村的各自为政的孤立状态。

4. 发展高度发达的交通网是基本保障

交通设施是城乡发展中最重要的基础设施之一，一个地区内交通发达，可达性高，就会缩短城乡之间的距离，使人们出行、货物运输都很方便，从而使整个地区的社会、经济兴旺发达。法国巴黎大区的交通系统非常发达，由市区地铁、区域快速地铁、区域快速铁路网、郊区铁路网、环城快速公路、高速公路、国道、省道、市镇辖道和乡村公路组成。其中地铁承担了巴黎公共交通总量的一半以上，并且地铁网还在不断向人口稠密的郊区延伸；区域快速地铁从地下横穿巴黎市中心，伸向外围新城，以其高速有效的运输促进了新城经济的发展，保证了新城的建设进度，吸引了大量城市居民到新城居住、工作；郊区铁路系统共有28条辐射式线路，构成了一个密集的铁路网，连接市区与郊区，环城快速路则承担了三分之二的郊区到市区以及郊区之间的交通流量；由于全法国的高速公路网都是以巴黎为中心的，因此巴黎的高速公路系统与整个国家的交通系统以至整个西欧的高速公路系统紧密相关。高度发达的道路交通系统促进了巴黎大区城市化与城乡一体化的发展[1]。

三、推进城乡一体化的对策探讨

（一）推进城乡一体化的国内宏观经济社会背景

1. 推进城乡一体化发展具备现实可能性

根据国内外的经验，人均GDP在2000美元以上时，通常的规律是：开始高度重视并有能力反哺农业、农村的发展，在这个阶段，整个工业化与城市化已经发展到比较高的阶段，工业的发展不再需要依靠剥夺农村和农民的利益来进行；农村非农产业快速发展，农业从业人口开始迅速下降，比重基本上是在20%以上，农业增加值在整个GDP中的份额降到15%以下；与此同时，城市化水平快速提高，城市文明以更快的速度向乡村辐射和传播。[2]从我国发展实际来看，2006年，我国GDP实现26847.05亿美元，人均GDP首次超过了2000美元，预计到2020年将达到3000美元，中国经济发展正式进入了人均GDP 2000~3000美元的关键时期。在国际上，人均GDP从1000美元发展到2000美元，从2000美元发展到3000美元，这两个阶段，实现前一个阶段德国用了9年，而后一个阶段只用了6年，日本则分别用了6年和3年，而中国人均GDP从1000美元增长到2000美元仅仅用了3年时间。然而，泰国由于没有很好地调控经济社会发展，再加上1998年金融危机的冲击，从人均GDP 2000美元增长到3000美元，足足用了14年的时间。可见，重视和推动城乡一体化发展，科学处理在人均GDP 2000~3000美元关键时期的经济社会发展问题，我国不但具备了发展基础，而且也是一种客观发展要求。

2. 国家宏观政策给予了有力支持

自改革开放以来，虽然我国城乡经济社会都获得了空前发展，但是城乡发展差距仍

1. 王景新.明日中国:走向城乡一体化 [M] .北京：中国经济出版社,2005.

2. 王景新.明日中国:走向城乡一体化 [M] .北京：中国经济出版社,2005.

然呈不断扩大趋势，城乡人为的制度壁垒严重地制约着城市和农村的进一步发展和整体繁荣。党和政府也高瞻远瞩、审时度势地认识到推进城乡统筹发展的重要性、紧迫性和可能性。

党的十六大报告第一次提出要统筹城乡经济社会发展；党的十六届四中全会指出我国“总体上已经到了工业反哺农业、城市支持农村”的发展阶段；党的十六届五中全会提出了建设社会主义新农村的重大历史任务；党的十七大报告提出了“建立以工促农、以城带乡长效机制，形成城乡经济社会发展一体化新格局”新论断；党的十七届三中全会认为，我国总体上已经进入以工促农、以城带乡的发展阶段，进入加快改造传统农业、走中国特色农业现代化道路的关键时刻，进入着力破除城乡二元结构、形成城乡经济社会发展一体化新格局的重要时期。

从党的十六大第一次提出要统筹城乡经济社会发展到党的十七届三中全会，在短短十多年的时间内，我国经济社会取得了很大发展，与此同时，国家将城乡协调发展问题提到一个很高的认识高度，国家近些年来也在社会建设、生态建设、农村经济社会发展等领域给予了极大的政策和资金支持。这些都是对推进城乡一体化发展的有力支撑。

3. 国内部分发达地区进行的城乡一体化的实践提供了有益借鉴

自20世纪80年代中期以来，北京、上海等地以统筹城乡发展为目标，以推动郊区城市化、工业化为手段，在推动城乡一体化发展方面进行了有益探索。进入21世纪以来，在党的十六大、十七大报告提出的统筹城乡发展、形成城乡经济社会发展一体化新格局等重大发展战略的指引下，江苏、浙江、广东等发达地区明确提出了推动城乡一体化发展的战略，并进行了很好的实践。随后，四川、重庆等西部地区的省、区以及所辖部分市、县（区）也推动了城乡一体化发展实践。发展实践证明：推动城乡一体化发展已经得到一定范围的共识；推动城乡一体化发展在城乡协调发展、推动经济社会同步发展等方面取得了很好的成效；推动城乡一体化可以分阶段、分步骤地在各地进行；有些地方的发展模式、发展经验可以为其他地区推动城乡一体化发展提供有益借鉴。

（二）推进城乡一体化的基本原则

1. 以人为本，科学发展

以人为本，是科学发展观的本质和核心，是社会文明和进步的标志和要求，也是我们统筹城乡经济社会发展、推进城乡一体化必须坚持的最重要原则。发展的最终目的是实现社会的全面进步和人的全面发展，因此，推进城乡一体化必须把增进最广大人民群众的利益作为一切工作的出发点和落脚点，正确处理好经济发展和社会发展，物质文明、精神文明和政治文明，人与自然等方面的关系；必须认真分析当前经济社会发展中存在的矛盾和问题，客观判断形势，科学进行决策；必须正视现阶段社会各阶层、各群体的差异性，更多地关注和致力于解决农民的利益问题，同时统筹兼顾各方面的利益。

2. 科学认识，梯度推进

首先，城乡一体化是城乡关系的高级形态，目前还没有形成衡量城乡一体化的具体标准，在推进城乡一体化的过程中难免出现一定的认识分歧和操作分歧。所以，形成对城乡一体化的科学认识是至为关键的。科学认识就是要科学把握城乡一体化的内涵特征，从改善城乡对立发展、建设协调统一的城乡关系的高度去把握推进城乡一体化的步骤和方式、方法。其次，要分层次、分阶段来进行。城乡一体化是建立在区域经济社会得到一定发展的基础之上的，一方面，城乡一体化是复杂的、不断提升的过程，一蹴而就是不可能的，必须紧密结合实际，分阶段地来推动；另一方面，各地发展的差异必然带来推进城乡一体化的差异，因此特别需要区分不同的地区、采取区别政策和要求，绝不能“一刀切”。

3. 政府主导，市场调节

统筹城乡发展、推进城乡一体化是一个牵动全局的系统工程，不仅涉及思想观念的更新和政策措施的创新，也涉及经济发展机制和增长方式的转变；不仅涉及生产布局和产业结构的调整，也涉及社会利益关系的调整。由于长期的计划体制的负面影响还没有完全消除，加之在市场经济完善和社会转型的过程中形成的既得利益集团的阻挠，要达到预期目的，必须发挥政府的主导作用和调控职能。政府主导主要表现在：在思想认识上的引导；在政策制度上的主导；在公共利益的政府投入。同时，从根本上说，城乡一体化本质上是一个发展问题，政府主导也具有很大的局限性，在市场经济体制这个大环境下，必须充分发挥市场在资源配置中的基础性作用，对于不适合政府投入的地方，要采取一定机制来推动社会力量的注入。所以，推进城乡一体化发展，必须把政府主导和市场调节有效结合起来，互为补充，互为推进。

（三）推进城乡一体化的基本措施

1. 推进城乡一体的规划建设

科学规划是科学发展的基础。推进城乡一体化发展，既涉及一个区域的经济社会发展战略、产业和城镇的发展与布局、实施对策，又涉及经济与社会、人与自然、不同区域等重大经济社会关系。这就要求首先要有一个指导思想上的统一，要有一个整体的、全局性的、战略性的谋划，而不是随意的、局部的、短期的考虑，这才能保证其科学、有效和健康发展。这个统一的谋划，就是规划。长期以来，我国只有城市规划，没有城乡一体的规划，城市规划以城市为界限，几乎不涉及农村。推进城乡一体化发展，必须以《中华人民共和国城乡规划法》为依据，把城乡作为一个整体系统进行全盘考虑，统筹城乡发展规划和布局。

（1）统筹城乡空间布局

空间布局是规划建设的先导，是搞好城乡规划建设的关键。做好城乡空间布局，一定要把区域经济社会发展战略、区域产业结构、区域人文地理环境等诸多因素综合起来进行全盘考虑。

第一，做好城镇规划布局

城市、县城、集镇布局要充分考虑交通、产业、资源等多重要素，统筹规划，合理设置。城镇的规划要考虑两个因素：一个是城镇本身的定性问题；一个是城镇在一定区域范围内的规模和数量问题。按照性质，城镇具有不同的类型划分，如政治行政中心、商贸中心、物流中心等。建设不同类型的城镇，一定要结合当地的政治、经济、文化、生态等多种因素，要充分体现城镇在当地经济社会发展中的带头和促进作用，体现其在产业发展、社会就业方面的积极作用。同时，在进行城镇规划布局的过程中，要把握城镇的数量和规模，城镇的数量和规模一定要与区域的经济社会发展水平相适应，过度城市化或者城市化不足都是不合适的。

第二，做好村庄规划

村庄规划是城乡空间规划的重点。在长期的分散经营和传统经营方式影响下，乡村布局处于一种零乱的状态。所以，做好村庄规划，必须放在农村产业集聚发展，农民集中居住、资源集约利用的模式下来考虑。对于不宜人居的地方要实行整体搬迁；对于过于分散的地方要实行适度集中。

(2) 统筹城乡发展布局

统筹城乡发展布局就是要把城市和乡村纳入一个统一的体系中，合理有效地进行产业布局和经济结构调整，使城乡资源能够得到自由流动，城市和乡村的功能和优势得到最大限度的开发和互补，从而达到以城带乡、以乡促城的一体效果。

2. 推进城乡一体的基础设施建设

基础设施是指为社会生产和居民生活提供公共服务的物质工程设施，是用于保证国家或地区社会经济活动正常进行的公共服务系统。主要包括以下方面：住宅区、别墅、公寓等居住建筑项目；石油、煤炭、天然气、电力等能源动力项目；铁路、公路、航空、水运、道桥、隧道、港口等交通运输项目；水库、大坝、污水处理、空气净化等环保水利项目；电信、通信、信息网络等邮电通讯项目。当前，在基础设施建设方面，至少还存在两大问题：一是在部分地区的城市建设中，由于受规划、资金等因素先天不足的影响，城市基础设施建设的发展还存在诸多问题，如交通、污水处理、住宅等方面；二是在广大农村地区，在基础设施建设方面存在很大的历史欠账，尤其是在交通、通讯等方面。发展城乡一体的基础设施建设，不但对城市、农村各自的更好发展具有很大的推动作用，而且对实现城乡要素的自由、快捷流动具有很大的推动作用。

(1) 提高城乡一体的基础设施规划、建设和管理水平

统筹城乡建设规划，强化规划意识，把城镇发展放在与人口、资源、环境相适应中来考虑，做到统筹规划、合理布局，优化配置城乡资源，有效解决原建设中存在的问题，逐步实现水利、交通、能源等基础设施建设规划一体化。坚持先规划、后建设，发挥规划对城镇化的引导作用，优化城乡基础设施功能和布局。创新基础设施建设投融资机制，优化政府投资结构，继续加大对农村基础设施建设投入。健全城乡基础设施管理机制，将城乡基础设施纳入统一管理体系，促进城乡基础设施衔接互补、联网共享。增强管理部门之间的协调性，提高基础设施综合利用效能。

(2) 着力加强农村基础设施建设

第一，加强农村交通建设

主要是加强农村公路建设。农村公路是支撑农业和农村经济发展的基础设施，是农村地区最主要的甚至是一些地区唯一的运输通道。加快农村公路建设，改善农村生产、生活条件，是发展农村经济、解决“三农”问题的基础和前提。建立相对发达的农村交通体系，既可以拉近城市与乡村的空间距离，促进信息、文化的对接和交流，又可以促

进农产品等资源要素向城市的快速输转，提升经济社会发展效益。加强农村交通建设，主要是靠财政加大投资力度，在此基础上可以适当考虑引入市场机制，搭建共建平台，保证农村交通建设快速发展。

第二，加强农业水利设施建设

农村水利设施建设是发展现代农业、提升农业效益的根本所在。加强农业水利设施建设必须放在发展现代农业的背景下来开展，要把城乡发展具体规划和水利设施建设项目具体结合起来，提高项目建设的时效性、针对性。

第三，加强能源开发建设

加强能源开发建设，既是经济社会进一步发展的需要，也是加强环保意识、发展循环经济、增强可持续发展的需要。一方面，随着经济社会的发展，人类对能源的需求将不断提升，尤其是城乡一体化的进程中，随着乡村生活中现代文明的进一步融入，对能源的需求将空前加大；另一方面，开发新的能源，改变不经济的能源结构，既可以满足人类能源依赖需求，又可以实现可持续的发展效果。

为此，一方面，通过科技投入和不断创新，加强对石油、煤炭、电力等基础能源的综合开发和利用力度，加快建设能源保障体系建设；另一方面，积极开发新的能源品种(如对风能的开发)，优化能源结构，促进对生态环境的修复和保护，推动可持续发展。

3. 推进城乡一体的产业发展建设

产业是经济发展的基本支撑，推进城乡一体化发展，必须构建城乡一体的产业联动体系，通过产业相互支撑、优势互补，推动城乡经济协调、高效发展。

(1) 统筹城乡工业发展

工业是先进生产力的代表，工业本身的发展及其水平，是工业化水平的主要标志。工业在现代经济社会生活中发挥着重要作用，工业既是农业、第三产业尤其是现代服务业发展的基础，也是城镇化发展的基础。推进城乡一体化发展，必须统筹城乡工业发展，工业要在带动农业产业化、推进城镇化、承接农民转移就业、提高农民收入等方面扮演重要角色。

第一，调整优化城乡工业结构

在城乡一体化发展的模式下，工业的发展不再是城乡各自封闭独立的二元发展，而是要考虑各地区如何形成一个涵盖农村的统一的产业优势，大幅度提高工业在包括农村在内的各地区中的经济比重。同时，农业也不是简单地按照工业的需求提供原材料，而是要求工业向农产品加工延伸，以加速推进农业产业化。一是要突出发展优势产业尤其是农产品加工业。培育或壮大具有市场比较优势的产业或行业，是各地区工业结构调整的首要问题。二是要注重发展龙头企业。龙头企业，是指不同区域的不同工业部门或行业中的较大企业。龙头企业对一个地区工业发展的带动力和支撑力较强。培育龙头企业，要围绕区域特色、优势资源，集中力量进行组建培育和成长壮大；在已有工业基础和骨干企业的地方，应积极推进企业产业链扩张，推进骨干企业巩固、发展成为更具有竞争能力的龙头企业。

第二，调整和优化城乡工业空间组织

调整和优化城乡工业空间组织的过程，就是提升城乡工业生产力的过程。统筹城乡发展，必然要求和带来工业生产力的空间组织变化。一是要培育、发展产业集群。集群式发展，是现代产业发展适应激烈竞争和经济全球化的一大趋势。由于产业集中，规模效应大，特色突出，分工协作的质量和效率高，抗击市场风险能力强，企业交易成本低，产业集群具有强大的群体竞争优势和规模效益。二是要推进工业园区化和园区产业化。工业发展园区，是指固定在特定的地理或空间范围所形成的产业集聚区。工业集中和集群发展，是工业竞争和工业发展的必然结果和必然趋势。同时，从世界工业园区产生、发展的进程来看，园区作为产业集中和集群发展的特定空间载体，具有明显的产业化趋向。工业园区化、园区产业化，带来的是产业和企业明显的竞争优势。推进工业园区化和园区产业化，要依托城镇建立工业园区，带动和促进城镇化发展；要调整分散的布局，推进乡镇企业向园区集中；要按照市场体制的要求，推进工业园区管理体制的改革与创新。

(2) 着力发展现代农业

现代农业是相对于传统农业和不发达农业而言的。现代农业的发展过程就是传统农业和不发达农业转变到现代发达农业的过程。发展现代农业是我国在新的发展时期的一个重要奋斗目标，发展现代农业对控制和缩小城乡发展差距、推动农村经济结构调整和农民增收具有重要现实意义。

发展现代农业，主要是要做好如下工作。

一是积极培育各具特色的主导产业和特色产业，形成专业化、基地化、规模化的生产格局，延长农业生产链条，提高农业综合效益。

二是积极开发农业的多功能性，将提供观光、保护生态、旅游等多种消费联系起来，拓展农业的经济功能、社会功能和生态功能，大力发展都市设施农业、循环农业、绿色农业、创汇农业、观光农业、生态农业、旅游农业等各种新型现代农业模式，拓展农业的经济链条，更大程度地发挥农业的多种效能和效益。

三是加快农业市场化、规模化、专业化的步伐，要从政策上积极扶持农产品加工、储运、保鲜等项目建设，扶优扶强一批竞争力、带动力较强，具备一定规模和较好经济效益或具有较强科技创新能力和良好经营管理机制的农业龙头企业和龙头项目，建设农产品生产、加工、出口基地，引进开发和推广新品种、新技术，同时要发展区域特色农产品加工业，延长农业产业链，转变增长方式，以工促农，以商活农，贸工农一体化，形成农产品的专业化、区域化、集约化生产，提高农业产业化水平。

四是大力发展农业专业合作社。农业专业合作经济组织是现代农业发展的基础。

五是以科技为手段，引领现代农业发展，要增加资金和人力投入，提高农业科技含量，提升经济效益。

六是以人才为核心，加快培育现代新型农民，加快发展农村教育事业，加强农村劳动力技能培训，加强农民的法律、政策和市场知识教育，催生一批创业、创新能手，提高农民的法律政策水平和驾驭市场经济的能力。

七是健全现代农业发展的支撑服务体系，构建稳定的现代农业投入增长机制，加快农业标准的制定和实施步伐，建立健全现代农业信息系统建设，有效打破城乡分割，促进城乡经济社会发展的有效结合。

4. 推进城乡一体的社会事业建设

社会事业是指国家为了社会公益目的，由国家机关或其他组织举办的从事教育、科技、文化、卫生等活动的社会服务。在我国各级政府发布的相关文件中，社会事业包括教育事业、医疗卫生、劳动就业、社会保障、科技事业、文化事业、体育事业、社区建设、旅游事业、人口与计划生育等10个方面。从现实来看，一方面，我国的社会事业相对经济发展来说，整体比较滞后，这种状况不利于经济社会的进一步发展，不利于构建和谐社会；另一方面，从城乡来看，乡村的社会事业发展严重滞后于城市，这对推动城乡一体化发展形成很大制约。因此，推进城乡一体化的社会事业建设，既要考虑整体层面的投入问题，也要着力打破制度壁垒，大力发展农村社会事业。

(1) 进行机制创新，推进城乡一体的社会事业建设

第一，投入机制创新

一是调整和优化国家预算结构，进一步转变财政职能，不断加大财政在公共领域的投入力度，推进经济与社会的同步、协调发展；二是优化投入主体结构，引导社会力量积极参与社会事业发展，社会事业的发展不能单纯依靠政府的力量，必须将非政府组织的力量、社会资助的力量充分调动起来，形成社会共建的良好局面。

第二，制度体系创新

总体来看，我国的一些社会事业发展制度在城乡一体化的推进过程中还存在很大的改进空间，如一些制度城乡体系还不够统一，一些制度存在政出多门、时效性差等现象。因此，一是要逐步统一城乡社会事业公平发展政策体系，尤其是基本公共服务领域，一定要实现城乡均等化；二是城乡一体化背景下对一些制度进行创新，如在社会保障制度方面，最低生活保障制度、社会救助制度等存在不同的执行标准，在实际操作上也存在很大的弊端，因此，可以考虑引入负所得税制模式，将个人所得税、最低社会保障制度、社会救助制度等统一起来，确定一个标准，高于此标准的，依法缴纳个人所得税，低于此标准的，接受政府救助[1]。

(2) 大力发展农村公共事业

长期以来，在城乡二元结构下，农村社会事业发展严重滞后，这种状况对农村的进一步发展，对建立城乡一体化发展关系，都有巨大的阻碍作用。因此，在推进城乡一体化发展的进程中，必须大力发展农村公共事业，推动城乡经济社会协调发展。

第一，改革和完善农村公共产品供给体制

一是建立健全有效保证农村公共产品供给的公共财政制度，通过完善公共财政职能，形成财政对农村公共产品供给的长效机制；二是建立健全农村公共产品供给的多元化体制，根据农村公共产品的结构特征和层次性，多元化供给主体结构可以由政府、企业组织及私人、农村社区和第三部门组成；三是完善法律法规，进一步明确各级政府保障农村公共产品供给的职责。

---

1. 李秉文.全民纳税优于全民低保 [J] .经济管理，2007（15）.

第二，着力推进农村基本公共服务建设

一是加快发展农村义务教育，推进农村人力资本开发建设；二是着力推进农村卫生事业发展，积极完善农村医疗卫生服务体系；三是加强农村基础设施建设；四是逐步完善农村社会保障体系，积极推进农村养老保障建设。

【思考题】

1. 如何认识城乡一体化的基本内涵？
2. 经济欠发达省份如何有效推进城乡一体化？

参考文献

[1] 史蒂文·瓦戈.社会变迁[M].王晓黎译.北京:北京大学出版社,2007.
[2] 康芒斯. 制度经济学[M].北京:商务印书馆,2006.
[3] 傅崇兰.城乡统筹发展研究[M].北京:新华出版社,2005.
[4] 谭崇台.发展经济学的新发展[M].武汉:武汉大学出版社,1999.
[5] 王景新.明日中国:走向城乡一体化[M].北京:中国经济出版社,2005.

第八章 推进对外开放的战略思考

导言

当今中国之所以得了举世瞩目的成绩，是由于坚持实行了对外开放。从1978年至2011年，中国的对外开放已经经历了33个年头。对外开放成为推动中国经济改革与经济发展的重要机制和动力，进入新时期以来，中国经济的内部与外部都呈现出一系列新的特点和变化，对对外开放也提出了新要求，这些都需要我们对已经推行了33年的对外开放战略进行必要的总结、调整，以适应新时期的新要求。适应我国对外开放由出口和吸收外资为主转向进口和出口、吸收外资和对外投资并重的新形势，必须实行更加积极主动的开放战略，不断拓展新的开放领域和空间，扩大和深化同各方利益的汇合点，完善更加适应发展开放型经济要求的体制机制，有效防范风险，以开放促发展、促改革、促创新。

一、对外开放理论分析

（一）我国对外开放的历程

对外开放既是推动改革的基本动力，也是解决经济发展矛盾的基本手段。如果说自改革开放以来到20世纪末20多年内，中国对外开放的一个重要任务是解决城市大工业升级与农村劳动力转移所面临的资金不足问题，那么今天由于中国的银行“存差”已经超过了11万亿元、外汇储备已经超过了1万亿美元，这个问题已经不存在了，经济发展对对外开放提出的新要求是，通过不断扩大的对外贸易，保证中国工业化所需主要初级产品资源的获取，这就是中国对外开放新战略的要点之一。

（二）对外开放的新特点、新趋势

在新的历史时期，面对对外开放日益扩大、国际竞争日趋激烈的新形势，用“内外联动、互利共赢、安全高效”这12个关键字定位的开放型经济体系，着眼于实现全面建设小康社会的宏伟目标，含义深刻，体现出我国对外开放的新特点、新趋势。新的对外开放战略，对内是要充分利用国际资源支撑发展方式的转变，实现科学发展，保障实现全面建设小康社会的宏伟目标；对外则是为和平发展营造良好的国际环境，保障中国的和平崛起。

1. 扩大开放领域，优化开放结构，提高开放质量

新时期最鲜明的特点是改革开放。从农村到城市、从经济领域到其他各个领域，全面改革的进程势不可挡地展开了；从沿海到沿江沿边，从东部到中西部，对外开放的大门毅然决然地打开了。这场历史上从未有过的大改革大开放，极大地调动了亿万人民的积极性，使我国成功实现了从高度集中的计划经济体制到充满活力的社会主义市场经济体制、从封闭半封闭到全方位开放的伟大历史转折。今天，一个面向现代化、面向世界、面向未来的社会主义中国巍然屹立在世界东方。

新时期最显著的成就是快速发展。我们党实施现代化建设“三步走”战略，带领人民艰苦奋斗，推动我国以世界上少有的速度持续快速发展起来。我国经济从一度濒于崩溃的边缘发展到总量跃至世界第二、进出口总额位居世界第三，人民生活从温饱不足发展到总体小康，农村贫困人口从两亿五千多万减少到两千多万，政治建设、文化建设、社会建设取得举世瞩目的成就。中国的发展，不仅使中国人民稳定地走上了富裕安康的广阔道路，而且为世界经济发展和人类文明进步作出了重大贡献。

2. 注重防范国际经济风险

全面提高对外开放水平，切实维护国家经济安全，构建有效的国家经济安全体制机制，增强国家的经济安全监测和预警、危机反应和应对能力，保护我国海外资产和人员安全显得尤为重要。

作为现代经济核心的金融是否安全直接关系到整个经济体系的稳定。在美国发生的次贷危机，已重创全球金融市场，并给世界经济增长留下阴影。中国证监会副主席屠光绍说：“过去的日本金融危机、亚洲金融危机等等，都是我们的前车之鉴。”

《被忽视的金融战》[1]——即使不把金融厮杀和争夺称作战争，但是它仍然是事实，它在今天的经济生活中无处不在、无时不在。

从下面这张美元兑人民币日线图图8-1上可以很明显地看出美国对中国施加了当年对日本的政策。[2]

1. 乔良.被忽视的金融战［J］.青年文摘，2008（4）.

2. http://www.pbc.gov.cn/huobizhengce/huobizhengcegongju/huilvzhengce/showchart.asp?pic=usd_l.gif

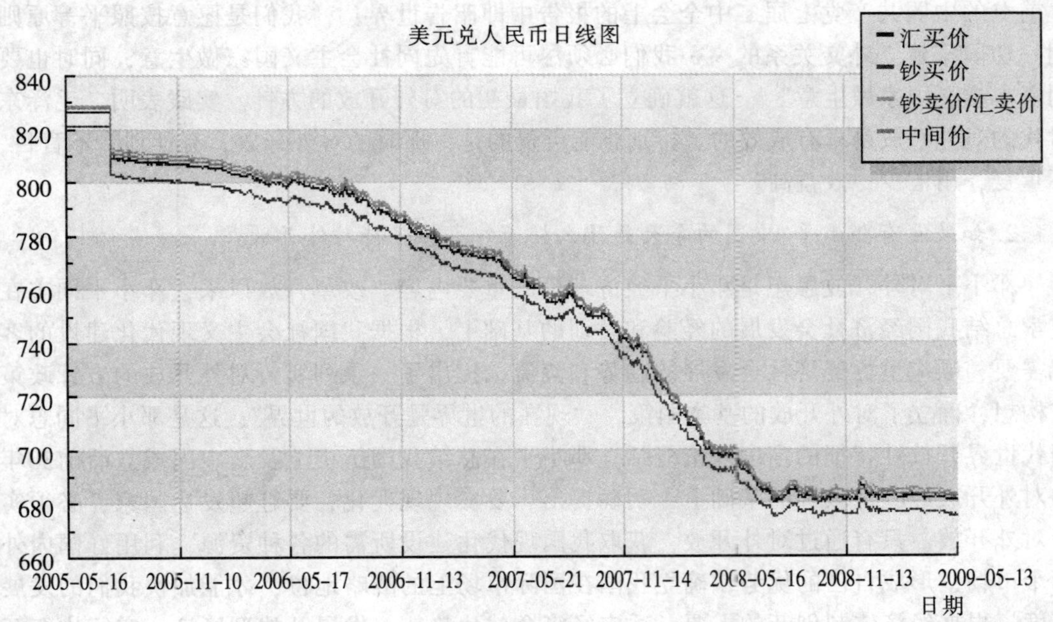

图8-1　美元兑人民币日线图

2005年7月21日19时，中国人民银行发布公告：经国务院批准，我国开始实行以市场供求为基础、参考一篮子货币进行调节、有管理的浮动汇率制度。[1]一时间，宣布完善人民币汇率形成机制改革的消息，震动了世界。

3. 更加注重互利共赢

新时期对外开放新思维的另一个重要特点是更加注重互利共赢。中国将始终不渝地奉行互利共赢的开放战略。这意味着中国将在推动建设和谐世界的旗帜下，以自己的发展促进地区和世界的共同发展，在开展多边双边经贸合作时会更多地考虑到对方特别是发展中国家的利益。

二、我国对外开放三十三年回顾

（一）中央领导高度重视我国对外开放

1. 我们实现的一个伟大突破——敢于对外开放

新中国成立之后所面临的是美国等帝国主义国家对我国实行封锁禁运的恶劣国际环境，毛泽东率领全国人民同帝国主义的封锁禁运进行顽强的斗争，坚持对外开放，不断发展我国对外（其他社会主义国家）的经济、技术和文化的交流。毛泽东早在新中国成

1. http://news.xinhuanet.com/fortune/2005-07/21/content_3249580.htm

立前夕的中国共产党七届二中全会上的报告中即昭告世界："我们是愿意按照平等原则同一切国家建立外交关系的……我们必须尽可能首先同社会主义国家做生意，同时也要同资本主义国家做生意"[1]。这就确立了我国最初的对外开放的方针。实践表明，毛泽东时代的对外开放是卓有成效的。特别难能可贵的是，那时的对外开放，有计划，不盲目，不重复，用汇少，效益高。

2. 如果没有邓小平，中国的今天是什么样子？——坚持对外开放

邓小平对外开放思想是邓小平经济理论的重要内容。改革开放以来，邓小平同志在科学总结我国经济社会发展的经验和教训的基础上，根据我国社会主义现代化建设的客观需要，顺应世界经济社会发展的趋势和潮流，提出了一系列实行对外开放的方针政策与构想，确立了对外开放的基本国策。"现在的世界是开放的世界"，这是邓小平同志对当代世界开放性特征的高度理论概括。邓小平在总结我国历史上及新中国成立后前30年的对外开放经验、教训的基础上，明确提出，要实现现代化，要赶超发达国家，必须实行对外开放。只有通过对外开放，获取我国现代化建设所需的各种资源，利用好国内外两个市场，形成自己的优势，确立我国在国际市场上的战略地位，才能加快我们的发展速度。根据经济体制创新的需要，适应经济全球化趋势，发展开放型经济，实行均衡开放政策，保障国民经济的均衡发展。

3. 从建党90周年的讲话精神看胡锦涛的对外开放

胡锦涛在建党90周年的讲话中指出："中国外交政策的宗旨是维护世界和平、促进共同发展。我们将继续坚持独立自主的和平外交政策，始终不渝走和平发展道路，始终不渝奉行互利共赢的开放战略，在和平共处五项原则的基础上同所有国家发展友好合作，维护发展中国家正当要求和共同利益，积极参与多边事务，推动国际政治经济秩序朝着更加公正合理的方向发展。我们将坚定不移实行对外开放的基本国策，完善开放型经济体系，全面提高开放型经济水平，加强同世界各国的互利合作，继续以自己的和平发展促进各国共同发展。中国共产党将在独立自主、完全平等、相互尊重、互不干涉内部事务原则的基础上，同各国各地区政党和政治组织发展交流合作，相互学习借鉴治国理政经验，促进国家关系发展。"

4. 从温家宝总理在新加坡国立大学的演讲看对外开放

对外开放不仅是新加坡发展的成功之路。从中国的历史发展来看，也可以得出这样的结论：只有开放兼容，国家才能富强，闭关锁国必然落后。

中国的对外开放是长期的。中国实行对外开放，使十几亿人民得到了实惠。我们的路子走对了，对国家有利，人民赞成，就变不了。如果变了，就会贻误国家的发展，丧失人心。这是中国对外开放长期性的根本基础。中国的改革和现代化建设需要对外开放。因此，对外开放是我们的基本国策，而不是权宜之计。实行这种方针政策的具体措施、方法，不同时期可能有所不同，但作为基本方针政策，是不会变的。改革开放初期我们就说，开放政策本世纪不变，下世纪前50年不变，50年以后，中国同国际上的经济交往

1. 毛泽东选集（第4卷）[M] .北京：人民出版社，1991.

将更加频繁，更加相互依赖，更不可分，开放政策更不可能改变。

中国的对外开放是全面的。我们不仅对发达国家开放，也对发展中国家开放。我们既有经济领域的开放，又有科技、教育、文化等领域的开放。中国的开放首先从经济特区开始，在试验成功后扩大到沿海开放城市、沿海开放地带，再扩大到内地，形成由点到线到片到面的全面开放格局。开放和兼容，两者是相互联系的。只有开放，先进的和有用的东西才能进得来；只有兼容，尊重不同文明，取长补短，才能使自己不断充实和强大起来。我们要大胆吸收和借鉴人类社会包括资本主义社会创造的一切文明成果，结合新的实践，进行新的创造，为我所用。

中国的对外开放是互利的。我们在经济全球化条件下搞社会主义市场经济，理所当然要向世界开放，与其他国家经济相互依存，与国际市场密切联系，与世界经济相互交融。我们坚持同各国开展平等互利合作，按市场经济规律办事。对外开放不仅有利于中国的发展，也有利于世界的发展。中国吸收国外的资金、技术和管理经验，可以提高生产发展水平；外国也能从中获得利益和市场。只有双赢互利的开放才能持久，才能有利于各国人民的根本利益，促进世界和平与繁荣。

我们愿在《联合国气候变化框架公约》和《京都议定书》框架下，按照"共同但有区别的责任"原则，与世界各国一道，共同应对气候变化问题。我们已经建立并将继续完善对外开放的法律法规，使在华投资有法可依，其合法权益得到保护。

三、对外开放战略思考

自1978年至2011年，中国的对外开放已经经历了33年。由于实行了正确的对外开放战略，对外开放成为推动中国经济改革与经济发展的重要机制和动力，也取得了举世瞩目的成绩。进入新世纪以来，中国经济的内部与外部都呈现出一系列新的特点和变化，对对外开放也提出了新要求，这些都需要我们对已经推行了33年的对外开放战略进行必要的调整，以适应新时期的新要求。本研究是为到2030年中国新对外开放战略的设计，勾画出一个框架性的思路。

如果说自改革开放以来到上世纪末20多年内，中国对外开放的一个重要任务是解决城市大工业升级与农村劳动力转移所面临的资金不足问题，那么今天由于中国的银行"存差"已经超过了18万亿元、外汇储备已经超过了2万亿美元，这个问题已经不存在了，经济发展对对外开放提出的新要求是，必须通过不断扩大的对外贸易，保证中国工业化所需主要初级产品资源的获取，这就是中国对外开放新战略的要点之一。

(一)战略重点是在经济发展方面通过不断扩大的出口规模，为国内的工业化建设换取必需的各类初级产品；在经济体制方面是在2015年以前通过贸易顺差的扩大吸纳国内的过剩资本与生产能力，以保持中国经济增长的连续性与社会稳定，避免中国经济出现"大起大落"。

(二)战略目标是到2030年中国的贸易总额达到10万亿美元，其中出口5万亿美元，进口5万亿美元，贸易总额的年均增长率为8%；如果世界贸易额在未来25年内以年均7%的速度增长，则到2030年中国的贸易比重将接近20%；未来25年累计利用外资额为2.5万亿美元,平均每年超过1000亿美元;到2030年在出口总额中,重化工业产品比重将超过75%,约比目前提升20个百分点,在进口总额中初级产品比重将上升到75%,约比目前提高53个百分点。

(三)战略发展重要阶段是未来15~20年将可能是发达国家重化工业转移的高峰期,中国要为迎接发达国家重化工产业资本向中国的转移以及重化工产品出口的快速增长做好准备;由于到2015年以前中国还不可能转向贸易平衡,而仍具有扩大贸易顺差的趋势,中国政府在处理贸易摩擦和应对人民币升值压力方面,要准备应付更尖锐、更复杂的局面。

我国正处在工业化中最艰难的“爬坡”阶段，从长期看，国内能源、矿产和主要农产品都存在着巨大的供给缺口，也不可能永远靠从国际市场进口满足需求。发达国家以占世界13%的人口规模，却消耗了超过世界2/3的能源与矿产资源，对中国和世界其他发展中国家来说，如果也走发达国家传统工业化的老路，把完成工业化任务建立在石油、煤炭和钢铁等传统能源与原材料上，根据世界现有的资源供给可能计算，大约只能维持30~40年，而且面临着剧烈攀升的资源产品价格与巨大的环境压力。这就逼迫中国人必须依靠自己的勤劳智慧，向科技进步要发展空间，走出一条不同于传统工业化道路的“新型工业化道路”，从而成为推动中国科学与技术发展的强大动力，并据此占领世界科技进步的巅峰。

从土地资源条件看，根据中国宏观经济学会为国家发改委“十一五”规划所做的一项研究，如果到2030年中国的粮食进口规模保持在5000万吨，国内耕地的单产提高速度保持在改革开放以来的水平，则在目前的18亿亩耕地资源中，还可以拿出1.5亿亩来转移到非农产业发展，平均到22年中每年约600万亩，比改革开放以来年均耕地转移规模还要高，因此土地供应也是有一定保障的。

十七大报告中用了12个关键字定位了开放型经济体系，这12个字是“内外联动、互利共赢、安全高效”。

第一个层面，中国经济要更深地融入世界经济，和世界经济相互作用。我们可能通过进口、出口，资本的流动、要素的流动、服务的流动等等和国际社会进行各种各样的联系。在这个过程中，会带来效率的提升。

第二个层面，互利共赢是一个崭新的理念，特别是对中国来说。因为我们在早期，比如开放之初我们排全世界第32位的出口国，很小。你可以不承担什么国际责任，你就是挣点外汇。但是随着你的规模越来越大，国际社会必然会要求你承担一定的国际责任。近年来，随着我们获取了很多利益，世界银行曾经说，中国是全球化进程中少有的几个发展中国家之一。因为大部分的发展中国家在这个进程中有利益损失，而我们确实采取了适当的政策和措施，我们趋利避害，基本是享受了全球化带来的好处，但是全球化带来的坏处、冲击完全被我们控制住了，或者说还没有太多的显现。所以我们实现了趋利避害。但是在未来的发展中，如果我们还像以前那样，只考虑我们在全球化中自己可以获得多少利益，而不顾我们的贸易伙伴，不顾我们投资的东道国，我们会发现越来越困难。所以从早几年开始，从“十一五”规划开始，第一次提出来我们未来的开放战略是要互利共赢。这次胡锦涛总书记讲话有一句话是坚定不移地走互利共赢的合作之路，这是一个很新的话题。在未来我们的开放经济和互利共赢过程中，一方面考虑自身的利益，另一方面考虑怎么让国际社会也从中受益，这样的关系才是一个良性的互动，才是一个可持续的互动。我们发现很多企业在很多行为上缺乏这种理念。

互利共赢对我们的企业和老百姓来说还是一个很新的理念，需要我们未来在开放中努力地遵循这个原则。

安全高效实际是一个结果。在内外联动，同时秉持互利共赢的条件下我们想达到什么目的？一个是高效，为什么要参与全球工作，就是希望把我们的东西尽可能发扬光大。我们中国的优势就是劳动力，人口占全球的22%，但是我们的资源平均下来不到全球1/3的水平。比如我们最有竞争力的煤炭，人均水平不到全世界的50%，淡水不到全球人均水平的40%，石油只有全球人均水平的1/5，大部分的经济资源我们都是短缺的。我们有一个优势是我们的人力资源，通过国际社会的交往，尽量把我们的人力资源，不管是在商品上、服务上，甚至劳务出口上我们把他卖出去，换回我们必需的资源，这样使得我们有比较优势的人力资源得到充分的应用。

所以说，建设开放型经济的根本目的就是要通过国际社会的分工越来越深入，使得我们的经济运行效率越来越高。这是我们追求的目标。高效是我们追求的一个目标，在这个过程中，为什么还要讲安全两个字？就是因为对很多国家来说，开放会有风险，封闭也有风险，封闭最大的风险就是落后。开放也有本身的风险，比如有经济安全问题，金融安全问题，如很多发展中国家、拉美国家曾经遇到的外债危机、货币危机、汇率危机，亚洲金融危机碰到的资本流动带来的危机。可以说在过去的一百年中，大大小小的金融危机从来没有断过。

还有现在我们讲资源安全问题、产业安全问题，也就是说开放本身确实会面临很多原来在封闭情况下不存在的风险。你要想开放，想获取好处，这个好处大家看得很清楚，但是它的成本之一是什么，就可能是风险。所以现在强调安全高效，就是说安全是基本前提，要在保证不出现大的风险的前提下我们来实现高效的目的。

所以，这12个字把我们的行为、理念和目标高度地概括在里面。

【思考题】

1. 您认为当前中国对外开放的难点、重点是什么？
2. 结合您的本职工作谈谈对外开放战略的思考。

参考文献

[1] 胡锦涛. 高举中国特色社会主义伟大旗帜为夺取全面建设小康社会新胜利而奋斗//十七大报告辅导读本[M].北京:人民出版社,2007.

[2] 乔良.被忽视的金融战[J].青年文摘,2008(4).

[3] 方福前.对我国经济调控30年的回顾与思考[J].甘肃理论学刊,2008(6).

[4] 叶航.紧缩与衰退——我国当前的宏观经济形势及其发展趋势[J].杭州师范学院学报:社会科学版,2005(2).

[5] 王建.新时期中国对外开放战略研究[N].中国证券报,2007-10-06.

后记

《当代中国经济若干问题研究》一书是甘肃行政学院有关教研人员专题研究、共同学习的一项集体成果。近年来，甘肃行政学院教师在干部教育培训工作中贴近学员、贴近实际、贴近群众，多次通过问卷调查、课题立项、集体讨论等形式，形成了有价值、有意义的问题研究成果。本书由甘肃行政学院院长石玉亭、经济学教研部副主任马翠玲担任主编，教务处处长吕文广、科研处副处长李秉文、决策咨询部副教授赵慧担任副主编。

本书共分八章，具体分工如下：

石玉亭：负责全书框架整体设计、问题指导。承担前言的撰写。

马翠玲：负责全书框架整体设计、问题指导与统稿工作。承担以下内容的撰写：金融危机本质上又是五大危机、金融危机对全球和中国的影响、挽救市场信心，积极应对金融危机、泡沫经济五大经典案例；发展循环经济是实现科学发展的必由之路；转变经济发展方式的重点是经济结构调整；后记。

吕文广：参与全书框架整体设计、问题指导与修改建议整理工作。承担提高自主创新能力、服务经济社会发展的撰写。

李秉文：承担城乡一体化的历史必然与推进策略的撰写。

赵　慧：承担全球化背景下的中国经济、导火索：次贷危机、金融危机爆发的三个原因、金融危机的四个特点的撰写。

刘晖霞：承担我国生态文明建设的探讨的撰写。

高　霞：承担推进对外开放的战略思考的撰写。

在编写过程中，我们广泛涉猎和收集中央有关文件和领导同志的讲话精神，参阅了大量的有关研究成果，充分吸取了甘肃行政学院副院长陈宪、经济学教研部主任王伟、原政治学教研部负责人史国珍、政治学教研部主任范义、公共管理教研部主任曹闻民、科研处处长胡正旭、社会和文化教研部主任王俊莲、法学教研部主任黄梅兰的修改建议。

同时，在撰写和出版过程中得到了科研处副处长王玮、信息技术与国有资产管理处副处长屈建国的大力支持和帮助，经济学教研部秘书马文艳为本书的编写提供了便捷的工作条件，在此对他们一并表示衷心的感谢。

最后，本书中存在的不当之处，敬请广大读者批评指正。

马翠玲

2011年9月22日